XINAN MINZU DIQU CHUSHENG RENKOU XINGBIE BI
SHITIAO WENTI YANJIU

西南民族地区出生人口性别比失调问题研究

杨军昌　等著

民族出版社

目　录

前　言 /1

上篇　综合研究报告

第一章　绪论 /3

一、出生人口性别比研究背景 /3

二、国内外出生人口性别比研究概述 /6

三、西南民族地区出生人口性别比失调研究的意义与理论价值 /16

四、西南民族地区出生人口性别比失调研究的主要内容、基本思路与相关问题 /18

第二章　西南民族地区出生人口性别比失调现状与特征 /24

一、西南民族地区出生人口性别比失调现状及失调的区位环境 /24

二、西南民族地区出生人口性别比失调特征 /42

第三章　西南少数民族地区出生人口性别比失调的原因分析 /50

一、西南民族地区出生人口性别比失调原因分析 /50

二、西南民族地区出生人口性别比失调原因的实证调查 /65

第四章　西南民族地区出生人口性别比失调的影响与危害 /80

一、西南民族地区“婚姻挤压”及其度测 /80

二、西南民族地区出生人口性别比失调的影响和危害 /90

第五章　西南民族地区治理出生人口性别比失调的实践及绩效评价 /105

一、国家层面治理出生人口性别比的政策法规与实践概略 /105

二、西南民族地区治理出生人口性别比失调的政策法规制定 /108

三、西南民族地区出生人口性别比失调的治理实践 /112

四、西南民族地区综合治理出生人口性别比的绩效 /120

五、西南民族地区综合治理存在问题分析 /125

第六章　西南民族地区出生人口性别比失调进一步治理的对策思考 /138

一、国际社会对出生人口性别比问题的相关认识和治理实践与启示 /138

二、西南民族地区出生人口性别比失调进一步治理的对策建议 /141

下篇　专题研究报告

第七章　西南民族地区省（区）出生人口性别比失调专题研究 /161

一、广西出生人口性别比失调状况、原因与治理对策 /161

二、广西出生人口性别比实证调查分析 /178

三、广西农村历史文化和传统习俗对出生性别比的影响分析 /182

四、贵州出生人口性别比失调的现状、成因和对策思考 /190

五、贵州省实施“关爱女孩行动”的调查与分析 /199

六、云南少数民族地区出生性别比失调状况 /231

第八章　西南民族地区地、州、市出生人口性别比失调专题研究 /239

一、桂北地区农村出生人口性别比调查报告 /239

二、河池市出生人口性别比失调问题分析 /246

三、贵州省黔南州出生人口性别比失调问题研究 /264

第九章 西南民族地区县、市、区出生人口性别比失调专题研究 /274

一、重庆市少数民族县区出生人口性别比失调问题研究及对策 /274

二、丹寨县治理出生人口性别比失衡的成效与启示 /281

三、榕江县出生人口性别比失调的现状、原因、后果及对策 /289

参考文献 /300

附录 1 课题研究相关文章发表名录 /306

附录 2 调研问卷 /309

◆“关爱女孩行动”调查问卷 /309

◆ 贫困母亲调查问卷 /312

◆ 西南民族地区群众生育意愿调查问卷 /315

◆ 治理出生人口性别比失调相关政策认知度调查问卷 /319

后 记 /323

前　言

（一）

自“2000年第五次全国人口普查”结果公布后，我国出生性别比攀升的问题即受到了党和国家以及全社会的高度关注。而在学术界，对出生人口性别比（此后文中简称“出生性别比”）失调问题的研究、探讨也随即成了人口学、社会学、伦理学等学科领域内的研究热点。由于西部地区出生性别比偏高的幅度相对要小（除西藏、新疆偏低或正常外），同时又由于西部大部分省区市的人口矛盾仍是抑制人口数量的增长与提高相对较低的人口素质，因此，大部分学者对出生性别比的研究视野重在东中部地区，而于西部、尤其是西南民族地区出生性别比攀升的现象、特征及其已经和将要产生的负面影响未引起高度关注，这种状况实不利于西部民族地区人口安全环境与和谐社会建构。

课题界定范围为西南广西、云南、贵州、重庆、四川五省市区（西藏出生性别比偏低不列入）的少数民族地区，而其中又以广西、云南、贵州三省区为重点。这三省区“五普”时分别有少数民族人口1682.96、1415.88、1333.60万人，分别占总人口的38.76%、33.43%、37.84%，分列全国第一、二、三民族人口大省，是我国苗族、彝族、壮族、布依族、侗族、瑶族、白族、土家族、哈尼族、傣族、水族、仡佬族等族人民的主要聚居区，其在祖国的历史文化、国防安全、民族团结等方面作出了重大贡献，有其特殊的地位和作用。

从“五普”和1%人口抽样调查资料对比来看，西南各省市区出生性别比都呈幅度不等的攀升态势，广西几乎都在120以上的高位徘徊，远远高于国际社会公认的102～107的正常值；“五普”时最低的贵州从107.03升至1%抽样时的127.65；云南也由110.57上升至113.16。民族州县出生性别比的攀升则更为突出，如贵州黔东南州1981年就开始失衡，1990年达到123.10，“五普”时为125.53，1%抽样时再升至134.06，是民族地区出生性别比失调的典型“三高”（长期、普遍、重度偏高）区域。而在“五普”时尚处正常域值的民族州县，时隔几年也跨入了出生性别比不平衡的门槛，如贵州黔西南州，“五普”时为101.59，2003年即突破107为108，1%抽样时升达121.99；云南德宏州从“五普”时的102.77上升为1%抽样时的122.82，增长势头迅猛。可见，西南民族地区越益凸现的出生性别比失调是该地区人口数量、人口素质、人口贫困等问题尚未完全解决而出现的又一人口问题。出生性别比失调及其已经和可能将要产生的负面效应无疑会影响西南民族地区社会经济的健康发展、人口安全环境建构，进而影响西南民族地区的社会稳定和边疆安全，影响民族共同发展繁荣大局。课题研究的主要目的是对西南民族地区出生性别比失调的状况和特征进行系统总结的基础上，找出真正导致失调的各种原因尤其是主因，分析失调已产生的后果以及对未来的影响、危害，以及社会、地方政府对出生性别比失调的态度认识以及在治理上存在的问题，探寻紧密切合西南民族地区实际，既能解决出生性别比攀升问题又能对人口问题进行综合治理的有效途径。

（二）

为有助于对西南民族地区出生性别比失调状况的立体掌握，有助于进一步认识西南民族地区出生性别比失调的严重性、特殊性和治理的迫切性、重要性和艰巨性，课题研究内容特分为综合研究与专题研究两个方面。综合方面，力图从总体上研究西南民族地区出生性别比失调的现状表现与特点、失调背景与原因、失调危害与影响、失调治理实践以及相关的对策建议等；专题方面，一是具体展现课题区域四个省区市出生性别比失调的状况与特殊性、治理经验与存在问题，二是就其中的“重灾”州、市、县进行个案剖析，三是就涉及的相关理论、政策法规作具体的理论分析与对策研究。

总体上，我们认为，“四普”以降，西南各省市区出生性别比都呈幅度不等的攀升态势，部分地区多年均在高位失调状态徘徊。通过对人口普查、人口计生统计数据以及实证调查等资料分析，我们认为，西南民族地区出生性别比失调问题表现出了长期累积与近年攀升现象突出、普遍失调与局部偏低并存、重度失调与轻度徘徊彼此交错、孩次上升出生性别比上升、政策计划外出生性别比高于计划内、区域上城乡差距明显、少数民族出生性别比失衡问题凸显等七大特征。而在失调总体原因上，包括直接、根本、间接三个层次，即男性偏好对出生性别比偏高具有决定作用；决定和强化男性偏好的是落后的传统文化、经济发展状况及相应的社会保障体系、不平等的社会性别现实等根本原因；男性偏好受少数民族历史、居住环境、人口生育政策等因素间接影响和强化；最终以性别鉴定、溺弃女婴和瞒报漏报等各种直接干预手段（中间环节）实现生育男孩的需求。失调的影响和危害表现为一是造成“婚姻挤压”和加深社会性别不平等的现实；二是给婚姻、家庭、伦理道德秩序带来冲击，导致与此相关的公共卫生安全问题和刑事案件的增加；三是造成“人口安全”问题与人口计生工作压力，影响先进人口文化建设；四是影响经济发展与社会稳定；五是不利于边疆安全和民族共同繁荣。课题在对西南民族地区治理出生性别比失调的治理实践及绩效进行概括、总结的基础上，就治理存在的问题进行了较为深入的分析，认为其中的认识不够、方法决策简单、法制不健全、投入力度小、政绩观念浓厚等问题都不利于出生性别比失调问题的切实治理和根本解决。

为此，课题特就进一步治理西南民族地区出生性别比失调的对策进行了思考。指导思想、目标和原则上，强调要用“三个代表”重要思想和科学发展观来指导治理工作，阶段性治理目标应切合实际、具体明确；在治理中应坚持的原则是把治理工作放到战略高度进行长远规划、综合治理、以利益导向为主导、依法管理优质服务；在组织、政策上，认为“政府组织、明确责任、区域合作、部门配合、打防并举、防范为主”是综合治理的工作机制，政策保障是治理工作的最重要和最基础环节；在落实和贯彻政策上，强调政策的完整性、系统性和统一性，防止类似政策或不同层级政策间的口径不一，避免缺失和漏洞。在管理机制上，结合西南地区的实际，强调从“两非”专项整治、孕情跟踪、部门联合等三个方面进一步完善；在手段机制上，形成法律、经济、文化、行政并举的综合治理局面。即法律手段上，加大对“两非”行为的处罚力度；经济手段上，实施各种奖励扶助措施，进行利益导向，强调“以奖代罚”；文化手段上，提倡科研工作应集中于对传统文化的合理成分的充分发掘和弘扬，把学生作为宣传倡导的目标人，将宣传教育与解决群众后顾之忧结合起来，提高宣传倡导覆盖面和针对性；行政手段上，建议控制和管理措施应当对准真正实施胎儿性别选择的一个较小的目标人群，从而提高干预效能，同时，行政管理措施应当与计划生育和生殖健康服务相结合，寓管理于服务之中。在保障监督上，首先要严格按照国家和地方政策规定，设立治理工作专项资金，并纳入各级财政预算，对困难地区应给予适当补助；二是要积极探寻社会赞助、企业合作等其他经费来源新渠道，广开财源；三是在资金考核上，保证考核的公平公正、准确客观，借鉴“婚育新风进万家活动”专项资金考核的经验，实行由第三方对项目进行绩效考评的方式，逐项量化、账实对应，做到保养财源、合理用财。监督机制采取积极措施发挥领导监督、内部监督、法制监督和社会监督等方面的作用，各种方式构成一个相互联系的监督系统。在出生性别比失调后果预防与化解机制上，课题根据西南部分民族地区（社区）出生性别比失调显现和可能将要产生的后果问题，提出了建立“出生性别比失调后果预防与化解机制”的构想。这个预防与化解机制体系包括加强法制宣传、发展农村经济、重视人力资源开发、政策支持、建立独身老人养老保障、移风易俗改革婚嫁模式、建立统计监测网络和制度等。其目的是通过这一机制的建立，将出生性别比失调的负面影响降到最低程度，维护社会的稳定与安全。

在研究成果中，我们认为，如下几个根源于西南民族地区实际调查而得出的建议值得学界与决策部门高度关注：

一是充分发挥民族优秀传统文化在治理出生性别比失调过程中的积极作用；二是改变年终以数据为据“一锤定音”的单一考核模式，建立科学的出生人口性别比治理工作考核机制；三是探索和建立出生性别比统计制度，确保统计数据客观真实；四是逐步改计划生育奖励扶助制度为农村社会保障制度，给农民以“国民待遇”，真正解除农村居民的后顾之忧；五是建立出生性别比失调后果控制与化解机制，促进社会和谐；六是实行大龄“光棍”养老保障，政策帮扶未婚大龄“光棍”家庭，体现以人为本；七是倡导婚嫁模式和姓氏取用自由、自主，促进性别平等、男女平权。

（三）

课题界定的范围是被当前学界相关研究所忽视或重视不足的西南地区，以出生性别比严重失调的广西全境、云南、贵州、重庆等省市区的部分民族自治州和自治县为研究重点，故课题成果一方面应用于国内出生性别比失调问题研究的学术交流，完善和丰富国内外关于出生性别比失调问题的研究理论；另一方面可为课题所及地区的出生性别比失调问题综合治理的决策提供参考依据。

课题成果主要体现在产生的社会效益上，课题通过相关的问题总结、因由剖析、危害分析、实践评价、对策思考、观点阐发等，有助于民族地区人口与发展进程中科学发展观的贯彻和良好人口环境的建构，有助于促进民族地区实现人口现代化和社会经济全面发展的进程，促进民族共同发展繁荣，有助于推动民族地区“关爱女孩行动”等活动的开展，营造全社会关爱女孩、关爱母亲和男女平等的氛围，消除性别歧视，实现“以人为本”，有助于推进我国民族人口政策的更加科学和完善，促进出生性别比研究在理论上的提升并进而实现综合治理的目标。

从目前发表的论文、研究报告来看，已在学术与实务部门产生了积极反响。贵州、广西人口计生委宣教、法规、协调督察等部门将其中有关治理的观点、对策或用于决策的制定，或用于工作的指导，或用于学习的参考。其中涉及西南民族地区出生性别比问题综合治理工作中法律法规角度的综合与对比分析，不仅有助于治理绩效偏低的原因分析，更有助于西南民族地区乃至全国出生性别比法律法规制定的进一步完善。从文化、社会性别、社会保障、历史因素等方面对出生性别比失调的考察，可使人们提高对其复杂性、危害性、治理艰巨性的认识。其他关于黔东南州、黔南州、河池、丹寨、榕江等出生性别比失调的具体研究，对推动当地出生性别比的治理工作、提高政府及群众对该问题的关注，以及倡导科学、文明、进步的生育观和性别观产生着积极的影响。

(四)

由于出生性别比涉及到部门政绩和工作考评，在国际上又是一个敏感话题，以致在资料的获取上存在较大困难；同时，由于整个研究课题涉及的地域广、民族多、地情不一致，失调的原因复杂以及工作开展的进展及重视程度不一等现实，给课题的研究带来了一定的困难；此外，由于有的课题成员异地入学或毕业等原因，也对课题的如期完成有一定的影响，这些也使我们在研究的深度上、在对策的思考上显得意犹未尽。

出生性别比失调这一客观存在的人口问题和显现的社会问题，在西南民族地区来讲，还可能成为民族问题和边疆安全问题。因此，这一问题解决的意义无疑重大深远。而其中的根本引发因素与治本之策、治理措施与文化影响、失调后果监控与化解机制建设、失调治理与和谐社会建构、边疆跨国婚姻的规制与和谐等问题都有待于深入研究，或有待于研究的开启。《西南民族地区出生性别比失调问题研究》虽然具有初创性的、空白填补性的意义，但它仅仅是对上述问题研究所作的铺垫性尝试，存在问题不少，我们恳请专家学者们不吝赐教，以使我们在这方面的研究更加成熟、更加完善。

上　篇

综合研究报告

第一章 绪论

一、出生人口性别比研究背景

性别是人的基本自然属性，性别结构是最基本的人口结构之一，是社会构成的一部分，它对人口增长有重大的影响，因为性别结构是否平衡，直接影响到结婚率和妇女生育率，进而影响到人口出生率和人口再生产过程。人口性别结构的测量指标主要有两个：一是总人口性别比；二是出生人口性别比。人口研究特别关注出生人口性别比。出生人口性别比是指一定时期内（通常为 1 年）出生的男婴总数与女婴总数的比值，用每一百名出生女婴数与相对应的出生男婴数表示。1955 年 10 月，联合国在其出版物《用于总体估计的基本数据质量鉴定方法Ⅱ》中，认定出生性别比的通常值域为 102～107，这一值域是在观察与分析全世界多数国家和地区的大量历史数据的基础上归纳获得的，在不同人群中具有高度的稳定性，超过或低于出生性别比的界定值域就被视为异常。而在出生性别比失调的程度划分上，笔者认为，数值在 107～110 之间为轻微失调，110～119 之间为轻度失调，120～129 之间为中度失调，130 以上为重度失调。本研究对人口性别比失调问题研究的主要关注点是出生人口性别比偏高问题，相对而言，出生人口性别比低于 102～107 这个正常值域并未引起相关的人口问题和社会问题，因此在本研究中只是作为参照。出生性别比长期偏离常态的后果是严重的，在其影响下，分年龄性别比和总人口性别结构就会出现失调，并带来婚姻、就业的性别挤压以及养老冲击等一系列严重的社会后果。从长远看，出生人口性别比失调，将直接影响未来的婚姻、就业、人口安全等方面，甚至会影响社会稳定、经济健康发展和国家安全。

自 20 世纪 80 年代以来，我国出生人口性别比虽有波动，但总趋势是持续攀升。1982 年第三次全国人口普查的时候，出生人口性别比全国水平为108.47，已经越过了107.0的常态数值。随后的年份，全国水平于“四普”、“五普”、2005年1%人口抽样调查时分别达到111.3、116.9和120.49，呈现不断升高态势。总的来说，出生人口性别比偏高在2000年以后尤为严重。虽然国家计生委、卫生部等部门已经对出生性别比升高问题高度重视并采取了许多措施，组织各地开展综合治理，从2000年至2005年上升态势有所减缓，但是在全局上还没有呈现明显效果，也不足以证明全国出生性别比已经被有效控制，其整体升高态势仍在继续。

从基本正常的省份个数来看，1982年出生人口性别比未超出常态数值107.0的省份有17个；而到了1989年，出生性别比数值小于107.0的省份和直辖市只有6个，分别是上海市、新疆维吾尔自治区、宁夏回族自治区、青海省、西藏自治区和贵州省；在2000年第五次人口普查中，未超出常态数值107.0的省份只有新疆维吾尔族自治区、青海省、西藏自治区和贵州省4个西部省区；而2005年1%人口抽查结果显示，处于常态值域水平的行政单位只有西藏自治区1个西部省区。

从统计资料可知，在1989年前，各省份均未为出现重度失调情况。到2000年，有11个省区出现出生性别比重度失调现象，除了陕西省，其他异常省份都处于华东地区和中南地区，分别是江西省、江苏省、福建省、安徽省、河南省、广西省、湖南省、湖北省、广东省和海南省。其中，江西省高达138.0，沿海省份广东为137.8，海南为135.0，紧随其后。2005年出生性别比高于120的省市仍为11个，分别是华东地区的上海市、江西省、江苏省、福建省、安徽省，中南地区的河南省、湖南省、湖北省、海南省，西北地区的陕西省和西南地区的贵州省；其中，排在前三位的省份为江西省137.3、安徽省132.2和陕西省132.1，较5年前的排名前三位省份的重度失调水平略有回落①。

① 国务院人口普查办、国家统计局人口与社会科技统计司：《中国2000年人口普查资料》，北京，中国统计出版社，2002。

2005年1%人口抽样调查数据与2000年“五普”数据对比，我国城市、镇、乡村的出生性别比有所增高，镇和乡村的出生性别比偏高问题尤为严重。2005年全国出生性别比城市为115.16，镇为119.86，乡村为122.85。城市比2000年上升了1.01个百分点，说明城市中选择性别生育的人数在增加。镇的出生性别比与2000年比较，仍然居高不下，基本稳定在120左右。乡村比2000年升高了1.18个百分点，可能是由于B超等鉴定胎儿性别的技术在农村地区进一步普及，带动出生性别比继续升高，导致全国总体水平有所升高，使得出生性别比失调治理既任务艰巨，又刻不容缓。①

图1-1 我国出生性别比阶段性变化趋势（1980—2005年）

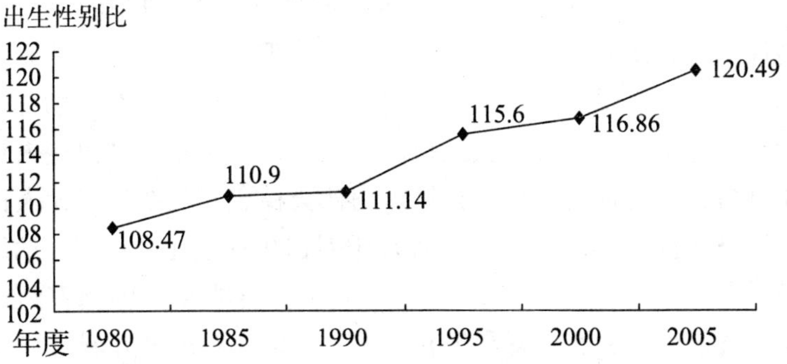

数据来源：全国第三次、第四次、第五次人口普查及2005年1%人口抽样调查

出生性别比偏高问题已经引起了中央和地方各部门的高度重视。2003年初中宣部、国家人口和计生委、国家统计局等11个部（委、局）联合发出《关于综合治理出生人口性别比升高问题的意见》，要求各部门予以重视和执行。同年，针对出生性别比偏高问题，“两会”代表指出：各级政府要把治理出生性别比问题作为一项系统工程提到重要的议事日程上来，由政府主管部门领导亲自抓，计划生育和卫生两个部门共同负责，其他有关部门密切配合，齐抓共管，要采取有效措施，疏堵结合、奖惩结合，逐步建立健全有利于控制出生性别比升高的利益导向机制。2004年初，胡锦涛总书记在中央

① 国家统计局：《2005年1%人口抽样调查资料》，北京，中国统计出版社，2007。

人口资源环境工作座谈会上的讲话谈道："要高度重视出生人口性别比升高的问题，开展必要的专项治理活动。第五次全国人口普查的数据表明：我国出生人口性别比持续升高。人口性别比是有其内在规律的，长期失调将会造成社会问题。要加大宣传力度，深入开展'关爱女孩行动'，倡导男女平等、少生优生的社会新风。完善政策体系，解除生育女孩家庭的后顾之忧。加强责任制，把人口数量指标和出生性别比的指标统一起来考核，力争经过三至五年的努力，使出生人口性别比升高的势头得到遏制"。2005 年 3 月，胡锦涛总书记在中央人口资源环境工作座谈会上的讲话再次谈到，"人口和计划生育工作要积极探索创新开展工作的思路和方式方法，继续做好人口发展战略研究，在稳定低生育水平的基础上着力提高人口质量，提高计划生育技术服务水平，继续综合治理出生人口性别比升高的问题"。2006 年 12 月 17 日，《中共中央、国务院关于全面加强人口与计划生育工作，统筹解决人口问题的决定》中指出"出生人口性别比过高、持续时间过长，必然影响社会稳定，关系到广大人民群众的切身利益"，强调要加大力度加强对出生性别比失调问题的综合治理。在上述背景下，国家人口和计划生育委员会、卫生部等部门，各相关省区市开展了"关爱女孩行动"、"婚育新风进万家"、"奖励扶助"、"幸福工程"、"春蕾计划"、严禁"两非"等一系列综合治理出生性别比失调的活动。同时，社会科学界也对出生性别比失调的背景、原因、特点、危害、治理对策等问题开展了广泛而深入的调查和研究工作，并取得了丰富的研究成果。

二、国内外出生人口性别比研究概述

人口性别结构，即一个国家或地区两性人口数量的比例关系，会受到育龄妇女生育率、出生婴儿性别比、男女分性别的死亡率以及人口迁移等的影响。人口性别结构从某种程度上会对结婚率和妇女生育率造成影响，进而影响人口出生率和人口再生产速度。近些年，由于我国出生性别比持续攀高且居高不下，对出生性别比失调原因的研究成为学术界的一个热点。

（一）国外研究状况

1. 出生人口性别比域值问题

关于性别比的概念较多，如出生性别比就有出生人口性别比、人口出生性别比、婴儿出生性别比等几种说法；性别比又分年龄性别比、总人口性别比和婚配年龄性别比等。出生性别比的域值问题是国外研究的主要方面。1967 年美国优生协会出版的《优生季刊》第 14 卷第 2 期，刊登了印度孟买大学经济系普拉文・维萨里亚（Pravin M. Ⅵsaria）的“登记相对完整的国家及地区出生性别比”一文。在该文给出的 80 个国家及地区出生性别比中，有 50 个置于 104.0～107.0；低于 104.0 而置于 90.2～103.9 的有 23 个；高于 107.0 而置于 107.2～117.0 的有 7 个。1969 年美国的唐纳德・博格（Donald J. Bogue）在《人口统计原理》一书中指出，出生性别比约为 105 或 106。1971 年肯尼恩・坎梅耶（Kenneth C. W. Kanmeyer）在《人口入门》一书中指出，出生性别比高于 102，但常为 105，而生活条件差及艰难的地方，出生性别比低于 102。1976 年亨利・赖奥克（Henry S. Shryock）等在《人口统计方法与材料》一书中指出，多数国家出生性别比为 104.0～107.0。1981 年罗伯特・加德纳（Robert Gardner）在《人口统计分析技术》一书中指出，出生性别比为 105.0～107.0。1982 年，雪莉・福斯特・哈特利（Shirley Foster Hartley）在《人口比较》一书中指出，出生性别比为 103～106。总之，众说不一。由于出生性别比值域在 102.0～107.0 之间，涵盖了全球多数人口的出生性别比，囊括了绝大多数国家和地区，因而便成为对调查与登记数据进行质量评估的重要参考以及出生性别比是否“正常”的判别标准。20 世纪 50 年代中期，联合国有关研究认为：“出生性别比偏向于男性。一般来说，每出生 100 名女婴，其男婴出生数置于 102.0～107.0 之间（Johansan Son. Sten, OlaNygren，1984）。此分析明确认定了出生性别比的通常值域为 102.0～107.0 之间。从此，出生性别比值下限不低于 102.0，上限不超过 107.0 的值域一直被国际社会公认为通常理论值，其他值域则被视为异常值。

2.“性别偏好”的问题

在一定意义上，人口出生性别比异常地高只是一种表象，它的背后有着复杂的社会、经济和文化动因，其实质反映的是妇女地位相对低下和“重男轻女”的观念意识。在夫妇的生育行为中，就表现出对子女的“性别偏好”。因此，学术界有从此方面入手，来探讨性别结构问题的。迄今，国际学术界对“性别偏好”的研究成果大体可以分为三类：(1) 对“性别偏好”的理论性研究；(2)“性别偏好”的度量方法及其应用；(3) 对不同人口“性别偏好”的实证分析。

“性别偏好”的理论分析主要可以分为经济学分析、社会学分析和人口学分析。经济学对“性别偏好”和性别选择的分析主要集中在“性别偏好”存在的经济学意义，不同性别孩子的成本—效益及其差异，通过生育经济学模型探讨“性别偏好”的风险涵义等等。“性别偏好”的社会学分析则主要是针对“性别偏好”存在的社会背景、性别选择的伦理道德和价值判断等问题进行的探究。人口学分析强调的是“性别偏好”与出生性别比的关系、生育行为决策与“性别偏好”、“性别偏好”与家庭规模、“性别偏好”对生育率的影响，等等。

国外的研究成果表明：如果人口中存在以“男孩偏好”为特征的生育“性别偏好”，那么通常妇女所生的最后一个孩子的性别比就会特别高 (Chai Bin Park and Nam Hoon Cha. 1994. Chai Bin Park, 1982)。在经验数据方面，韩国是一个很典型的案例：育龄夫妇由于存在比较强烈的“男孩偏好”，因此拥有不同孩子数量的夫妇最后一个孩子的性别比都很高；而伴随着性别选择技术的可获得性和便捷性增加，最后一个孩子的性别比也在递增。按照国外已有的研究成果，在不考虑“性别偏好”的情况下，有相同性别孩子的夫妇更可能再生育 (Gray E. 1972)。进一步说，如果人口中存在对“儿女双全”的“性别偏好”，在具有同等数量子女的家庭中，只有单一性别子女的家庭更可能再生育 (Goh TH. 1998)。瑞典人口学家斯腾·约翰逊 (Sten Johanson) 则认为，即使只有那些生育过第一孩是女孩的家庭去再生育第二孩，在统计上这种决定子女生育数量的做法也不会影响出生性别比。这种说法的实质是坚持男女婴的出生概率都是一个相对稳定的不变值，肯定了出生性别比随孩次升高而升高（或降低）的现象都为异常。实际的调查和统计发现，出生性别比往往随孩次升高而升高，且如果第一孩是女孩的，第二孩是男孩的可能性就大得多①。

3. 出生人口性别比的其他影响问题

周云（1997）对国外出生婴儿性别比研究综述主要包括三方面。首先，在生物方面，伯恩斯坦（Bernstein，1958）提出了出生性别比与妇女的生育能力有关，即生育能力强的妇女可能生男孩；格兰特（Grant，1990）发现个性主导程度高的妇女更可能生男孩；英国学者詹姆士（James，1971）提出人类受精卵的性别比似乎取决于妇女是在月经周期的哪个时点怀孕，基本上说在月经周期早期怀孕的妇女多生男孩，而在后期怀孕的妇女易生女孩，并认为母体中的雌激素、雄激素和促性激素的水平可能支配着出生性别比，当母体中前两种激素水平相对高时，生男孩的可能性大，而当促性激素水平高时更可能生女孩。其次，在人的行为方面，婚姻制度与出生性别比也有一定关系，比如，一夫一妻制下的出生性别比高于一夫多妻制下的出生性别比。再次，在人口结构与其他社会因素方面，詹姆士与罗丝托恩（Jamles and Rostron，1985）认为出生性别比随胎次的提高和父母年龄增大而降低；才纳扎瑞（Chahnazarian，1988）收集了来自许多国家的有关研究，大部分数据说明出生性别比与母亲年龄有负相关关系，即年轻的父母生男孩的可能性更大，与胎次呈负相关关系，即胎次较低的婴儿更可能是男孩。伯恩斯坦（Bernstein，1954）认为父母的职业直接影响婴儿性别比。当父母双方都做的是“男性”工作时其子女的性别比会升高，那些做“女性”工作的则更多地生女孩。此外，季节与出生性别比也有一定的相关性。

---

① 陈颐：《国内外人口性别结构研究综述》，载《发展研究》，2007（5）。

（二）国内研究状况

有关我国出生性别比失调的研究，始于 1982 年第三次人口普查数据公布。当时中国学者还没有意识到问题的严重性，而西方的一些学者、媒体已经开始对我国性别比偏高问题进行讨论。第四次人口普查后，我国的一些学者开始注重对出生性别比问题进行研究，但研究的队伍和范围都相对有限。自“五普”结果公布后，出生性别比攀升的问题即受到了党和国家以及全社会的高度关注。2004 年 3 月 10 日，国家主席胡锦涛在中央人口资源环境座谈会上的讲话，明确提出：“要高度重视性别比升高的问题，开展必要的专项治理活动。”国家人口计生委启动了旨在抑制出生性别比升高的“关爱女孩行动”，有关省市区积极开展一系列有效的工作。而在学术界，对出生性别比上升的特点、原因、危害、对策等各方面的调查研究、探讨也随即成了人口学、社会学、伦理学等学科领域内的研究热点，研究成果也在陆续产生。

各界人士对中国出生性别比持续偏高问题研究可以归纳为两大类：理论研究和实证研究。在国内较有影响的理论研究为“三维”理论说（出生性别比受出生数量、质量以及时间的影响）（顾宝昌，1992），以及非独立概率说（当前胎次的出生性别将受前一胎次的出生性别所影响）（马瀛通、冯立天，1998）。实证研究包括研究分析出生性别比偏高的状况、对比研究以及相关政策的研究及建议。出生性别比的状况研究包括实际水平、地区分布、城乡分布、孩次分布、政策等因素的影响等。国内学者在分析中国出生性别比状况时多与其他亚洲国家或地区进行对比研究，分析文化因素对出生性别比的影响。在许多学者看来，出生性别比升高已是一个不争的事实，试图从传统观念、生育文化、法制建设、经济发展等方面去寻找解决出生人口性别比问题的办法，不失为一种好的尝试。

具体来说，国内对于出生性别比相关的研究主要表现在以下几方面：

1. 关于出生人口性别比偏高原因的研究

关于出生性别比偏高原因大致有自然因素、“男孩偏好”、生育空间挤压、直接原因等 4 方面的探讨。有研究表明，出生性别比的高低与所处地理位置、与人们的饮用水、与人的饮食习惯有关，与受孕时间有关等（邵邻相，1998；卢继宏，2004）。但是，出生性别比的持续偏高以及偏离正常范围越来越大的现象表明，自然因素的影响性已经远远不及其他因素。而使出生性别比偏高的根本原因在于民众的“男孩偏好”。那么，“男孩偏好”是如何得以形成的？“男孩偏好”为何会导致出生性别比偏高？对于这两个问题，学术界从不同角度给出了回答。对于“男孩偏好”的形成机制，主要有以下几种说法：传统文化决定说；男女价值差异说（冯占联，1995；李兵、孙永健，2001；吕红平，2007 等）；男女不平等说（马瀛通等，1998；马焱，2004；杨军昌，2007 等）。而当人们由于生育政策的制约而不能拥有自己所希望的孩子数量时，他们会转而谋求一种“以质量代替数量”的生育战略，即在不能拥有更多孩子的情况下谋求他们最想要的孩子（刘鸿雁、顾宝昌，1998）。20 世纪 80 年代以来，出生性别比的升高或许可以看做是“生育选择空间”狭小和“偏男生育意愿”过于强烈互相冲突和挤压的结果（穆光宗，1995）。目前中国出现的高出生性别比失调是在强烈的“男孩偏好”的条件下过分压缩每个家庭孩子数量的结果（乔晓春，2004）。另一种与生育空间挤压相悖的说法是虚假因果关系说。该说认为，少生孩子不单纯是执行计划生育政策的产物，孩子养育成本快速攀升是促使家庭少生孩子的又一个重要因素，而且，伴随生育率下降出现的出生性别比偏高问题并非中国特有，在没有计划生育政策的东亚、南亚，甚至中东和北非的很多国家和地区的出生性别比也偏高。总之，中国出生性别比偏高和推行计划生育政策并没有直接关系，两者不是因果关系（原新、石海龙，2005）。关于导致出生性别比偏高的直接原因一般认为有三个：女婴漏报或瞒报、非医学需要的产前胎儿性别鉴定和选择性别的人工终止妊娠、溺弃女婴和女童领养。对此，学术界已基本达成共识。其中 20 世纪 90 年代中后期，国内外学者对出生性别比升高原因的看法基本一致：非医学需要的产前胎儿性别鉴定和选择性别的人工终止妊娠是造成中国出生性别比偏高的第一位原因。虽然存在人口漏报现象，但是漏报人口出生性别比基本平衡，甚至漏报的男婴多于女婴（乔晓春，2004）；溺杀女婴和领养女童对出生性别比的影响基本可以排除（楚军红，2001；陈卫，2002；韦艳等，2005）。

2. 出生人口性别比与出生孩次、出生数量关系的研究

绝大多数学者普遍认为，无论是从一定时空条件下的出生婴儿总数看，还是从其分孩次出生看，男婴与女婴的出生概率虽有差异，但各自的出生概率基本相对稳定或略有微小波动，其出生性别比通常波动在 102.0～107.0 之间。马瀛通、冯立天、陈友华等学者认为，出生性别比是以妇女再育前所历经的出生子女性别次序为条件，分孩次出生性别比升高的一个不可忽视的因素是与分孩次、分性别次序的母亲再育或控制再育所占比重不密切相关，男婴与女婴的出生概率分别与曾生子女先后出生性别次序不同的妇女再育所占比重相关，形成了统计学上的条件概率（马瀛通、冯立天，1998）。

近年来，在全国性会议材料、报刊、研究报告甚至学术刊物中，仅凭一个村、一个乡或一个县一年的出生婴儿数，就对所计算出的出生性别比冠以“正常”或“失调”的结论，已是屡见不鲜。大部分学者认为，从统计学讲，若观测的样本大到近 1000 万人，对出生性别比的统计其误差趋近于零。在无极端因素直接干扰的条件下，出生性别比值的变动规律呈明显的大数定律性（马瀛通等，1998）。也就是说，小量的观察很难从统计指标数值中得出必然的规律性的结论，只有对所研究对象的随机现象进行充分而大量的观察，才能得出反映研究对象在一定条件下的必然性与规律性结论。出生性别比指标具有大数定律性质的这一显著特征，明确地说明了不同的出生婴儿观察量所得出的出生性别比，在一定置信度上必有其相应的置信区间，观察出生性别比如同观察简单随机抽样结果一样，要保证计算出的出生性别比在 99%置信度上的置信区间范围很小，就必须保证有足够的相应观察样本规模。

3. 关于中国出生人口性别比的变化和发展趋势研究

“三普”、“四普”、“五普”资料及历次人口抽样调查资料显示：

近20年来，中国人口出生性别比总体上高出正常范围，而且持续攀升。从地区差异来看，2000年，除西藏和新疆外，各地区的出生性别比均高出正常范围，海南省和广东省的出生性别比竟然高达130.0。中国的出生性别比持续偏高并且不断攀升，不仅引起了学术界的极大关注，而且引起了各级政府的高度重视，这使得关于全国及部分地区出生性别比偏高问题的原因、发展趋势、不良后果，以及相关对策的研究不断深化。最新研究结果显示中国出生性别比偏高不是统计失实，而是客观地偏高。虽然2000年"五普"时女孩漏报问题仍然存在，但是有性别选择的人工流产才是造成出生性别比偏高的最主要原因（于弘文，2003）。如果不采取有效的治理措施，根据预测方案，2010年我国总人口为13.54亿人，因出生性别比升高导致婚龄期男性人口比女性多出182万人，占同龄男性人口的0.52%；2020年我国总人口14.51亿人，因出生性别比升高导致婚龄期男性人口比女性多出921万人，占同龄男性人口的2.79%；2030年我国总人口为14.85亿人，因出生性别比升高导致婚龄期男性人口比女性多出1878万～1899万人，占同龄男性的5.95%～6.01%；2040年我国总人口为15.09亿人，因出生性别比升高导致婚龄期男性人口比女性多出1915万～2174万人，占同龄男性的6.3%～7.15%；2050年我国总人口为14.99亿人，婚龄期男性人口比女性多出1225万～1705万人，占同龄男性的4.43%～6.06%。也就是说，如果不采取必要的治理出生性别比偏高问题的措施，未来中国人口将出现男性比女性多出几千万人的性别结构失调的不良后果（陈胜利等，2006）。女性赤字将是我国长期存在的社会现象，从总量上看，未来30年0～49岁的女性赤字规模将达到4000万～5000万人，几乎已成定局，而这一状况势必加剧城乡婚姻市场的竞争，造成婚姻地域挤压转移，无女可娶的重灾区将集中在农村，特别是边远贫困农村（原新，2006）。

4. 出生人口性别比与生育率关系的研究

1993年中国人口信息研究中心出生性别比研究课题组认为，中国的出生性别比随着生育率的迅速下降而日趋严重。出生性别比存在着明显的地区差异，其归因与生育率下降速度关系密切。近期中国人口出生性别比失调与“人口政策和人口几乎全部集中于妇女生育子女数为代表的生育率下降”有关（顾宝昌、KriShna Roy，1996）。马瀛通（2004）认为，出生性别比和生育率的关系不大，西方发达国家的人口统计资料表明，从生育率开始下降到降至更替生育水平或其以下，普遍经历了100多年的自发下降过程。人口出生性别比虽然也有一定幅度的波动，但却从未超出102.0～107.0的值域范围，表现出高度的稳定性。妇女生育水平的高低及生育水平下降的过程，对出生性别比没有任何影响。中国大城市的绝大多数市区，在生育率急剧下降、生育水平已为世界最低之列的情况下，总体出生性别比却一直未发现异常现象（顾宝昌，1996）。

5. 出生人口性别比偏高的后果研究

出生性别比偏高除了影响人口再生产外，还会影响社会生活的方方面面（曾毅、顾宝昌，1993）。石人炳（2002）通过对台湾省出生性别比问题的实证研究，总结了其出生性别比失调的社会后果，其中包括：①男性婚龄人口成婚困难；②通婚的区域范围扩大，产生了人口的婚姻迁移；③婚姻年龄的性别差异扩大；④对离婚人口的影响以及使单身老人晚景凄凉。在中国内地，由于出生性别比失调而导致的不良社会经济后果主要可以概括为以下几点：一是婚姻挤压。认为2000年以后出生性别比仍然继续偏高，那么2025年以后，中国将进入高度婚姻拥挤的状态，而且婚姻拥挤还将导致夫妇年龄差和男女初婚年龄的显著变化，并会导致相当比例的人口终身不婚，其社会后果较为突出（邓国胜，2003）。二是社会冲突和家庭矛盾。性别比偏高将直接导致单身汉增多，进而冲击既成家庭，导致离婚率上升，同时，婚外恋、“第三者”现象会显著增多。此外，家庭是社会的细胞，家庭不稳，社会就不会安宁。单身族的壮大，必然导致性犯罪、拐卖妇女和儿童、情杀、仇杀案件的增多，严重破坏社会秩序（张枫，2003）。三是不利于妇女地位的提高。缘于“男孩偏好”的出生性别比失常及其后果，无助于妇女地位的提高，对此，可以从以下几个角度加以认识：①产前性别鉴定和选择性别的人工终止妊娠是对女婴生命权的严重侵犯，是重男轻女、男女不平等的集中体现；②源于“男孩偏好”的出生性别比失常将损害女孩的生存权和发展权；③男多女少带来复杂的婚姻家庭问题，对女性造成直接和潜在的多重伤害（刘爽，2006）。

6. 出生人口性别比失调问题对策研究

目前国内对于出生性别比偏高的主要对策分为“疏”、“堵”（徐毅、郭维明，1991）和“疏”“堵”结合两方面。“疏”，即为从长远的利益考虑，从根本上解决问题。其具体做法包括：加强宣传教育以改变传统的生育观念，提高经济发展水平，改善民众的生存环境，降低民众对男孩的心理、生理要求等，从而降低较高的出生性别比。但是，“疏”的方法效果很难测定，而且具有长期性，很难在短期内见效。“堵”，即对怀孕妇女进行定点产前检查、定点接生、定点产后访视，加强对医疗服务机构的监督等。从某种意义上来说，“堵”的方法有一定的效果，但却在一定程度上限制了群众的权益，与现代理念相背。“疏”“堵”结合的观点多见于刊物，其中陈胜利、顾法明、蔡飞在《2005 年 1％人口抽样调查对综合治理出生性别比工作的启示》中对我国出生性别比失调的形势分析和工作建议值得高度重视。该文首先肯定了我国出生性别比升高形势严峻，其表现是数量的持续攀升、地域范围扩大、升高的根本原因短期内难以消除；进而分析了农业人口、多数省份户籍在本地的人口、生育二孩的夫妇、25～34 岁妇女、受教育程度较低的妇女等是出生人口性别比升高的重点人群，强调用“贡献率”科学确定工作重点，坚持关爱女孩行动是综合治理的有效载体，并提出了 5 条具体的工作建议，即“党中央、国务院要加强协调机构，形成统筹解决人口问题、综合治理出生人口性别比失调的有效机制”、“党中央、国务院需要召开专题会议，重点解决认识问题”、“要抓住重点，做好主要省份的协调指导工作”、“进一步做好关爱女孩行动试点工作”、“加强理论与实践相结合的关爱女孩行动研究工作”。文章相信：“在科学发展观的指导下，出生人口性别比升高的背景研究会不断深入，必将为综合治理出生性别比升高问题作出更大的贡献。”

三、西南民族地区出生人口性别比失调研究的意义与理论价值

本选题的界定范围为西南地区的广西、云南、贵州、重庆四省市区（西藏、四川三个自治州出生性别比偏低不列入）的少数民族地区，而其中又以广西、云南、贵州3个省区为重点。选题视角：其一，这三个省区“五普”时分别有少数民族人口1682.96万、1415.88万、1333.60万人，分别占总人口的38.76%、33.43%、37.84%，分列全国第一、第二、第三民族人口大省。其二，在我国除内蒙古、宁夏、新疆、西藏、广西外，尚有三个民族省份，即青海、贵州、云南。即是说，广西、云南、贵州不管是学术概念或是政治概念，习惯上为我国8大民族省区的组成部分。同时又是泛珠三角经济合作区域的重要成员省，同时又都列入我国西部省区。其三，三省（包括重庆6个民族区县）山水相连，世居民族和民族成分较多，一些民族在省际间均交叉分布，民族文化既有差异性，又有着不可分割的同质性，包括生育文化与性别文化等。其四，研究区域出生人口性别比失调都呈日渐攀升和范围扩大之势，将该区域出生人口性别比纳入研究对象整体，有助于失调规律的探寻和治理经验与教训的总结，促进区域间出生性别比综合治理的协调与合作。

从“四普”、“五普”、2005年1%人口抽样调查的资料对比看，西南各省市区出生性别比都呈幅度不等的攀升态势。“五普”时最高的广西为125.55，最低的贵州为107.03。2005年1%人口抽样调查时，广西为119.80，云南为113.16，贵州为127.65。不可否认的事实是，除广西各地市几乎普遍失调外，其他省市一些民族地区出生性别比也不断地攀升，如“五普”时云南德宏州为108.47、红河州为109.03、文山州为117.47；贵州黔南州为116.87、黔东南州为125.01。而在“五普”时尚处正常区值的民族地区，时隔几年也跨入了出生性别比不平衡的门槛，如贵州黔西南州，“五普”时出生性别比为101.59，而到2003年即达到108.00，2005年1%人口抽样调查时高达121.99，上升势头迅猛。西南民族地区出生性别比出现

的失调问题，既是人口问题，又是社会问题，如不加以重视和下力解决，很有可能演化为政治问题、民族问题和国家安全等问题。

然而，由于经济相对落后的西部省区市出生性别比偏高的幅度相对较小（除西藏、新疆偏低或正常外），同时又由于西部大部分省区市的人口矛盾仍是过快增长的人口数量和相对较低的人口素质之间的矛盾，因此，西部尤其是西南民族地区出生性别比攀升的现象所表现出来的特殊性及其已经和将来所产生的负面影响未在大部分学者中引起高度关注，即使有所涉及，也多在其表，鲜入其里。其关键原因在于对西南地区特殊的区位、区情和出生性别比失调的高危害性认识不足有关，应该予以深刻地思考。由此，对该问题研究的理论意义和实际价值可概括为：

其一，西南地区是我国少数民族集中的主要区域之一，这一地区的经济发展、社会稳定事关我国边疆的稳定和国防安全，而民族地区出生性别比的失调是社会稳定、人口安全的重要隐忧，必须站在战略的高度加以关注和解决。

其二，虽然民族地区出生性别比失调现象极不平衡，但失调的形势已不容乐观，失调的累积后果已开始出现。研究这一问题无疑有助于民族地区的法制与和谐社会建设，更有助于综合治理和解决区域性出生人口性别比偏高的问题。

其三，民族地区出生性别比失调，既反映了民族地区的经济发展相对落后与社会保障水平的低下，又反映了文化习俗对人口再生产的影响，挑战着民族地区的经济建设和全面建设小康社会的总体目标。对该问题研究，有助于民族地区在人口与发展进程中科学发展观的贯彻和良好人口环境的建构。

其四，西南民族地区由于自然历史等原因，经济、人文等发展指标与东中部省区、与汉族地区存在着较大的发展差距，而出生性别比等人口结构问题又无疑对缩小这些差距产生积极影响。由此可以认为，系统研究西南民族地区出生性别比失调问题，有助于促进民族地区实现人口现代化和社会经济全面发展的进程，促进民族共同繁荣发展。

其五，不可否认，出生性别比失调折射出民族地区存在着较为严重的性别歧视和性别不平等现象。该问题的研究有助于推动民族地区“关爱女孩行动”等活动的开展，营造全社会关爱女孩、关爱母亲和男女平等的氛围，消除性别歧视，更加有利于实现“以人为本”的发展目标。

其六，民族地区的性别歧视，反映着我国的民族人口政策存在着有待完善和调整之处，民族人口发展与可持续发展战略有待更加重视，民族生育文化当中还客观存在着不利于民族人口发展的不合理成分。研究有助于推进我国民族人口政策的更加科学、完善和民族人口文化的优化提高。

其七，国内外对出生性别比问题的研究已经很多，并取得了很大进展。但总的来说，这些研究在综合治理出生性别比偏高问题方面，所提出的意见大多是指导性的，而在实际工作中的可操作性相对较弱。本选题力争通过实证研究，寻找一条行之有效并适合现代理念的解决出生性别比偏高和升高问题的道路。探讨具有西南民族地区特色的出生性别比升高问题的根本原因，提出一系列针对性、时效性和可行性较强且适合现代理念的措施，为政府和有关部门治理出生性别比失调提供决策参考，这是本研究的最终目的所在。

四、西南民族地区出生人口性别比失调研究的主要内容、基本思路与相关问题

（一）主要内容与观点体现

1. 主要内容

人口问题实质上是发展问题。西南地区是我国苗族、彝族、壮族、布依族、侗族、瑶族、白族、土家族、哈尼族、傣族、水族、仡佬族等族人民的主要聚居区，在祖国的历史文化、国防安全、民族团结等方面作出了重大贡献，有其特殊的地位和作用。但西南民族地区自然环境相对恶劣，经济发展相对滞后，人口增长过快，人口素质较低，贫困人口过多，人力资本积聚弱等严重影响着区域的发展进程，并造成了可持续发展的巨大压力，一直是我国扶贫开发

的重点区域。

近年来日益凸显的出生性别比失调现象又成了西南民族地区影响发展和社会稳定，不可回避且必须高度重视的问题。众所周知，出生性别比失调、攀升的原因相当复杂，它既有直接的因素，又有深层次的根由，还有特殊的地情和文化等背景。其可以预见的后果或在民族地区可看到的危害主要有：女婴生存权被侵犯，社会精神文明被损害，法律秩序受到干扰；无女可娶的独居男性增多，针对女性的犯罪逐渐增多；婚姻稳定性受到冲击，家庭结构变迁，道德逐渐弱化；非婚性需求增加，对伦理道德造成冲击；人口拐卖市场需求扩大，激发犯罪行为、滋生恶性文化，等等。这些现象的出现必将影响西南民族地区社会经济的健康发展，给西南民族地区的脱贫致富与全面小康社会建设带来严重的干扰，进而影响着西南边疆的社会稳定和国家安全，影响着民族共同发展繁荣的大局。基于以上思考，研究内容拟定为：

(1) 西南民族地区出生性别比失调的现状表现与特点。

(2) 失调的背景与原因。背景侧重在人口问题、经济发展与社会变迁等方面；原因则考虑性别选择、溺弃女婴等直接原因，经济落后和社会保障匮乏、民族传统习俗和生育文化影响、社会性别不平等等根本原因以及其他原因如环境、遗传、历史、政策等。

(3) 失调的危害与影响。包括理论分析、实证研究等。

(4) 失调的社会认识与治理实践。包括社会认识的过程与程度、治理的措施、成效及问题等。

(5) 目标与对策。目标强调人口现代化、人口安全和以人为本，对策包括指导思想、组织政策、管理机制、手段机制、保障监督、失调后果预防与化解等。

研究的重点和难点是对性别比失调进行深入的分析，找出真正导致失调的各种原因尤其是主因，分析失调已产生的后果以及对未来的影响、危害，社会、地方政府对出生性别比失调的态度认识以及在治理上存在的问题，并探寻出一条能紧密切合西南民族地区实际，既能解决出生性别比攀升问题又能对民族地区人口问题进行综合治理的有效途径。

2. 观点体现

本选题根据西南地区出生性别比失调状况、研究目的、研究意义，力图在研究过程、研究成果中体现如下观点：

(1) 出生性别比失调是民族地区在人口数量、质量等人口问题尚未基本解决之后的又一人口现象，这一问题与其他人口问题交织在一起，影响了民族地区的人口现代化进程、人口安全环境的建构。

(2) 民族地区出生性别比失调的原因有着比汉族地区更多的特殊性（主要是民族环境不同），解决的难度大于人口数量的控制。因此，应在尚未全面失调轻度偏高（个别州除外）之际，高度重视，下大力加以解决。否则，将会给西南民族地区的全面小康社会建设及其和谐社会的建构带来严重干扰。

(3) 主要聚居在西南的上百万人口的少数民族的出生性别比普遍偏高，如“五普”时苗族为114.22、彝族为111.89、壮族为120.07、布依族为110.55、侗族为126.72、土家族为121.82等，这与西南民族地区的性别比偏高有直接的联系。因此，有必要循序渐进地对民族人口政策进行调整并创新民族地区的人口与计划生育工作的思路和机制。

(4) 治理出生性别比问题是一项大的系统工程，在此过程中不仅需要智慧，还需要耐心；必须齐抓共管，综合治理，其中尤要充分利用民族地区优秀传统文化和立法资源，积极发挥民族文化和地方法规在治理中的作用。

(5) 加快民族地区的发展步伐，建立并不断完善有利于控制人口出生性别比升高的利益导向机制。同时在民族地区广泛并深入开展“关爱女孩行动”，更加显著地提高妇女的社会地位，促进社会性别平等。

(6) 人口结构问题是西南民族地区制定人口发展规划的重要议题。可以预示，经过5年左右的努力，民族地区出生性别比升高的势头将会得到有效的遏制。在具体的人口工作中，必须首先考虑人口结构问题，将治理出生人口性别比偏高问题全面落实到人口发展和规划的各个环节和领域。

（二）研究的基本思路和相关问题

1. 基本思路

在已有调查研究成果和文献资料基础上，对研究对象的历史和现状资料进行系统、全面地收集，在注重出生性别比失调普同性和特异性的前提下，结合有关的理论和方法，制定科学的研究方案，进行较系统深入的研究。为保证研究成果的质量，使成果在西南民族地区抑制出生性别比升高、综合治理人口问题、建构全面小康、建设良好人口安全环境中发挥作用。课题研究拟采用文理兼容、以文为主，多学科、多层次、多部门协调攻关的方式进行。具体在研究中除人口学外，注重社会学、经济学、民族学、政治学、环境生态学、文化学等学科理论与研究方法的运用，同时在研究中做到决策与理论、宏观与微观、理论与实证、静态与动态、定量与定性等研究方法并重。同时，积极借鉴国内外相关的研究成果和方法，力争使研究成果具有较高的学术与资治价值。

2. 相关问题

出生性别比失调的原因非常复杂，其影响和危害也是面宽程度深。在人口问题综合治理新机制的构建中，对其遏制和治理显得更为紧迫。时代和人口计划生育工作呼唤学术界进行相关研究以为决策与工作提供参考。而对于西南民族地区出生性别比失调问题，要研究和讨论的问题多而具体。

其一，要进一步提高对出生性别比失调的认识和治理的指导思想。解决出生性别比失调问题的首要之策，仍在于思想认识的提高。西南民族地区出生性别比近几年来失调范围的不断扩大和治理效果的不甚明显，在一定程度上与一些地方党政领导对出生性别比偏高问题的严重性及其治理的艰巨性明显认识不足有关。表现在不仅未对出生性别比失调问题进行认真地思考，在治理中，又在“政绩观念”左右下，工作上亦步亦趋、“听命而动”、“短期行为”明显。出生性别比升高是历史原因造成的，并不反映当前人口与计划生育工作的水平，但如果认识不到或无视出生性别比升高的严峻形势，则会贻误工作的有利时机，造成不可弥补的损失。因此，要从根本上扭转出生性别比偏高的严峻形势，必须进一步提高全社会对这一问题严重性的认识，使地方干部尤其是领导干部在指导思想上充分树立起解决出生人口性别比失调问题的责任感、使命感和紧迫感，充分树立科学的政绩观并在此基础上形成有效治理的正确导向，即标本兼治，综合治理，加强领导，坚持不懈。如何促进对出生性别比失调问题及治理重要性的认识提高与积极治理，是实证调查与理论研究工作者不可推卸的应尽之责。

其二，出生性别比失调不是生育政策绝对影响的结果。部分学者认为，出生性别比失调主要是我国生育政策而导致的有限生育空间挤压的结果，因而解决的途径就是适当放宽生育政策。不可否认生育政策因素对出生性别比有影响，但将出生性别比失调归结于此就难以对西南民族地区出生性别比失调问题作出使人信服的解释。其理由一是有不少学者结合同样实行人口控制的国家和地区而出生性别比相对正常的研究成果和理论阐释（原新、石海龙，2005，蔡菲、陈胜利，2006）；二是在相同生育政策下我国出生性别比显示出的区域不平衡性特征的实际，包括西南民族地区；三是西南民族地区政策生育率高于全国水平，同时出生率高于全国的具体现实（如2000年以来，高于全国2.5～4.42个千分点）。从客观的事实来看，出生性别比相对正常既出现在生育率较高的一些少数民族聚居区，如新疆、西藏，又出现在生育率水平低的地区，故可确信，在生育率水平迅速下降的“男性偏好”国家里，通过放宽人口政策来解决性别比问题没有充分的说服力，在实践上也是有害的，在研究中应该对此予以重视。

其三，对出生性别比失调问题应将之纳入人口安全体系中进行研究。从人口学角度看，它属于人口安全中人口结构安全的范畴，并在人口安全中有举足轻重的影响。而人口安全不同于人口变动、人口发展和人口问题，虽然它们首先都需要以数据为基础确定事实，但后三者可以价值中立，不是价值判断，但人口安全则必须要求价值主体作出价值判断，要判断什么是危机和安全？风险多大？后果如何？因而作为其组成部分的出生性别比失调而引起的安全问题研究，就有一个指导思想的问题，这个指导思想必须是马列主义、毛泽东思想、邓小平理论、“三个代表”重要思想和科学发展观。

其四，在研究中必须高度重视文化的作用，并强调对民族传统优秀人口文化的弘扬。从出生性别比失调的宏观角度看，发达的经济条件和完善的社会保障体系并不能有效遏止性别比的升高，因而在研究中必须多视角对之进行全面的研究，其中尤其要重视文化因素，特别是文化伦理层面的因素在出生性别比失调中的作用和影响。同时，也要认真发掘研究西南各民族传统文化中的优秀成分与合理内核。如人均意识、适度人口与人与自然和谐的理念、男女在生产生活中的平等观念、朴素的社会保障文化等，而这些都是构建平等性别文化和生育文化的生动教材，将之发掘、整理并通过行之有效的方式进行宣传、弘扬，无疑有助于人们生育观念的改变和出生性别比失调的治理。

其五，在出生性别比问题研究中应有性别视角。出生性别比失调问题是社会经济地位低下的集中表现，其最深层的原因是社会文化中广泛存在的性别不平等和性别歧视。在理论研究与实际工作中，一方面，对出生性别比问题的关注不仅要关注出生性别选择技术与行为的控制，更应强调对出生后女性的生存以及对分性别死亡率的关注，尽最大努力关爱和保护已出生女性。另一方面，要加快经济发展步伐，促进群众生育观念转变，实现社会性别平等。发展是硬道理，也是建立健康的生育秩序、促进生育观念转变、实现出生人口性别比平衡的治本之策。诚然，民族地区出生性别比失调与群众生育意愿关系密切，但群众的生育意愿归根到底是受经济发展和生活状况所影响和制约的。在此我们认为转变民族地区生育观念的根本途径就是采取措施大力发展民族地区生产力，促进民族地区社会经济全面发展，全面提高人民群众的生活水平。为此，西南民族地区应结合地情实际，采取有力措施，促进经济实现跨越式发展，并以此为基础，在宣传、教育、奖励、帮扶等其他因素的共同作用下，逐渐转变育龄群众及其家庭的生育观念，树立新型的生育观，真正实现没有“性别偏好”和“性别歧视”的生育行为。①

---

① 杨军昌：《西南民族地区出生性别比失调研究若干问题管见》，见《民族文化与区域发展历史性跨越》，北京，作家出版社，2007。

第二章　西南民族地区出生人口性别比失调现状与特征

“三普”以来，西南民族地区（界定范围如前）出生性别比呈现出持续攀升之势，失调区域不断蔓延，失调程度在不断加重或在高位徘徊，成了西南民族地区重要的人口、社会问题，必须引起高度重视。由于西南民族地区出生性别比发展的不平衡性，因由的复杂性，影响的严重性，治理的艰巨性，对其失调现状和特点进行分析和研究就显得十分重要和迫切，更是认识和解决这一问题的根本所在。

西南民族地区出生性别比的偏高程度总体上没有全国中东部地区严重，但地区间的发展极不平衡，使得部分长期、高度失衡的地区在总体正常的掩盖下得不到应有重视；近几年来，西南民族地区多数州（市）、县出生性别比都呈持续攀升趋势，失衡面积不断蔓延，是一个必须引起高度重视的问题。由于西南民族地区出生性别比发展的不平衡性，进行区域性研究和分析十分重要。这使得对出生样本较小的单位出生性别比必须进行多年的观察才能得出其水平和趋势判断。

一、西南民族地区出生人口性别比失调现状及失调的区位环境

从总体来看，作为本文研究对象的西南民族地区出生性别比失调的时间各地不一，有的早在“三普”就已经偏离正常值，如广西、贵州省的黔东南州及其所辖大部分县、重庆市部分自治县，就省市所辖的自治州县而言，由于总出生性别比未偏高，局部地区的出生性别比偏高则具有一定的隐蔽性，而且失调问题的积累时间长、程度深。有的地区如贵州黔西南州出生性别比失调是“五普”之后才

出现的，而云南迪庆州等是2006年左右才开始偏高。但一个总的现象是近期失调的地区出生性别比一般攀升较快，究其原因，一方面是以“男性偏好”为主要内容的生育文化的长期影响以及性别选择技术的普及；另一方面是计划生育政策在实践中的管理和执行领域的不足所致，主要表现为西南民族地区出生性别比失调在空间上的迅速蔓延。目前，虽然通过2004年后“关爱女孩行动”及其他各项抑制出生性别比失调工作的开展，西南民族地区出生性别比失调的状况得到了一定遏制，但总体失调的状况仍依然严重。从表2-1中情况看，广西全区、重庆市5个自治县（黔江、石柱、秀山、酉阳、彭水）、贵州3个自治州处于全部失调状态，而且多数辖县或自治县中高度失调的特征明显；云南8个自治州以文山、德宏、红河3州失调为主，其他如大理、迪庆、楚雄等州则在2000年后的几年时间波动较大，有的州在2005年后也开始跨过107（以下数据除注明外，均为计生数据）。由此可见，西南民族地区出生性别比失调从时间和地域空间上都显示出了相当的不平衡性。这里有必要就一些地方普查、抽查数据差距差异较大的原因进行分析。通过调查、访谈与咨询，我们认为其大致原因有三：一是在“五普”前出生性别比正常或偏低的地区，在人、财、物有限的情况下，往往成为地方政府工作视野和工作开展的“盲区”而未引起足够重视，在一定程度上致使出生性别比不断升高；二是一些地方虽将出生性别比纳入治理日程，但由于领导认识不到位、工作人员素质低、投入不足等因素影响，使治理工作多流于形式与宣传上，实质性的工作并未很好地开展，并在一定程度上不自觉地传递了抓紧生育男孩的“信号”；三是性别比失调严重而治理工作开展扎实的地方，通过5年左右时间的艰苦努力，不仅有效地遏制了出生性别比升高的势头，而且取得了治理的良好效果，使出生性别比下降明显。至于其他因素，如普查登记的数据处理、抽样点的选择是否有一定的影响，这有待于职能部门的分析、评估。

根据人口普查资料、人口计生统计数据或公安统计数据以及相关文献，我们在此将西南各省市区民族自治地方的出生性别比基本现状概述于下：

（一）广西

广西壮族自治区成立于1958年，是我国五个省级自治区之一，陆内面积23.67万平方公里，是我国壮族居住的主要区域。广西出生性别比不仅失调早，偏离程度高，而且空间上全面失调，是本课题重点研究的对象之一。

从历次普查来看，广西“一普”、“二普”出生性别比分别为105.57、104.89；“三普”时达到110.69，高于107约3.7，比全国同期高2.22；“四普”持续增长至118.55，高出全国6.4；“五普”时达到125.57，排名全国最高第6位。可见，从“二普”开始，广西出生性别比便不断增长，并于“三普”前后偏离正常值，随后长期处于高度失调状态（见表2-1）。

表2-1　西南民族地区（自治州）出生性别比失调状况表

地区	性别比		地区	性别比		地区	性别比	
	“五普”	1%抽样		“五普”	1%抽样		“五普”	1%抽样
西双版纳州	112.79	84.40	广西柳州市	105.20	119.50	广西贺州市	126.40	123.96
云南大理州	101.97	98.44	广西桂林市	119.24	120.75	广西崇左市	119.20	113.16
云南楚雄州	108.93	108.31	广西梧州市	134.26	116.06	广西河池市	119.16	108.42
云南红河州	116.07	119.05	广西北海市	128.26	109.68	广西白色市	111.46	115.91
云南文山州	117.40	126.56	广西防城港市	140.40	119.61	贵州黔西南州	101.18	121.99
云南德宏州	102.77	122.82	广西钦州市	139.87	124.24	贵州黔东南州	125.23	134.06
云南怒江州	102.27	111.10	广西贵港市	135.82	141.63	贵州黔南州	115.65	124.62
云南迪庆州	104.29	95.30	广西玉林市	147.84	109.76	重庆5自治县	134.63	122.89
广西南宁市	133.57	131.17	广西来宾市	133.43	110.00			

资料来源：广西、贵州、云南、重庆“五普”及1%抽样人口调查资料

根据“五普”资料，广西全区14个市中有13个市出生性别比失调，从空间分布看，失调最严重的地区集中于广西南部，其次是广西东北、西北、东南部的省际交界地区，呈现南高北低的分布特征。其中，出生性别比均在130以上的有7个，包括南宁市、梧州

市、防城港市、钦州市、贵港市、玉林市、来宾市，主要分布于广西南部，最高者玉林市为147.84，其所辖之博北县高达156.5。出生性别比在115～130之间的地市有桂林市、北海市、贺州市、河池市、崇左市，多处于广西边界地区。

从分县（市区）的情况看，广西110个县（市区）出生性别比在107以下的有20个，其余都超过正常值，其中107～110的4个，110～120的26个，120～130的33个，130以上的有27个。可见，广西不少地区存在严重的出生性别比失调现象。在孩次上，据统计，一孩、二孩、多孩性别比分别为109.79、160.61、187.47，第一孩接近正常值，而二孩以后性别比显著偏高，分孩次性别比呈随孩次的增加而上升特征。

广西出生性别比空间分布的“经济特征”较明显，即城市化水平较低、农业人口比例较大的地区，出生性别比大多失调且较为严重。例如，表2-2中农业人口比例较大的钦州市（89.46%）、贵港市（98.55%）、玉林市（89.42%），出生性别比都重度失调（130以上），而农业人口比重为55.21%的柳州市性别比为全区最低值105.20。这是农村人口出生性别比失调严重的反映。全区市镇乡出生性别比分别为117.12、127.62、126.5，农村失调严重。这一方面在于城市地区执行计划生育政策比较好，绝大多数夫妇只生一个孩子；另一方面在于农村地区“男性偏好”较强烈，且农业人口比例大对男性劳动力的客观需求大，如防城港市所辖的“京族三岛”多从事粗放式海上捕捞业，对男性劳力的需求强烈，京族出生性别比因之也为各族最高（143.06）。从历次普查看，广西出生性别比几乎呈单线直上之势，发展十分迅猛。经过2000年以来的不断治理，这种局面基本得到遏制。据人口计生统计数据（见表2-3），2001—2006年上半年，全区出生性别比分别为117、114、115、114、113、114。但是，仅从年报数据来看，出生性别比尽管2001年后没有再超出117，却始终没降到113以下；从各市来看，以柳州、北海、防城港、贺州等市下降较明显；其他地区大多波动较大，部分地区还呈略增高之势，如桂林、贵港、河池等，南宁市历年都保持在120

以上。至2006年上半年，广西已有柳州、北海、来宾、贺州、钦州、贵港、玉林共7市出生性别比降至113以下，桂林、防城港、百色、河池、梧州、崇左6市处于113～120之间，仅南宁1市为122（见表2-2）。

图2-1 广西历次人口普查出生性别比

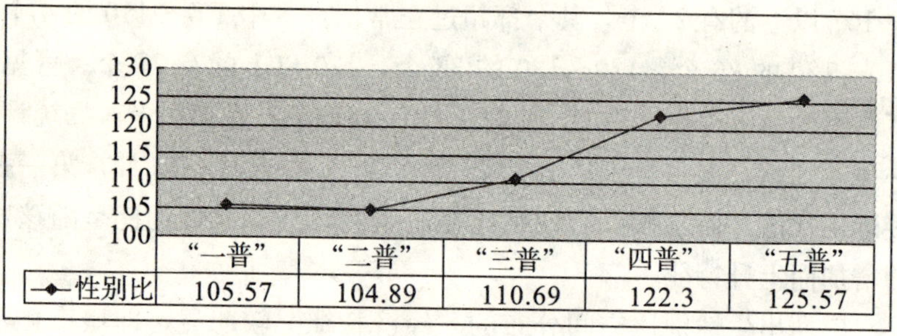

表2-2 农业人口比重（%）

南宁市	60.06	北海市	72.60	玉林市	89.42	百色市	87.21
柳州市	55.21	防城港市	74.86	来宾市	87.14	河池市	86.32
桂林市	79.16	钦州市	89.46	崇左市	86.31	—	—
梧州市	81.64	贵港市	89.55	贺州市	87.55	—	—

资料来源：广西“五普”资料

表2-3 广西各地区2001—2006年出生性别比

年份/地区	2001	2002	2003	2004	2005	2006上半年
	117	114	115	114	113	114
南宁	123	123	126	126	121	122
桂林	109	110	112	111	112	114
柳州	115	117	115	114	112	110
梧州	140	107	110	111	109	113
北海	124	116	114	112	111	110
防城港	120	123	120	118	115	116
钦州	110	109	113	113	111	111

续表

年份 地区	2001	2002	2003	2004	2005	2006 上半年
	117	114	115	114	113	114
贵港	109	107	110	112	111	112
玉林	113	112	112	111	110	112
来宾	115	116	112	110	114	110
贺州	118	115	115	111	110	110
百色	116	116	114	113	111	114
河池	114	114	116	114	111	117
崇左	125	120	119	118	117	118

资料来源：广西计生委

这里需要说明的是，2005 年广西 1%人口抽样调查调查时出生性别比为 119.80，这个与年度报表数相差 6.8 个百分点。从各市的具体情形来看。出生性别比都有不同程度的下降，在 120 以上的市已由“五普”时的 9 个减少到 5 个，但全区各州均处失调状态，其中以贵港市 141.63 为最高。如果排开计生、统计何者数据较为可靠的争论而言，从两者都较“五普”有所下降的事实来看，广西几年来出生性别比失调治理已取得了阶段性成果。

广西成为西南乃至全国出生性别比失调的重灾区，有其特殊而复杂的社会环境。首先，广西民族历史悠久，民族文化积淀厚重，人们受传统文化的影响较大。据统计，广西世居有壮、汉、瑶、苗、侗、仫佬、毛南、回、京、彝、水、仡佬等 12 个主要民族，共 38 个民族种类。“五普”时，广西少数民族 1682.96 万，占区总人口的 38.76%。其中，全区壮族人口 85.7%；仫佬族占全国总量的 80%；京族人口占全国总量的 81%，主要分布于防城港东兴市江平镇的三个海岛上；毛南族占全国的 67.69%。据统计，“五普”时广西汉、回、壮、毛南、京等族出生性别比都在 120 以上，其中京族 143.06，汉族 130.64。广西作为我国第一号民族人口大省，民族人口呈大杂居、小聚居分布，民族文化的彼此交流和相互影响较大，而在“性别偏好”上也多倾向于男性。[①]

而广西地理环境影响下的生产方式是“男性偏好”产生的又一深层原因。广西地处云贵高原东南边缘，四周山地围绕，成盆地状。边缘山脉以桂北凤凰山、九万大山、大苗山、大南山、天平山等为骨架，盆地内部有都阳山和大明山山脉，全境中山、低山、丘陵和石山面积占70.8%，且境内石灰岩地层分布广，岩层厚，属典型的岩溶地貌（以桂西最典型）。这种地形地貌使机械化、集团化农业耕作方式难以推广，只适应传统的人畜耕作，农业生产力较低。在广西南部1500多公里的狭长海岸，近海渔业条件优越。防城港区的京族聚居在近海海岛上，以粗放型的海洋渔业、水产养殖、海上运输业等为主要生计方式。这种特定的地理环境和落后的生产方式对男性劳动力的依赖较强。加上社会保障体系不健全，人们对男性的依赖明显，养儿防老需求较高。广西出生性别比空间分布呈“南高北低，中心高、边缘高”的特征，反映出的是经济欠发达地区出生性别比高，这一现状既与计划生育管理上的漏洞有关，又与广西的社会经济发展实际密切相关联。

（二）贵州

根据历次普查数据，贵州省出生性别比在“五普”时开始超过107上限达到108.87。从计生年报看，出生性别比1998年达到107.9，开始偏高，失调时间较晚。但2000—2005年，贵州出生性别比分别为108.9、110.8、113.7、113.5、114.2、114.5，攀升较快。在失调早期，黔东南、黔南、铜仁等地失调较严重，1998年三者出生性别比分别为126.3、110.3、118.9，分列全省前三位。贵阳、六盘水、遵义、安顺、黔西南等市州则集中在2000年后失调，且所跨幅度较大，如安顺市2002—2004年由100.6跨至108.9，再升至121.2，因其强劲的后发之势。2005年，六盘水、遵义、安顺3市已跃升至全省出生性别比前列。此外，毕节地区出生性别比呈

---

① 广西壮族自治区人口普查办公室、广西壮族自治区统计局编：《广西壮族自治区2000年人口普查资料》（上、中、下三册），北京，中国统计出版社，2002。

“畸形”偏低特征，截至2005年，除2002年偏高外，其余均低于102，其原因有待深究。近一两年内，贵州出生性别比进入另一个攀升阶段，以2005年1%人口抽样调查和2006年报数据，全省各地州市全面偏高，其中六盘水、安顺、遵义、铜仁、黔东南高居130以上，黔西南、黔南、贵阳在120～129之间，连毕节地区也达到113.01。全省88个县（市、区、特区）出生人口性别比120以上的有34个，110～120的有29个，110以下的有25个。可见，贵州出生性别比正以惊人的速度攀升，加强治理已刻不容缓。

在上述总体形势下，贵州省民族地区（包括黔东南、黔西南、黔南3个自治州和其他11个自治县）出生性别比呈现的失调问题引人关注，2004年贵州省启动的“关爱女孩行动”试点即在民族地区选点展开，黔东南州也因出生性别比普遍、重度、长期失调而成为综合治理的重点。具体情况为：

1. 黔东南州

从普查资料看，黔东南州出生性别比的升高有一个渐进过程。其“一普”为105.7，“二普”为104.69，“三普”为106.17，“四普”为115.7，“五普”升达125.23，2005年1%人口抽样调查为134.06。从年报上看，1981年全州出生性别比即开始出现失调，为107.32，之后一路飙升，1990年上升至123.1，1995年达到131.88后，2000年达到126.61，2004年达到123.50，2005年更是升高到134.06。

总体来看，黔东南州出生性别比呈显著的“三高”特征（重度偏高、长期偏高、全面偏高，下同），是民族地区出生性别比失调的典型地区。如表2-4所示，黔东南州1981年全州16个县市出生性别比除丹寨、台江、黄平、从江4个县未偏高，其余均高于107，其中有雷山、镇远、施秉3个县超过110。“四普”时，全州出生性别比失调的县市达到14个，其中雷山县高达135.04，丹寨县则由1981年的106.6迅速上升到132.61。“五普”时，全州出生性别比达到125.23，除凯里、黄平、从江3个县市正常外，其余均失调。据“五普”资料，全州16个县中有8个出生性别比处在130以上的重度失调状态下，占1/2，黄平、施秉、天柱、锦屏 4 个县更是高达 140 以上，占 1/4。21 世纪以来，尽管全州各县市出生性别比有一定起伏，但总体上一直处于高位失调状态。2003 年，全州 16 个县市出生性别比为 120.12，但其中 130 以上的尚有凯里市、天柱县、从江县、榕江县 4 个、120～130 的有 6 个（包括开发区），110～120 的 5 个，仅剑河县为 107.91。

表 2-4　黔东南州部分年度出生性别比

地区	1981	“四普”	“五普”	2003	地区	1981	“四普”	“五普”	2003
平均	107.32	115.7	125.23	124.43	镇远县	112.11	109.25	119.39	120.12
凯里市	107.66	120.74	106.8	131.58	三穗县	107.27	110.48	138.3	122.91
麻江县	107.02	108.18	106.37	119.24	天柱县	107.96	118.05	146.75	139.4
丹寨县	106.6	132.61	131.13	117.30	锦屏县	108.47	101.12	142.41	127.7
雷山县	116.93	135.04	121.17	118.59	黎平县	108.77	116.10	103.18	116.55
台江县	97.14	116.90	113.44	117.61	从江县	104.21	121.04	133.02	132.43
剑河县	108.13	119.32	135.37	107.91	榕江县	107.79	112.74	124.31	130.31
黄平县	102.69	115.92	144.19	128.38	岑巩县	107.87	119.04	119.77	128.94
施秉县	115.9	102.61	145.83	122.18					

资料来源：黔东南州“四普”、“五普”资料及 1981 年、2003 年计生年报

比较而言，黔东南州出生性别比不仅长期高于全省，而且长期高于全国。1996 年，黔东南州出生性别比（130.4）分别比全国（118.5）和贵州省（105.5）高出约 12 和 25。1996—2004 年，黔东南州出生性别比就一直没低于 123，在贵州省一直居最高值。2004 年，黔东南州出生性别比开始降到与全国平均水平接近，但仍高于贵州平均值。2005 年 1%人口抽样调查时是全省出生性别比超过 130 的 5 个地州市之一。

2. 黔南州

黔南州出生性别比失调程度虽然没有黔东南州严重，但其持续

偏高的势头和局部高位失调的现状也显示出问题的不可忽视。仅从统计年报看，黔南州出生性别比于 1992 年达到 111.5，开始偏高（1991 年有 6 县市低于 102），1996 年降至 106.9，1997 年再升至 111.8，之后虽有波动，但是 2000 年后，基本稳定在 113 以上（见图 2-2）。受区位环境差异较大的影响，黔南州各县市出生性别比不平衡性较大，但总体上已处全面失调状态。截至 2004 年，除贵定、独山 2 个县正常外，其余县（市）都偏高，其中都匀、福泉、惠水分别为 122.5、119.7、118.6，最高为罗甸县 130.5。

图 2-2　黔南州各年出生性别比

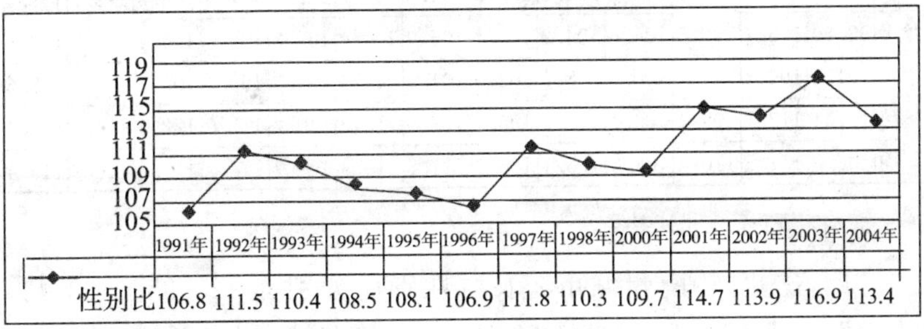

资料来源：黔南计生年报

各县市出生性别比大体分为：一是长期偏高、高度失调。如都匀市 1991 年就高达 120.9，此后一直保持在 120 以上，2003 年高达 130.69。平塘县出生性别比 1991 年达到 122，随后多数年份保持在较高值，1997 年就达到 133.9，但 2004 年降为 108.7。罗甸县 1997 年偏离正常值后一路飙升，2004 年达到 130.5，居全州之最。此外，瓮安、荔波、三都等县各年出生性别比也多偏高，尽管失调程度稍逊前 3 个县或偶然回归正常，但却是该州出生性别比长期失调的主要数量拉动。二是过去正常、近期偏高。如龙里、惠水、福泉等县市过去有个别年份偏高，但多数年份正常，仅于近年将偏高趋势稳定下来，如龙里在 2003 年达到 108.2，惠水在 2001 年达到 109.4，福泉市于 2001 骤升为 119.8。三是一直正常或降至正常。如贵定县历年来均保持正常值，独山县 2002 年前多轻度偏高，2003 年降至 102.2 后一直处于正常状态（见表 2-5）。

表 2-5 黔南州若干年度出生性别比状况

	1991	1992	1993	1994	1995	1996	1997	1998	2000	2001	2002	2003	2004
都匀	120.9	123.3	127.5	113.9	121.6	118.4	120.7	117.1	116.2	124.1	121.1	130.7	122.5
荔波	94.50	111.9	109.4	123.2	114.8	110.5	115.9	118.5	125.9	123.3	124.8	116.1	109.3
贵定	96.60	105.0	105.9	102.5	104.1	102.0	105.5	102.4	106.4	104.9	105.9	105.7	104.1
福泉	100.1	114.7	104.8	102.0	105.9	106.0	106.5	103.5	103.1	119.8	111.8	112.7	119.7
瓮安	111.1	120.7	109.9	108.8	100.4	102.2	111.9	120.9	105.1	120.1	119.1	119.9	108.9
独山	112.7	125.8	108.3	109.9	103.8	106.8	107.9	106.7	108.3	110.0	107.5	102.2	104.9
平塘	122.0	124.1	120.4	118.7	117.7	116.5	133.9	121.3	111.6	111.9	126.3	123.7	108.7
罗甸	104.9	101.6	103.2	104.0	105.4	104.8	114.8	115.6	122.0	115.7	113.7	129.9	130.5
长顺	97.30	83.80	105.2	110.9	100.6	98.70	104.8	100.7	108.6	117.9	105.9	119.1	109.4
龙里	93.80	106.7	109.5	104.6	104.2	105.3	105.9	100.4	102.2	106.9	105.4	108.2	109.8
惠水	101.3	106.8	111.1	100.8	108.6	103.9	101.2	102.3	104.3	109.4	105.7	109.9	118.6
三都	107.4	112.1	105.4	109.1	111.5	106.9	118.6	115.6	110.4	117.9	122.5	115.7	113.4
平均	106.8	111.5	110.4	108.5	108.1	106.9	111.8	110.3	109.7	114.7	113.9	116.9	113.4

资料来源：黔南州计生委

“四普”时黔南州城市、农村性别比分别为120.85、103.43，“五普”时为121.74、116.50，显示出黔南州城市出生性别比都明显高于农村，与全国农村高于城市的特征正好相反。通常，在落后的农业发展水平及低社会保障水平下，对劳动力需求和家庭养老模式使农村具有更强的男性需求，因而农村高于城市视为情理之中。而于黔南现象，我们认为“城乡都有强烈的‘男性偏好’，城市选择胎儿性别工具更加易得，农村有更广阔的生育空间”三大因素促成了上述特征。可见，造成出生性别比失调的关键因素是生育观念，而不是决定城乡差别的经济因素。“四普”至“五普”黔南州农村出生性别比增长约13，城市增长不到1，农村攀升速度远快于城市。从低生育政策对出生性别比的负相关作用这一层面而言，当城市生育率稳定在低生育水平时，农村还有广阔的减缩空间，意味着农村出生性别比还有更高的增长潜力。此外，黔南州是一个农村人口占绝对多数的民族自治地区，农村的出生性别比状况对全州出生性别比起决定性影响，出生性别比失调防治的重点应以农村为主。

3. 黔西南州

黔西南州是出生性别比近期偏高的典型。“五普”前，该州出生性别比一直都处于正常或偏低值域，直到“五普”也仅 101.18，低于正常值下限。但至 2001 年，却迅速攀升至 110.3，进入失调行列。2002—2005 年，计生年报数分别为 106.4、107.9、106.2、107.56，各年份出生性别比基本在 107 附近徘徊。

与其他地区相比，黔西南总体上出生性别比不高，但在个别县市，计划外和二孩、多孩性别比失调却较严重。如 2005 年，全州出生性别比为 107.56，仅比 107 高出 0.56，但 9 个县市区已有 4 个不同程度偏高，其中普安、晴隆分别为 118.59、119.02，顶效开发区高达 144.32，为重度失调。其次，计划外出生性别比全部失调，（一个特例：顶效开发区计划内达到 146.75）。在孩次上，各县市一孩性别比大大偏低，二孩及多孩基本为重度偏高，“两头失调”的特征最明显；而顶效开发区各孩次全部失调。黔西南州出生性别比地域上的局部失调和分孩次、分计划内外的片面失调特征并存（见表 2-6）。

表 2-6 黔西南州 2005 年出生性别比

地区	平均	计划内	计划外	一孩	二孩	多孩
平均	107.56	104.66	138.77	88.11	135.78	176.78
兴义	105.33	104.45	125.00	84.84	157.88	116.28
安龙	107.84	104.85	143.27	101.20	113.77	259.26
兴仁	104.30	98.76	143.22	74.06	148.04	207.48
普安	118.59	109.76	152.87	90.02	137.29	179.73
晴隆	119.02	118.38	141.86	90.76	163.89	138.46
贞丰	103.68	101.52	124.88	84.04	134.98	144.83
册亨	99.80	99.35	108.33	89.98	116.47	150.00
望谟	105.58	101.84	141.01	101.49	103.93	186.57
顶效	144.32	146.75	118.75	119.53	194.34	275.00

资料来源：黔西南州计生局

4. 部分民族自治县

贵州省除辖3个自治州外，尚有11个民族自治县。从计生年报上看，各民族自治县出生性别比已不同程度失调。以关岭、印江、三都3个县为例，2003—2005年，关岭分别为116.38、105.95、115.91，其出生性别比波动较大，但是其偏高的势头已较明显。从乡镇来看，2005年关岭所辖13个乡镇已有关索（110.92）、花江（128.92）、断桥（128.85）、顶云（123.33）、新铺（146.43）、上关（121.91）、沙营（131.34）、普利（110.13）共8个乡镇不同程度偏高；坡贡（101.79）、板贵（101.45）、八德（92.45）3个县偏低；仅岗乌（106.90）、永宁（104.24）2个乡处于正常值。印江县是出生性别比失调较严重的民族自治县之一，其“四普”时就略高于正常值为108.35，之后迅速攀升；“五普”时达到125.41。是时全县17个乡镇中15个失调，其中6个乡镇达到130以上，最高的是新业乡198.31。2001—2005年，印江县出生性别比分别为123.00、122.40、111.08、110.60、108.94，呈渐次下降之势。三都县1991年出生性别比达到107.4，随后在波动中上升，2000年达到110.4，2005年增长至121.79，当年，全县21个乡镇中，有5个乡镇偏低，1个正常，其余均偏高，130以上的有7个，最高的九阡镇为179.03。

5. 分孩次和分城乡的特征与分析

从普查资料来看，民族地区出生性别比均随孩次上升而上升，见表2-7。以贵州3个自治州为例，在孩次上，由于二孩比例较高，二孩性别比对总性别比有决定性影响。另外，民族地区一孩性别比呈“畸形”偏低特征，这显然不合规律：首先，民族地区合法二胎率较高，一孩性别比少受干预；其次，只有一孩以上的男婴漏计较多时，才会出现一孩性别比偏低现象，而这一现象又与人们追求“儿女双全”的理想有关，这在对贵州民族自治州的生育意愿调查中得到证实；再次，贵州计生条例规定“农村少数民族第一孩为女孩的可再生一胎”，意味着一孩为男孩的要绝育，即如上报男孩就不能生了，上报女孩则还有机会，因此对一孩男婴错报为女婴的可能性较大。民族地区这种孩次分布特征易掩饰失调真相，如黔西南州

“五普”时出生性别比仅为101.18，但是其二孩以上性别比普遍偏高，而形成总出生性别比较低的表象主要是一孩过低（仅88.15）所致，而一孩统计的真实性往往难以保障。在这种表象下，该州出生性别比2001年就猛涨到110以上的事实，实际上是问题的集中爆发。[①]

表2-7 贵州省民族地区出生性别比概况

地区	分孩次						分城乡		
	平均	一孩	二孩	三孩	四孩	≧五孩	市	镇	村
黔西南州	101.18	88.15	108.04	121.85	126.09	134.85	108.86	113.85	99.39
黔东南州	125.23	104.35	141.61	183.11	227.08	148.28	107.08	127.30	125.82
黔南州	115.65	97.32	135.80	161.34	160.38	208.70	118.60	107.74	116.75

资料来源：中国统计出版社，《贵州省2000年人口普查资料》（下册）

在城乡分布上，黔南州、黔东南州市镇村出生性别比全面失调，其中黔东南州农村最高，黔南州城市与农村接近，而黔西南州农村偏低（仅99.39）与市镇偏高（108.86、113.85）并存，其总出生性别比仅为101.18主要是农村偏低使然。体现出下列特征：出生性别比失调的地区，农村一般失调；失调严重的地区，农村失调较严重；而是时没有失调的地区，农村出生性别比一般较低。可见，即使都为民族地区，导致失调主因可能不尽一致，治理过程应确立重心、抓主要矛盾。

综上所述，贵州民族地区出生性别比发展极不平衡，既包括出生性别比“三高”的黔东南州，也包括轻度失调的黔南州，还包括近期偏高的黔西南州，但总体上，民族地区出生性别比普遍失调已既成事实。究其原因，首先，作为民族聚居区，民族文化对生育观念的影响是必然的，也是根本的。黔东南州是我国著名的苗族、侗族聚居区和苗侗民族原生态文化中心，民族人口比重达81.87%；黔南州、黔西南州是布依族、苗族的聚居区，民族人口比重分别为56.14%、43.20%。在当地，无子等于“绝后”，因而受歧视，当地“跳花”、“接龙”、“敬桥”等习俗体现了人们生生不息的子嗣祈求。

① 除计生数据外，所引资料参见贵州省“五普”、2005年1%人口抽样调查资料。

其次，任何文化的形成不能割裂其客观历史，贵州民族地区明、清、民国期间长期战争导致的青壮年男性锐减，是其“男性偏好”形成的历史根源，多生和多男成为民族生存发展的要求。又因“文化堕距”的存在，传统生育文化没有随社会环境的变化即刻消失，而是持续地影响着人们的观念和行为。再次，资源禀赋是经济社会发展的原始基础，贵州人均 GDP 长期居全国末位的事实与此有很大联系。贵州民族地区地形地貌以山地、陡坡、丘陵、槽谷为主，境内溶洞、溶坑遍布，石漠化严重，水资源分布不均且开发难度较大。横亘贵州中部的苗岭山脉贯穿黔南 9 个县、黔东南 7 个县、黔西南 3 个县；3 个自治州所辖的其余县市及威宁自治县集中在乌蒙山区、九万大山之间；务川、道真、玉屏、印江、沿河、松桃等自治县分布于武陵山区。区位环境的劣势钳制着民族地区经济社会的发展，也决定着其与男性依赖和男权特征相联系的农耕文化类型，对出生性别比有深层影响。

（三）云南

云南省位于我国西南部，面积占全国的 4.1%。“五普”时，少数民族人口为 1415.88 万人，占总人口的 33.43%，数量位居全国第二。民族种类达 52 个，5000 人以上的世居民族有彝、白、哈尼、傣等 25 个，呈大杂居、小聚居分布。云南地处云贵高原，地势西北高、东南低，呈阶梯状逐级下降，气候类型复杂，“一山分四季，十里不同俗”，民族文化丰富多样。地形以山地高原为主，山地面积占 84%以上，且石灰岩层广泛分布，以致农耕地面积小、土地质量差。属西部欠发达地区。

云南共设有楚雄、红河、文山、西双版纳、大理、德宏、怒江、迪庆 8 个民族自治州，29 个自治县。“三普”时，云南省出生性别比为 106.17，其下辖的 8 个自治州出生性别比都处于正常值。“四普”时，全省出生性别比为 107.74，自治州已有红河、文山 2 个州出生性别比轻度偏高，分别为 109.14、108.07，见表 2-8；据 1990 年计生年报数据，红河、文山、楚雄 3 个州偏高，分别为 119.07、111.88、107.71，尽管两种统计口径有一定差距，但两者都表明局部民族地区出生性别比出现偏高势头。计生年报数据显示，1996 年，德宏州达到 112.55，红河州升至 124.21，文山州升至 120.29。

表 2-8 云南省民族自治州各年出生性别比

	“三普”	1990		1996	2000		2006	2005	
		“四普”	年报		“五普”	年报		1%抽样	年报
楚雄州	105.42	104.86	107.71	104.44	108.93	105.80	108.31	108	107
红河州	106.53	109.14	119.07	124.21	116.07	123.70	119.05	116	118
文山州	104.47	108.07	111.88	120.29	117.40	125.81	126.56	119	119
西双版纳州	102.04	104.15	106.45	102.89	112.79	109.59	84.40	109	105
大理州	104.49	102.89	104.44	103.68	101.97	104.31	98.44	105	106
德宏州	104.07	102.84	106.41	112.55	102.77	113.70	122.82	115	113
怒江州	105.94	105.00	105.31	104.03	102.27	104.40	111.10	111	107
迪庆州	104.25	103.17	104.12	95.41	104.29	101.60	95.30	107	109

资料来源：云南省历次人口普查资料，云南省计生委提供的人口统计年报

“五普”时，云南省出生性别比达到 110.57，8 个自治州的总出生性别比达到 108.33，民族地区出生性别比整体轻度偏离正常值。从失调自治州来看，红河州为 116.07、文山州为 117.40、西双版纳州为 112.79、楚雄州为 108.93。

2005 年 1%抽样调查时，8 个州出生性别比出现“高低对峙、两头失调”的特征：除红河、文山、楚雄继续处于失调状态外，原来失调的西双版纳州下降为 84.4（计生年报数为 109），德宏州上升至 122.82，怒江州上升至 111.1，失调数由 4 个增至 5 个；而大理、迪庆 2 个州则分别为 98.44、95.30，均低于 103。抽样数据显示出州际间出生性别比高低相差 42.16，“高低对峙、两头失调”的特征突出。

2005 年，云南省正式出台专项规定，对出生性别比升高问题进行综合治理，反映在 2006 年年报数据上，失调的民族州由上年年报统计的 6 个降至 4 个，怒江、楚雄 2 个州回归正常，总体呈降势。但是，部分州还在攀升，如过去从未失调的迪庆州首度偏高达到 109，且绝大多数处在 107 的临界徘徊，稍有放松就会全面失调的说法并非危言耸听。

总体上，云南民族地区的出生性别比失调并不严重，而且长期失调、顽固攀升的主要集中于文山、德宏、红河3个州，不像广西、黔东南州那样全面失调。2005年1%抽样时的“高低对峙、两头失调”，与云南“十里不同俗”的文化分布格局极其相似：在民族结构上，红河以哈尼族、彝族为主，文山以壮族、苗族为主、德宏以景颇族、傣族为主，以壮、苗、彝为代表的民族生育文化“男性偏好”特征较浓。而大理以白族为主、迪庆以藏族为主、西双版纳以傣族为主，在白、傣、藏族社区，受母权制社会观念影响，妇女地位较高，“性别偏好”也不明显；此外，藏族、傣族社区受宗教影响较大，男性多出家为僧，家庭内男少女多的状况使得女性作为主要劳动力在生产生活中发挥了不可取代的作用，同时，佛教教义反对杀生、倡导无欲也直接反对出生性别干预。总之，云南民族地区不同类型的性别文化，对出生性别结构有至关重要的影响。①

（四）重庆

渝东南地区是重庆市少数民族聚居区，包括石柱、彭水、酉阳、秀山县和黔江区。该地区东接湖南湘西州、湖北施恩州，南邻贵州铜仁地区，是渝、黔、湘、鄂4个省市结合部，面积1.69万平方公里，占全市总面积的20.5%。2005年总人口296万，其中少数民族人口183万，占渝东南地区总人口的62.03%，重庆市92.72%的少数民族集中于此，其中又以苗族、土家族为主。

与全国的变动趋势相一致，重庆市的出生性别比偏高始于20世纪80年代初。1984年出生性别比突破110的警戒线，并开始持续震荡升高，1990年达116.5，2000年达118.3。近年来，出生性别比更有加快升高的趋势。2002年达到了122.25的历史最高位。2003年，全市的出生性别比略有回落，为119.51。2005年1%人口抽样调查时为111.19，仍在重庆偏高水平上。

20世纪80年代前，重庆市民族地区出生性别比处于正常状态，个别地区甚至出现偏低的现象，如黔江区1978—1980年分别为

① 除计生数据外，所引资料参见云南省“五普”、2005年1%人口抽样调查资料。

89.75、88.17、88.36，到了1981年就骤升为117.83。反映了实行计划生育以来，人们选择男孩手段由多生向直接人工干预的变化。根据人口统计数据，20世纪90年代时，重庆市民族地区出生性别比就已经全面失调，其中黔江、酉阳、彭水、石柱自20世纪80年代初中期即已偏离正常值，稍晚的秀山县也于90年代初开始偏高，尽管各地失调时间有很大差异，但整体攀升的势头却较迅猛。

根据计生年报数据，5个县区70年代总出生性别比为正常值105，80年代为115左右，90年代达到125左右，2000年达到136.34，其中彭水县151.69。是时重庆市民族地区出生性别比“三高”特征呈现明显，随后2年内仍未停止攀升步伐，2002年达到140.84，其中彭水县高达170.18，酉阳县、黔江区分别为138.02、145.42，处于重度失调状态，石柱、秀山也在120以上，见表2-9。

表2-9 重庆市民族地区各年出生性别比

年度 地区	2000	2001	2002	2003	2004	2005
	136.34	139.22	140.84	138.27	127.23	119.62
黔江区	134.66	138.48	145.42	132.80	114.58	117.34
石柱县	119.66	123.48	121.67	124.02	130.11	116.55
秀山县	133.81	127.16	128.40	133.73	124.12	123.89
酉阳县	137.92	141.19	138.02	136.35	133.10	124.72
彭水县	151.69	163.05	170.18	161.48	133.42	113.51

资料来源：重庆市计生委

2003年开始，重庆市借助“关爱女孩行动”和开展出生性别比综合治理工作，使得攀升的势头逐步得到遏制。2003—2005年，计生年报数据显示，全市出生性别比分别为138.27、127.23、119.62，下降趋势较明显。其中彭水县2003—2005年分别为161.48、133.42、113.51，下降速度最快；石柱县2004年后才呈下降趋势，但2005年比2004年减少了约14个百分点，降幅较大；此外，部分地区如黔江波动特征也较明显。

这里有一问题必须交代，即2005年计生数据与同年1%抽样调查数据相差较大。1%抽样调查时点数据为全市111.19，民族5个县区为

122.89，其中黔江150.00，石柱100.00，秀山145.16，酉阳95.56，彭水123.91，分别比同年计生数据多32.77、少16.55、多21.27、少29.16、多10.40。偏差之大的原因有待于探讨，但民族县区整体偏高确是不争的事实。

重庆市民族地区可以说是西南民族地区出生性别比失调最严重的地区，其出生性别比失调的原因是多方面的：首先，苗族、土家族等少数民族受“重男轻女”生育文化的影响和“不孝有三，无后为大”汉文化的渗透，导致“男性偏好”强烈。其次，渝东南民族地区位于武陵山脉西翼，在川东地区发育着喀斯特槽谷，在东部和南部的喀斯特山区分布着典型的石林、峰林、洼地、残丘、落水洞、溶洞、暗河、峡谷等，可谓山多土少。由于历史原因，少数民族多居于武陵山脉山地丘陵地带，这些地区冈峦重叠、山势险峻、沟壑溪流纵横密布，生存环境较为恶劣。作为重庆市的“老少边穷”地区，社会保障体系不健全，人们信奉的是“宁跟叫花的儿，不跟做官的女”，加上农业生产方式均十分落后，男性劳动力成为生产劳动中的现实需求。再次，因隶属西南地区经济相对发达的重庆市，小范围人口流动量较大，给流动人口的计生管理带来困难，加上城市地区人工干预工具（如B超等）易得，流动人口的干预现象也比较普遍。[①]

二、西南民族地区出生人口性别比失调特征

如前所述，自20世纪80年代以来，我国出生人口性别比呈升高趋势，迄今没有逆转迹象。总体上，中国人口出生性别比失调呈现出了如下特征：一是失调的时间持续较长，并随每年新出生人口数的减少而呈递增趋势；二是失调的累积性问题严重，以2000年普查情况为基准，中国0～15岁之间的男性总人口，与当时中国0～15岁之间的女性总人口相比，多出了大约1883万；三是表现为乡村、城镇和城市的全面失调，且严重失调的地区由北向南连成一片（“五普”数据显示陕西（125.15）、河南（130.30）、安徽（130.76）、湖北（128.08）、湖

① 所引数据由重庆市人口和计生委提供。

南（126.92）、江西（138.01）、广西（128.80）、广东（137.76）、海南（135.04）9个省区为婴儿出生性别比最高的典型“重灾”区）；四是普遍存在着第一孩次就失调、而第二孩次以上失调更加严重的情况；五是表现为出生性别比失调的区域差异性、原因复杂性、后果累积性、危害严重性等多种问题并存。出生性别比失调的综合治理已成了我国一项十分重要而又紧迫的社会安全工程。

具体就西南民族地区而言，我们根据人口普查资料、人口计生年报统计数据以及其他相关文献分析认为，出生性别比失调在时间、范围、程度、孩次、性质等方面既表现出了有同全国的共性，又呈现出了具有地域特点的个性特征，具体有如：

（一）在时间上，长期累积与近年攀升现象突出

西南民族地区出生性别比失调虽然先后不一，但长期积累与近年攀升并存的特征却很明显。在出生性别比失调的“三高”地区，包括广西、重庆的4个县（除秀山）和黔东南州，以及黔南州的都匀市、平塘、瓮安、荔波、三都等县出生性别比失调开始于20世纪80年代前后，积累时间已在25年以上。此外，贵州黔南州整体及所辖多数县市，云南红河、文山、楚雄等州，以及重庆秀山县于20世纪90年代开始攀升，越过协调底线而处失调之状，积累时间也在15年左右。与之形成鲜明反差的是，部分地区集中于近期失调，包括云南西双版纳、怒江、迪庆、楚雄4个州。贵州黔西南州是“五普”后才开始偏高，迪庆州甚至于2005年才开始失调。当前失调者还包括黔南州于近年才将偏高趋势稳定下来的龙里、惠水、福泉等县市。

显然，出生性别比失调发生得越早，其产生的积累效应，如“婚姻挤压”现象就越严重。据“五普”资料推算，“黔东南州未来20年理论意义上将有30%的男子面临无妻可娶的尴尬局面”，广西统计局认为“20年后将有20%左右的男青年可能无法结婚”。那么，当前通过各种方式消除其不利影响消耗的时间比较长，花费的精力也比较大。不可因出生性别比近期才失调、积累年限较短而漠不关心，熟视无睹。因为这反映了民族地区出生性别比近期整体加剧的事实，而这是中东部地区出生性别比得到有效治理而开始下降时出

现的。这种“后发”现象既是过去民族地区出生性别比总体正常掩盖下，二孩及多孩次、局部州县出生性别比的爆发，也是问题未引起足够重视、没能未雨绸缪的后果。

（二）在范围上，普遍升高与局部偏低并存

所谓普遍升高，是指全省（市区）或全州范围内的出生性别比高于正常值域上限。从发展历程来看，文章所及西南民族地区出生性别比攀升失调“三普”后呈不断蔓延之势。广西全境、黔东南州、重庆各自治县是普遍攀升失调的典型。“五普”时，广西14个地市出生性别比除柳州外普遍失调，110～119的有4个，120～129的有2个，130～139的有5个，140以上的有2个。直到2006年上半年，虽各地市不同程度下降，但全面失调的局面仍未扭转。“五普”时，黔东南州16个县市出生性别比仅凯里、黄平、从江正常，其余均失调，失调县市个数占81.25%，130以上的重度失调县占1/2，140以上的县市占1/4。尽管近年全州出生性别比治理取得了一定成效，但处于高位失调的状态却没有根本改变，至2005年，全州16个县出生性别比失调率达到100%。重庆5个县的全面失调开始得更早，早在20世纪90年代初就以秀山县的最后偏高而完成，直到2005年仍保持在120以上（1%抽样调查数据）。

与出生性别比普遍攀升相对应的另一现象是局部偏低或正常，以贵州黔西南州、云南大理、迪庆等州和贵州黔南州部分县为典型。以“五普”为例，尽管贵州全省及所辖3个自治州中的2个已经失调，但黔西南州仅为101.18，低于102。2000年，云南无论是普查还是年报数据，都体现局部偏低的情况，如大理普查数为101.97、迪庆为104.29。2005年1%抽样调查时，偏低状态也较突出，同时出现西双版纳（84.4）、大理（98.44）、迪庆（95.3）3个州低于100的状况；相对“五普”而言，西双版纳州低了28.39。此外，黔南州各县市这种情况也很普遍，如表2-5所示，1991年内就有荔波、贵定、长顺、福泉、龙里、惠水6个县市低于102，占全州总县市的1/2；长顺县从1991年到2004年的14年里有至少5年低于102（缺1999年）；而贵定县则历年均保持正常。上述状况不排除统计上的原因，但从分布的地区出生性别比总体趋势来看，这种现象多半是出生性别比失调程度相对不高或者未定形时的独有现象，也是出生性别比发展不平衡性的体现，对治理和考核时的统筹规划部署工作造成不便。

（三）在程度上，重度失调与轻度徘徊彼此交错

一般认为，出生性别比在130及以上的称为重度失调，而处于正常值域102～107上下5个百分点左右徘徊者称为轻度失调。据此标准，重度失调从“五普”以来主要集中于出生性别比“三高”地区，仍然包括广西部分地区、贵州黔东南州、重庆各县。“五普”时，广西有5个地市为130以上的重度失调状态；贵州黔东南州有1/2在130以上，其中又有1/4在140以上。从计生年报来看，重庆市2000—2004年就分别有4个县、3个县、3个县、4个县、3个县出生性别比在130以上，其中彭水县5年内都在130以上，最高年份为170.18（见表2-9）。

与此同时，出生性别比在一些县市还呈轻度徘徊特征，这种情况自然包括107+5和102-5两种，因后者多为局部偏低的情况，在此不赘述，而主要述及107～112内的地区。轻度徘徊的情况以云南各州、黔西南州为代表。以“五普”为例，云南8个州总出生性别比为108.33，偏离107上限1.33，如红河、德宏分别为109.03、108.47。从计生年报数据看，2002—2005年，黔西南州出生性别比分别为106.4、107.9、106.2、107.6，各年份出生性别比介于正常和轻度失调之间。1%抽样数据显示，治理以后的广西部分地区，如北海、玉林、来宾、河池等市回落至轻度失调的范围。

这里要说明的是，从数据渠道来看，计生数据波动较缓，1%抽样数据相对于“五普”和计生数据有的则显得骤高骤低（如云南2005年西双版纳、大理、迪庆，见表2-8），因而相关的分析、判断就难免与事实本身有出入。

（四）在孩次上，多数地区出生性别比随孩次渐次上升，但不同地区不规则变动明显

研究表明，性别比与孩次存在高度的正相关关系（乔晓春

2004)，即体现出性别比随孩次渐次上升的特征，具体孩次上以二孩及多孩偏高为主。以“五普”为例，如表2-10所示，西南民族地区多数体现着这种特征，其中，多数地区一孩正常，有的甚至偏低；部分地区一孩就开始偏高。第一种情况，如黔东南州一孩为104.35、重庆5个县为106；黔南、黔西南州一孩分别为97.32、88.15，呈一孩偏低、二至多孩偏高的“两头失调”特征。第二种情况以广西为代表，一至五孩性别比为109.97、160.61、184.09、201.67、183.23，呈随孩次上升而升高特征，且一孩偏高。“人为胎儿性别选择和人工流产，既是造成二孩及其以上分孩次出生性别比严重失调，并随孩次上升而升高的原因，也是导致二孩及以上分孩次出生性别比远高于一孩出生性别比的原因”（马瀛通，2005)。据统计，广西“五普”一孩、二孩、多孩比重分别为61.62%、27.43%、10.95%，可见导致总出生性别比高度失调的主因是一孩和二孩。反映了在过强的“男性偏好”驱使下，即使多数人还具有二孩生育权，但是在第一胎就有人进行非法人工性别选择。

表2-10　西南民族地区出生性别比概况

地区	一孩	二孩	三孩	四孩	≧五孩
广西	109.97	160.61	184.09	201.67	183.23
重庆5县区	106	140	300 *		
黔西南	88.15	108.04	121.85	126.09	134.85
黔东南	104.35	141.61	183.11	227.08	148.28
黔南	97.32	135.80	161.34	160.38	208.70
楚雄	110.56	105.41	133.33	180.00	50.00
红河	106.68	125.9	116.22	148.98	185.19
文山	100.92	129.32	179.44	115.69	166.67
西双版纳	101.94	128.25	104.88	400	240
大理	104.73	98.06	106.52	57.14	50
德宏	99.56	102.01	135.14	141.67	100
怒江	114.21	90.67	128.57	86.67	55
迪庆	95.42	118.29	100.00	166.67	—

资料来源：各省市区“五普”资料。*注：重庆市多孩性别比合计为300

部分地区出生性别比孩次分部呈不规则性，以云南西双版纳、大理、怒江、迪庆 4 个州为典型。首先，出生性别比较高的文山、红河、德宏 3 个州及楚雄州，孩次性别比孩次分布虽有波动，但总体随孩次上升而上升。但是，出生性别比不高的西双版纳、大理、怒江、迪庆 4 个州，孩次性别比分布则具有不规则性，大理州最典型，各孩次分别为 104.73、98.06、106.52、57.14、50.00，没有明显的攀升趋势。众所周知，我国实行计划生育后，多孩生育的代价就越来越大，这意味着得到男孩的机会越来越小，以至人工干预越来越强，反映为出生性别比随孩次越来越高。同理可得，出生性别比正常，且孩次性别比不渐次偏高的（分布不规则），意味着生育过程无人工干预或干预甚少，反映出人们没有明显的“男性偏好”，而这又往往溯及其特定的民族文化，因文中他处有叙，在此不作赘述。

（五）在政策界限上，计划外出生性别比高于计划内

习惯上将多孩生育视为计划外生育，但是计划外生育的外延除了超生，还包括未满间隔期生育、非婚生育、无证生育等所有违反我国人口政策相关规定的生育行为。从各地计生年报来看，计划外出生性别比一般高于计划内，而这又包括两种情况：首先，出生性别比失调的地区，计划外一般失调最为严重，是导致出生性别比总体偏高的主要原因。如黔南州 2000—2004 年计划内出生性别比分别为 108.42、111.37、111.47、113.65、111.36，计划外出生性别比分别为 118.70、140.19、145.62、170.88、196.60；黔东南州 2000—2005 年计划外出生性别比分别为 174.5、178.4、187.3、185.5、192.8、206，计划内为 122.2、121.7、124.6、120.1、118.9、114.9。重庆各县也反映此特征。其次，有的地区即使出生性别比正常，计划外性别比也偏高。如黔西南州 2000、2002、2004 年出生性别比分别为 101.9、106.4、106.2，但计划外性别比分别为 109.2、117.8、113.0。可见，如果人们通过计划外生育来达到生男目的时，出生性别比的失调对低生育水平的稳定也构成威胁。降低计划外生育不仅是稳定低生育水平工作的要求，也是治理出生性别比失调问题的要求。

（六）在区域上，出生性别比城乡差异明显

西南民族地区出生性别比城乡分布差异都较大，这种差异背后有其不同的成因。以“五普”广西为例，该区市镇乡出生性别比分别为122.68、136.95、128.33，城乡全面失调，撇开镇不说，农村高于城市。类似地区有黔东南州市镇村出生性别比分别为107.08、127.30、125.82。一般认为，西南民族地区多为经济欠发达地区，农村人口比重较大，受生产方式和传统观念影响，出生性别比一般与孩次成负相关关系。然而，情况又因地情而异。例如，因城镇孩子抚养成本高，加上选择工具的易得，城镇人口虽然对生育子女数量上的要求与政策相符，但是在性别上却比有二胎生育权的农村人口强烈（城市人口也具有二胎生育权，但毕竟为极少数），导致城镇出生性别比也可能高于农村，如“五普”时黔南州及其所隶的贵州省市镇村出生性别比分别为118.60、107.74、116.75和106.73、114.42、104.14。

（七）在民族成份上，各民族出生性别比失调问题凸显

“五普”时，全国各少数民族人口总量100万以上的共有18个，主要分布于西南民族地区的有11个，分别为侗、土家、瑶、壮、哈尼、苗、黎、彝、布依、白、傣等族。11个少数民族中，除傣族、白族出生性别比分别为105.36、100.79未偏高外，其余9个民族出生性别比均不同程度偏高，其中侗族为126.72、土家族为121.82、瑶族为121.76、壮族为120.07，都超过了120；另外，哈尼、苗、黎、彝、布依分别为115.96、114.22、112.08、111.89、110.55，均超过110.0。与“四普”相比，除傣族出生性别比下降外，其他10个民族都不同程度有所上升，其中土家族由107.0上升到121.82，上升幅度最大。

可见，如果说过去少数民族地区因多胎率较高、“男性偏好”没有汉族强烈等原因，以致与中东部地区相比出生性别比不高，但上面的数据已经明显地告诉我们，各民族出生性别比失调问题已经凸显。西南地区是我国少数民族集中的主要区域之一，其出生性别比

的失调是我国边疆稳定和人口安全的重要隐忧，必须站在稳定、发展、繁荣、安全、和谐的战略高度加以认识和对待①。

表 2-11 西南地区 100 万以上少数民族“五普”出生性别比及其分布

民族	总人口（万人）	出生性别比	聚居区
侗族	296.02	126.72	贵州、湖南、广西
土家族	802.81	121.82	湖南、湖北、贵州
瑶族	263.74	121.76	广西、湖南
壮族	1617.88	120.07	广西
哈尼族	143.97	115.96	云南
苗族	894.01	114.22	贵州、湖南
黎族	124.78	112.08	海南、贵州
彝族	776.23	111.89	云南、贵州、四川
布依族	297.15	110.55	贵州
白族	185.81	105.36	云南、贵州、四川
傣族	115.90	100.79	云南

资料来源：全国“五普”资料

① 杨军昌：《西南民族地区出生性别比失调问题略论》，见《西南人口问题实证研究》，四川省统计局编，2007。

第三章　西南少数民族地区出生人口性别比失调的原因分析

一、西南民族地区出生人口性别比失调原因分析

孔德在《实证哲学教程》中提出了“整体先于局部”的观点，认为某一社会现象如果不是放在整个社会中就无法理解[①]。对出生性别比偏高问题也是如此。出生性别比失调的原因比较复杂，是多种因素共同作用的结果，既同一定的生产力发展水平相联系，又有着深厚的制度、文化和社会环境背景[②]。根据相关文献研究，我国出生性别比偏高的原因主要包括5个方面：其一，在农村，以家庭为生产单位，以体力支出、劳动密集为主的落后的农业生产方式下，男性体力上的优势，强化了小家庭生产的“男性偏好”[③]；其二，儒家传统文化形成的宗法观念根深蒂固，“不孝有三，无后为大”成为人们谋求生育男孩的内在动机[④]，父权、父系和父居的传统父权主义家庭制度结构决定着男孩的偏好和需求的形成[⑤]；其三，在诸如家庭、文化、教育、经济、政治等许多方面体现出的生存、发展条件的社会性别差异下，人们更倾向于生育男孩，以使自己的孩子能有更好的生存条件和发展机会[⑥]；其四，人口政策因素，认为目前中国出现的高性别比是在强烈的“男性偏好”下，过分压缩每个家庭孩子数量的结果[⑦]；其五，性别鉴定技术因素，在“男性偏好”思想的严重影响下，B超技术在广大农村的“普遍”非法使用，出生性别比问

---

① ［法］雷蒙·阿隆：《社会学主要思潮》，上海，译文出版社，1987。
② 辜胜阻、陈来：《城镇化效应与生育性别偏好》，载《中国人口科学》，2005（1）。
③ 袁传银：《小农意识与中国现代化》，武汉，武汉出版社，2000。
④ 严梅福、张宗周：《中国古代生育心理思想研究》，载《心理科学》，1999（3）。
⑤ 李冬莉：《儒家文化和性别偏好：一个分析框架》，载《妇女研究论丛》，2003（4）。
⑥ 吕红平、陈胜利：《社会性别与人口发展》，北京，中国人口出版社，2005。
⑦ 乔晓春：《性别偏好、性别选择与出生性别比》，载《中国人口科学》，2004（1）。

题就越来越严重。[①] 上述各种视角和不同层次的研究都以“男性偏好”为特征的生育观念的强化为最终结果，都强调“男性偏好”的最终决定作用，“男性偏好”是导致出生性别比偏高诸多因素的集中体现。

具体就西南民族地区而言，我们认为其出生性别比失调的原因是相当复杂的，不能一概照搬学界的观点对之作出武断的结论，例如生育政策因素不可否认对出生性别比有影响，但将出生性别比失调归结于此就难以对西南民族地区出生性别比失调问题作出使人信服的解释。其理由：一则有不少学者结合同样实行人口控制的国家和地区而出生性别比相对正常的研究成果和理论阐释（原新、石海龙 2005，蔡菲、陈胜利 2006）；二则在相同生育政策下我国出生性别比显示出的区域不平衡性特征，包括西南民族自治区、州、县；三是西南民族地区的政策生育率、出生率几乎都高于全国的实际水平。因此，对西南民族地区出生性别比失调的原因，既要从客观背景中去思考，又要从地情实际上去分析；既要从文献资料中去进行研究，又要从现实调查中去进行思索。

由于西南民族地区自然与人文环境复杂、社会经济发展程度高低有别、民族文化多元多姿等实际情况，在此我们难以就各个地区各个民族具体的性别文化现象作出一一的论述（但课题组近 10 个具体调研报告中的相关部分可以参考）。但就总体而言，我们将西南民族地区出生性别比失调的原因分为直接、根本、间接 3 个层次（见图 3-1）：“男性偏好”对出生性别比偏高具有决定作用；决定和强化“男性偏好”的是落后的传统文化、经济发展状况及相应的社会保障体系、不平等的社会性别现实等根本原因；“男性偏好”受少数民族历史、人口生育政策等因素间接影响和强化；最终以性别鉴定、溺弃女婴和瞒报漏报等各种直接干预手段（中间环节）实现生育男孩的需求。在此我们结合实际就如下几个方面作具体的客观分析。

---

① 马瀛通：《重新认识中国出生性别比失调与低生育水平的代价问题》，载《中国人口科学》，2004（1）。

图 3-1　出生性别比失调原因体系示意图

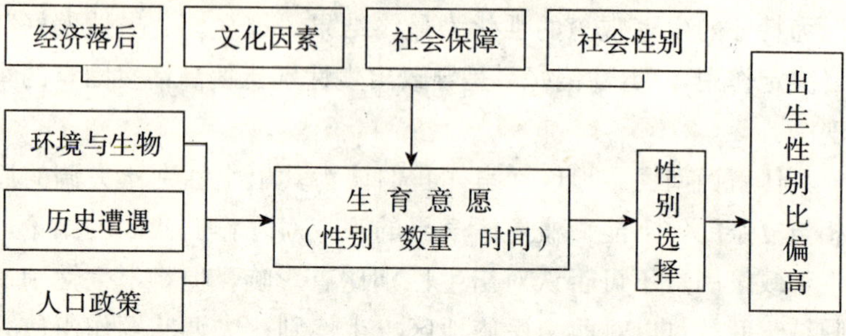

（一）“男性偏好”及其根源

学界有研究认为，影响和决定人们的“性别偏好”的内在原因是“孩子效用性别差异”。所谓“孩子效用性别差异”是指男孩效用相对于女孩效用的相对优势，或男孩的“相对效用”。人们为什么特别希望生育男孩？就是因为男孩相对于女孩有更高的“效用”，这里的“效用”包含三方面：“经济效用”、“社会文化效用”和“心理效用”。

男孩的“相对经济效用”包括男孩比女孩更可能为家庭提供劳动力，挣更多的钱，父母年老后更能提供支持。结婚后，儿子为家庭带来了媳妇，媳妇既为家庭提供生产和服务，同时带来了嫁妆。男孩的“相对社会文化效用”表现为儿子能使父系家庭得以延续，家庭地位得以提高；儿子能提高母亲在家庭中和家庭在社区中的地位；此外，在农村的许多活动中，男人具有女人不能替代的地位，如祭祀祖宗是男人的事。没有儿子的人死后就没有人烧纸送钱，在社会生活的互动交流和情感维系与交换中，没有儿子的家庭多处于边缘的境地，等等。男孩的“心理效用”与男孩的“相对经济效用”、“相对社会文化效用”紧密相联。处于一个普遍看重男孩的亚文化中的夫妻，有儿子能让他们感到心理的满足，没有儿子则是一种难以名状的缺憾和压力，甚至有“人前抬不起头”的感觉，这一现象就是男孩的“相对心理满意效用”在现实生活中的体现。

由于这种效用包括了经济的、文化的和心理的等多方面，以致一些有强烈“男孩偏好”的人甚至说不上他们为什么那么强烈想要有一个儿子。

我们认为，“男性偏好”是男孩“相对优势效用”作用的结果，是西南民族地区出生性别比失调诸多因素影响的集中体现，也是导致出生性别比偏高的根本原因。就具体研究对象诸因素来看，“男性偏好”在西南民族地区有着深刻的社会、经济、文化根源：

1. 西南民族地区经济社会发展相对滞后，发展不平衡

解放初期，西南民族地区存在着高山牧业、山地狩猎耕牧、平原稻作、沿海渔业等经济文化类型，是我国立体经济形态保留得最完整的区域，其中云南边疆山区的独龙、怒、傈僳、景颇、佤、布朗等族、黔桂交界的部分瑶族还保留原始公社残余，川滇交界的大小凉山地区还处于封建农奴社会①，经济文化异常落后。解放后，在党的领导和民族政策指引下，西南民族地区发生了翻天覆地的变化。但由于历史等因素的影响，时至目前，该地区仍是我国著名的“老少边穷”地区之一，“八山一水一分田”的自然环境使得难以推行机械化、集团化的农业耕作方式，生产力落后；加上较差的酸性红黄壤和石灰岩土质，农作物单位产量不高，大多实行体力型、手工劳动为主的生产方式。在低生产力条件下，家庭经济收入低下。以 2004 年为例，贵州、云南、广西人均 GDP 排名分列全国倒数第 1、3、4 位，仅重庆排名第 16 位，其中贵州当年人均 GDP 仅为 4215 元，仅占全国平均水平的 37.6%②。2006 年，课题所涉省区市的农村人均纯收入都在 3000 元以下，其中贵州仅及全国 3587 元的 55.3%。在这种生产力与生活背景下，不同性别的劳动力显然存在着价值的差异，手工劳作的农业生产需要强壮的男性体能，所以农民的劳动力需求指向男性并内化到生育需求当中无疑是基于其经济理性的选择。

从生产资料角度看，在产业构成较落后的西部地区，土地是“三农”最基本的生存资料，而农村土地分配的传统模式，导致了人

① 吕红平、陈胜利：《社会性别与人口发展》，北京，中国人口出版社，2005。

② 国家统计局、人口社会科技统计司：《2005 年中国人口统计年鉴》，北京，中国统计出版社，2006。

们的“男性偏好”。由于我国农村多采取传统的“男娶女嫁”婚姻模式，女孩出嫁迁往夫家时，便失去了家庭的土地使用权，而很长一段时间没能获得迁入村的土地使用权。据少数民族“棉花地”、“姑娘田”的相关研究，女性在出嫁前具有“姑娘田”的使用权，大部分地区女孩出嫁后不可能带走“姑娘田”，在夫家和娘家距离较近的地方，也有女儿可以带走“姑娘田”的，但是只有其在生时期具有使用权，没有土地的所有权，当姑娘去世后，一般由舅家收回，不能将夫家的土地传给自己的子女，这极易造成农民的“性别偏好”。在现行的土地分配承包制度的执行中，一些农村置国家土地法律法规于不顾，任意收回已婚妇女的承包土地；有的农村任意剥夺一定年龄以上的女性的土地承包权或生育权；有的农村不给“上门女婿”分地；离婚妇女的承包土地被丈夫强行剥夺或被丈夫所在村集体收回，等等。这些情况的存在，无疑进一步固化了传统性别观念，在客观上强化着生育行为中的“性别偏好”。极易使人们在经济收入偏低、生活水平低下的境况下产生生育男孩比生育女孩可以获得更多的利益的观念和行为。

此外，在农村地区，父母对子女的投资创造了孩子这一“生育产品”，作为产出，子女能给父母带来某种预期收益，或者说能为家庭创造实质性财富。但是，在我国农村传统的娶嫁模式下，男孩创造的收益保留在家庭内部，而女孩创造的收益将随出嫁而外溢，父母对男孩的预期明显高于女性。这也是导致“男性偏好”的重要原因。另外，孩子作为父母的“耐用消费品”，具有娱乐、保障、继承、安全等多项功能，与城镇地区不同，农民享有的社会保障和福利资源非常有限。在西南民族地区的农村，成年儿子是老年人经济支持和身体照顾的首要资源。出嫁后的女孩虽然也能为父母提供生活资料和日常照料，但是其持久性和可依赖性都低于男孩，这也形成了人们的“男性偏好”。

2. 民族文化的封闭落后性

“男性偏好”是出生性别比偏高原因体系的会聚点，是性别选择行为的动力源，而非物质形态的民族文化对“男性偏好”的形成具有直接的根源性影响。西南民族地区涵盖了我国民族人口规模全国排名前三位的省份，百万以上的少数民族就有 11 个，几乎包括全国所有民族种类，民族文化积淀厚重、内容丰富。由于该地区地域的封闭性，人口文化素质较低，人们受民族传统文化的影响较大，并以“重男轻女”、“儿女双全”为主要特征，反映在人们的道德、知识、民俗和制度上，具有广泛的社会基础，可谓根深蒂固。例如，苗族视无后为“绝户”，被认为是因果报应和不吉利，以致很多场合禁止无后家庭参与，死后只是草草掩埋，不垒坟堆，不立墓碑，凄凉际遇往往令世人为生男孩不惜一切代价。再如黑彝的“家支”制度，以父系血缘为纽带，民谚称“缺不得粮食，少不得家支”，“猴子靠树林，彝人靠家支”，没有儿子意味着家支的灭亡，有无儿子联系着家支的荣辱，为保障“家支”的纯正，人们反对“招婿上门”和外人进入“家支”，“家本位”思想达到极端的地步。在侗族地区，社会生活具有集团化特征，多节日、多仪式、重社交礼仪，“男主外、女主内”的家庭分工使得没有男性的家庭将失去很多社会参与的机会，对他们这是一件不可想象的事情，如果连生几个女孩必遭怪罪，三胎未见男孩则可能要谈离婚之事。传统壮族社会认为多子多福，尤其重视男孩。他们认为人丁兴旺，意味着家庭或家族有更多的劳动力，可以获得更多生存资源。同时将儿子看做父母失去劳动力或卧病时的依靠，也是养老送终的实际承担者。

在各民族的求子习俗中，有架桥补路，广积阴德以生男的心理逻辑；有巫术性质的请“龙宝”、“送瓜”、“送葫芦”之类的仪式，对专司生育的神灵和具有男性生殖器状的自然物的顶礼膜拜，反映了人们生生不息的子嗣祈求。诚然，西南民族生育文化同时也具有“重男不轻女”特征，一些地区如广西瑶山保存着招赘婚俗，在傣族、白族社区，妇女地位比男性要高。遗憾的是，由于外来文化的影响，这些传统文化在不断流失。如汉文化入主的土家族、壮族社会，婚嫁也须遵从“父母之命，媒妁之言”；妻子也遵从“三从四德”，受到“三纲五常”压迫；“不孝有三，无后为大”思想在不少民族地区深深地影响着民族同胞的经济社会生活，并进而影响着人们的生育性别选择行为。

3. 社会保障的滞后

以家庭为主的传统养老方式和社会保障水平落后，养儿防老、养老送终一直是人们的客观需求。自然环境的复杂与恶劣，交通状况的相对闭塞，社会发育相对滞后，经济状况的欠发达，使西南民族地区人民生活水平长期处于低下的状态，广大农村至今尚在解决温饱、走上发展的道路上苦苦努力，现代文明与小康生活的距离似乎在短期内可望而又难以实现。就家庭而言，男性劳动力之于家庭经济、社会资源，尤其是老有所养的特殊地位与作用就显得更加重要。我们在西南民族地区的调查资料对此也作了证实。如在重庆民族地区的调查显示，人们“生育男孩的目的”，在于“传宗接代”的占7%，在于“增加劳动力”的占6%，在于“不受欺负”的占2%，在于“养儿防老”的占25%，养儿防老的比例最大。[①] 与发展较好的重庆民族地区相比，贵州少数民族的传宗接代观念更强，而其共同之处在对于养老的需求都普遍存在。“西南民族地区群众生育意愿”贵州问卷调查在“只能生育一个子女时”，要生儿的全省比重为75.7%，黔东南州为83.73%；在“只能生育两个子女时”，“一儿一女”的回答贵州占83.46%，黔东南州占87.97%；认为生男为“传宗接代”、“养儿防老”、“增加劳动力”、“避免被人欺负”的贵州分别占73.22%、26.47%、13%、18.42%；黔东南州分别占75.38%、30.3%、9.51%、14.39%。问卷资料显示“男性偏好”和“儿女双全”仍是当前人们生育意愿中的主要特征，但将两个问题结合来看，人们有两个生育指标时，多选择“儿女双全”，而只有一个指标时，就会放弃这一目标选择男孩。这说明两种性别取向中，“男性偏好”比“儿女双全”观念更根深蒂固。

在西南民族地区的农村，真正意义上的社会养老保障体系事实上尚未建立，仅鳏寡孤独者由集体供养，政府针对老年的社会保障以社会救助的方式为主，但覆盖面小、保障水平低。家庭养老，仍是民族

---

① 重庆市人口网：《重庆市少数民族出生性别比研究及对策》。

地区最基本的养老形式。在传统的家庭和婚姻制度下，实行男婚女嫁、从夫居，这决定了儿子才是养老的实际承担者，老年人生活、医疗、丧葬主要靠儿子供给，女儿已成为是“嫁出去的人、泼出去的水”，实际上不承担或很少承担养老义务。受社会保障水平较低的现实制约，在以儿子养老为主的传统模式下，加上传统家庭观念的影响，生男成为人们的现实需求，“至少保有一男”成为最低底线。

4. 社会性别不平等的现实影响

社会性别是社会基于生理性别的差异，在政治、经济、文化等领域，对男女两性的行为、角色进行不同标准的规范和塑造的产物。就西南民族地区而言，男女生存、发展条件的巨大性别差异，强化了“男性偏好”，对出生性别比具有现实影响；在立法上，相关规定显示了性别意识的偏差，如劳动法中“女性退休年龄比男性早 5 年”，计生条例中“一胎为女孩，可再生一胎”等。由于文化素质偏低，参政意识不强，女性参政水平和能力明显低于男性，如企事业单位负责人中，桂、渝、黔、滇 4 个省市区女性仅分别占 19.21%、13.65%、15.59%、14.66%；[①] 在教育上，当家庭资源有限时，教育投资多是先男后女，使得女性文盲率偏高、文化水平偏低，“五普”时，桂、渝、黔、滇 4 个省市区 6 岁及其以上不识字的人口中，女性分别占 71.75%、68.58%、70.61%、66.96%，大专以上学历女性仅分别占 39.45%、35.51%、35.67%、40.73%；在婚姻家庭上，“男主外、女主内”的性别分工将女性束缚在繁杂的家务劳动中，限制其社会劳动参与。如广西“五普”失业人口中女性比例为 54.49%，未工作人口以女性为主；女性未工作以“料理家务”为原因的比重最高，桂、渝、黔、滇 4 个省市区分别为 75.54%、88.02%、84.93%、81.46%，[②] 社会劳动参与偏低，造成妇女家庭地位偏低，在家庭事务上缺少话语权。此外，有的地区还存在包办婚姻、姑舅表婚、抢婚、兄终弟及等不利

---

① 国家统计局人口和社会科技统计司：《2000 年中国人口统计年鉴》，北京，中国统计出版社，2002。

② 国务院人口普查办、国家统计局：《2000 年中国人口普查资料》，北京，中国统计出版社，2002。

于女性婚姻自由的婚俗；在财产继承上，出嫁女没有土地，不继承家产，“女婿入赘”的习俗也因备受歧视而逐渐消失；在健康上，传统的生育方式在农村还占有相当大的比例，在选择胎儿性别时，往往以牺牲孕妇的健康为前提，女性是直接的受害者，在避孕节育方法的构成来看，妇女接受节育手术比例大大高于男性。总之，在巨大的社会性别差异下，人们选择生育男孩以使之避免未知的社会风险，实际已成为一种权宜之计。

（二）间接因素

1. 环境与生物因素的影响

西汉刘安在其著作中提到“山气多生男，泽地多生女”，“山气多男皆生子”（《淮南子》第21卷），其科学性暂不评说，但人们对环境与出生性别的关系却早已有之。我们知道，生男生女是男女细胞中的性染色体X—X（女）和X—Y（男）配对而成。相比之下，Y染色体比X染色体更小，带Y染色体比带X染色体活动得更快，存活时间更长，故生男性的概率天然比生女性的概率大[①]。而温度会改变染色体活动的速度，以致不同的气候、海拔等自然环境下，出生性别比可能受到一定程度影响，这已得到有关研究的证实。即温度增高将提高带Y染色体的活动和促进女性利于Y精子活动和生存的碱性分泌液，提高精子与卵细胞结合概率，反之相反[②]。这对我国炎热的东中部和高寒的西部地区出生性别比的分布格局有一定解释力。就西南而言，地理垂直气候明显，有“一山分四季、十里不同天”之说，出生性别比区域分布的不平衡性受气候的影响也是客观存在的。但尽管如此，自然环境因素对出生性别的影响毕竟是有限的，如广东省“五普”外来人口出生性别比也达到117.41[③]。因此，可以把环境对出生性别比生物学意义上的影响放在一个微不足道的位置而暂缓讨论。

---

① 卢继宏：《出生性别比偏高的非社会因素探析》，载《西北人口》，2004（3）。

② 谷祖善：《我国出生性别比与海拔相关的四个台阶》，载《中国性科学》，2004（4）。

③ 陈友华：《关于出生性别比的几个问题——以广东为例》，载《中国人口科学》，2006（1）。

2. 历史因素

“男性偏好”是一种制度化的价值取向，更是悠久历史积累而成的一种文化积淀。从某种程度上说，西南地区具有“男性偏好”特征的各种文化现象是其民族历史遭遇的曲折反映。而要了解西南民族地区“男性偏好”形成的根源，就不得不追溯其特殊的历史。西南民族地区是我国的边疆地区，改土归流之前，西南民族地区长期处于“管外之地”。秦汉至唐朝实行羁縻制度，元明时期部分地区开始实行土司制度，清代进行“改土归流”。一方面，封建王朝通过武力征讨以加强对“苗夷”地区的统治；另一方面土司割据一方，为争夺利益相互仇杀，对辖区子民进行大肆盘剥。双重压迫之下，社会矛盾被激化，民众纷纷揭竿而起。明清以来，西南地区起事不断，战火延绵，造成人口锐减，尤其是青壮年男子大量战亡，人口性别结构也发生严重失调。据史料记载，明弘治时，广西恩城土知府岑钦联合泗城土知州岑应攻占田州，驱逐田州土知府岑傅并杀戮百姓26300人[①]。雍正时期，统治者开始着手改土归流，并以武力对千里苗疆进行长达五年的进剿，且以贵州苗民的抗争规模最大。史料记载，乾隆六年（1741年），清军在各地收剿参加反抗的“熟苗”，先后扫荡、烧毁1224处苗寨，斩首17600余人[②]。长期的战争造成“诛苗过半”“人口十存其二三”的惨状。加上连年灾荒，死亡绝户成千上万，据统计，黔东南州在遭遇1893、1905、1922年的瘟疫后，到民国21年（1932年），人口还不及两百年前雍正前期的三分之一[③]。战争和灾荒造成的人口锐减和性别结构的失调，使得增值人口和“多添男丁”成为客观需求，这一心理定势一定程度上决定了民族地区持久而强烈的“男性偏好”。新中国成立后，西南民族地区的社会和经济环境都发生了根本性变化，但是由于“文化堕距”的存在，传统心理仍持续间接影响和作用于人们的生育观念和生育行

① 方铁：《西南通史》、《孝宗实录》三八卷，729页，北京，中国人口出版社，2003。

② 方铁：《西南通史》、《清史稿》卷五一五《土司四・贵州》，739页。

③ 黔东南州地方志编撰委员会：《黔东南州志・地理志》，贵阳，贵州人民出版社，1990。

为。当然，在此我们必须承认，因特殊的区域历史而助长的“男性偏好”，如果没有选择胎儿性别的现代鉴定技术，再强烈的偏好也只能是偏好，终归也成不了事实。由于已有时贤相关研究结论见诸书刊，于此不再重述。

3. 人口生育政策

现行生育政策对出生性别比的影响主要表现为如下几方面：

首先，政策生育率与实际生育意愿间存在一定差距。“控制人口数量，提高人口素质”是我国现行生育政策的集中体现。当前我国城镇地区一般实行一孩政策，农村地区因省而异。如果完全按照政策规定来生育，我国平均每个妇女终身生育的孩子数（政策生育率）为1.47，贵州、云南、广西分别为1.667、2.006、1.527，重庆市为1.273。① 从各省生育意愿调查来看，广西计生部门的调查结果显示，在不考虑生育政策的限制下，农村育龄夫妇愿意生2个及以上孩子的占77.4%，其中90%以上希望至少生育一个男孩。② 广西桂北地区农村的调查也显示，19.4%的人认为生一个孩子最好，73.4%的人认为生两个孩子最好，只有8.9%的人希望生三个孩子，8.78%的人认为可以没有男孩，24.2%的人认为可以没有女孩，70%以上的人认为至少生育一个男孩。③ 人们的实际生育意愿与现行生育政策还有一定差距，尤其在性别构成方面。在早期，人们主要通过多生来实现生男目的，这不会导致出生性别比的升高，而在现行计划生育政策下，人们很难超越政策规定去随意选择生育数量，但在性别鉴定可得、并有能力支付，以及冒的风险不大时，人们会去做胎儿性别鉴定。可以说，目前出现的高出生性别比是在强烈的“男孩偏好”的条件下过分压缩每个家庭孩子数量的结果。④

---

① 汤兆云：《我国出生性别比的地区差异及政策选择》，载《河北大学学报》（哲学社会科学版），2006（2）。

② 莫小峰、韦震：《略论广西性别比》，载《广西社会科学》，2005（7）。

③ 唐炳贵：《桂北地区农村出生人口性别比调查报告》，载《南京人口管理干部学院学报》，2006（4）。

④ 乔晓春：《性别偏好、性别选择与出生性别比》，载《中国人口科学》，2004（1）。

其次，我国在实行计划生育的初期并没有充分认识到出生性别比的重要性。主要精力放在控制人口数量上，宣传重点也只放在提倡“少生”上，忽视了出生性别比平衡和性别文明宣传的重要性，随着经济社会的发展和20多年计划生育工作的开展，人们的生育观念已发生了深刻变化，生育数量已由“早、密、多”向“晚、稀、少”转变，人们的实际生育意愿与国家政策虽然还有一定差距，但已接近政策要求。而在生育率逐年下降的同时，“性别偏好”却没有很大改变，尤其在农村和少数民族地区，“男性偏好”尤其强烈。政策宣传导向的失误，是促就这一后果的因素之一。

再次，针对部分人的二孩生育政策具有生男暗示作用。西南各省市区计生条例都有第一胎是女孩的部分人可以生育第二胎的规定。如贵州省第31条、云南省第19条规定：夫妻一方为少数民族或第一胎是女孩的农村居民，子女发生意外的等，可生育第二个子女。重庆计生条例第20条规定：政府认定的部分山区农村的独女户、少数民族户或边远高寒大山区的独生子女户可生第二胎。广西规定“人口千万以下的少数民族可生育二胎”，包括一孩是女孩的农村人口和规模千万以下的少数民族户。这一政策的初衷是出于农村生产力低和养老保障水平不健全等因素的考虑。但是，部分群众误以为照顾二孩生育政策就是让其生育男孩。而且这一政策本身认为生男生女不一样，缺乏社会性别意识，从某种程度上迎合了人们“生男即止”的心理。为充分利用这一机会，人们往往想尽办法确保生男。

（三）直接原因

“男性偏好”必须付诸实践，才可能对出生性别比产生影响，即从“想生男孩”到“生育男孩”要经过人工干预这一“中间环节”，它是影响出生性别比的直接因素，也是造成失调的关键。人工干预的手段呈多样化特征，但主要包括如下几种：

1. 漏报瞒报

人们之所以认为瞒报漏报会影响出生性别比，主要是因为瞒报漏报的对象主要是女婴，这是刻意瞒报的结果。西南民族地区的事实如此吗？据统计，广西2004年上半年计生报表出生性别比为116，一孩、二孩及多孩性别比分别为 104、141、191，市级抽查出生性别比为 121，一孩、二孩及多孩性别比分别为 105、151、253，抽查性别比与报表性别比差距明显，以二孩和多孩最突出。再以重庆 5 个县区为例，2001—2004 年计生年报性别比分别为 139.22、140.84、138.27、127.23，公安统计数据的出生性别比分别为 137.80、137.62、124.00、124.87[①]，两者差距也较大，公安数据比年报数据低。如果上述差异是由以生育男孩为目的的女婴瞒报漏报造成的，且瞒报漏报数量达到一定规模，那么，随着其年龄的增长，被漏报的女孩在进入升学、用工、婚嫁阶段的年龄将被纳入普查统计，相应年份的性别比将有所降低。以广西为例，“五普” 0～17 岁人口性别比中，入学年龄（6 岁）升学年龄（12 岁、15 岁）和用工年龄（15 岁以上）阶段，与前一年相比的降势存在，但是并不明显，见表 3-1。从其他地区来看，情况也相似。可见，女婴瞒报的数量是有限的，对出生性别比的影响也是有限的。20 世纪 90 年代，国内外学者将“四普”出生性别比升高归咎于女婴的瞒报漏报，即统计不实，最终酿成了此后出生性别比逐年持续加剧的历史性失误[②]。因此，对瞒报漏报对西南民族地区出生性别比的影响程度的估计，应当持谨慎态度。

表 3-1　广西“五普”各年龄性别比

年　龄	17 岁	16 岁	15 岁	14 岁	13 岁	12 岁	11 岁	10 岁	9 岁
出生性别	116.1	113.92	112.94	114.33	115.04	116.01	118.28	122.81	125.27
年　龄	8 岁	7 岁	6 岁	5 岁	4 岁	3 岁	2 岁	1 岁	0 岁
出生性别	123.33	124.55	125.65	126.55	128.01	128.26	129.87	127.34	124.81

资料来源：广西“五普”资料汇编

2. 溺弃女婴

溺婴泛指那些有意识地以遗弃、饥饿、绞扼、窒息、毒害或使用致命凶器等方式导致初生婴儿死亡的行为。[③] 溺婴的实施者一般是

① 数据分别由广西计生委、重庆市计生委提供。

② 马瀛通：《出生人口性别比失调与从严控制人口中的误导与失误》，载《中国人口科学》，2005（2）。

③ 齐麟：《对“溺婴”的人口社会学分析》，载《西北人口》，2002（2）。

对婴儿有抚养义务的近亲，其他人实施的行为不属于溺婴；其形式既包括蓄意直接剥夺婴儿生命，也包括将其生命置于危险境地，或人为地将其弃置于家庭保护之外的“故意忽视”等。

溺弃女婴曾在旧中国十分流行[①]，且一般以控制人口与性别选择为目的。以人口控制为目的的溺婴相当于马尔萨斯《人口论》中“积极的抑制”，对于减少生育数量的原因，费孝通认为：“孩子长大后要分家。有限的土地如果一分为二，就意味着两个孩子都要贫困。”[②] 随着人们生育观念的变化，溺婴行为越来越倾向于以选择性别为目的。据广西民政厅统计，2002—2003 两年合计收养的弃婴达 11066 名，其中女婴占 95%[③]。2001—2005 年，贵州省黔东南州福利机构收养的弃婴就有 127 个，其中女婴占 96%；该州丹寨县 1991 年 1—3 月溺弃女婴就达 20 余人[④]；2004 年对黔东南州的“关爱女孩行动”问卷调查中，“婚后有子女夭折”的调查对象中，“女孩夭折”的比例占 72.55%[⑤]。虽然出生性别比是指婴儿出生那一时刻的男女婴对比数，而溺婴弃婴往往是发生在这个时间之后的，两者在时限上是不同的，溺弃女婴对时点出生性别比没有影响[⑥]。但是，人们溺弃女婴的目的在于得到再一次生育的机会，而且为把握这一机会而进行人工干预的可能性最大，溺弃女婴虽然对时点出生性别比没有影响，但直接影响着时期出生性别比。

溺婴行为不仅违反国家法律，而且为道德所不允许。但是，在西南民族地区，随着出生数量日益受到政策限制，农村地区的的溺婴行为也十分普遍。溺婴行为在西南地区的普遍存在，既有管理上的原因，也与文化认同有关。在广大农村，由于孕妇住院分娩的比例不高，农

---

① 解振明：《引起中国出生性别比升高的三要素》，载《人口学与计划生育》，2003 (1)。

② 费孝通：《江村经济》，北京，北京大学出版社，1998。

③ 资料来源于广西计生委。

④ 资料来源于黔东南州计生局。

⑤ 杨军昌：《黔东南州出生人口性别比状况分析及对策研究》，载《人口与计划生育》，2007 (2)。

⑥ 马瀛通：《出生人口性别比失调与从严控制人口中的误导与失误》，载《中国人口科学》，2005 (2)。

村仍然采用“土法接生”，使得溺婴行为具有较高的隐蔽性，如2003年广西住院分娩率仅为68%[①]；2004年，贵州边远地区住院分娩率只有38.9%[②]，这使得相关部门对溺婴弃婴行为发现难、查处难。在农村，溺婴弃婴行为事关个人切身利益，而且“传宗接代”的需求往往为社区文化所认同，人们对溺弃女婴的行为持宽容态度。

3. 性别选择技术

性别选择是影响出生性别比的最直接因素。大量研究表明，选择性人工流产是导致出生性别比升高的主要原因，性别选择性人工流产是实现“男孩偏好”的主要途径。而从受孕、妊娠到分娩，性别选择的技术分为：选择性别的受孕术；胎儿性别鉴定技术、终止妊娠术。由于选择性别的受孕术费用高、技术难度大，我国农村主要采用胎儿性别鉴定技术来鉴定胎儿性别，然后实施手术引产和药物终止妊娠[③]。西南民族地区的性别选择普遍存在，2006年，广西专项治理行动中共查处非法行医1814（次），案件1503起[④]；2006年4月贵州黔东南州在集中打击“两非”行动中，共取缔无《医疗机构执业许可证》行医的黑诊所63家，查处案件60件，罚款4.6万元，没收器械88件，药品63箱，对有违法行为的139户分别给予罚款、警告、责令限期改正和移送工商、公安部门处理。其中台江县人民法院2004年判处凯里运输公司职工部学良溺婴（伤害）罪有期徒刑5年[⑤]。同年，云南省检查发现214家医疗机构超范围开展诊疗活动，227家存在违法违规行为[⑥]。性别选择屡禁难止，与管理上的漏洞有关。据2004年6月2日广西壮族自治区综合治理出生性别比升高问题工作会议资料，2003—2004年，广西共做的24048例

---

① 资料来源于广西卫生厅。

② “中国性别平等与妇女发展指标研究与应用”课题组：《中国性别平等与妇女发展评估报告（1995—2005）》，载《妇女研究论丛》，2006（2）。

③ 齐麟：《对“溺婴”的人口社会学分析》，载《西北人口》，2002（2）。

④ 广西卫生厅：《广西打击非法行医获阶段成果，12机构被吊销许可证》，2006.11.06。

⑤ 黔东南州计生委：《强化综合治理出生人口性别比推进社会主义和谐社会建设》，2006.4。

⑥ 卫生部：《云南省开展雷霆行动严厉打击非法行医》，2006.1.28。

人流引产手术中，有计划生育证明的仅占 26.9%。

从大量的案例可见，因管理缺位，相关设备购买容易，操作容易；人们利用流动人口计划生育管理的漏洞，通过异地流动实施性别选择；相关费用不高，一般人都能接受；相关处罚偏轻，非法行医者还有继续行医资格，受术主体不承担任何责任。无论对施术者还是受术者，性别选择都是低成本、高回报、风险不大而又影响严重的违法行为。

二、西南民族地区出生人口性别比失调原因的实证调查

为了解群众生育意愿及其影响因素，课题组于 2006 年 7—8 月，对贵州黔东南州、黔南州、黔西南州出生性别比失调的 8 个重点县进行了问卷调查。调查内容侧重于分析生育观的生育数量、生育性别、生育目的等，调查对象为城乡（重点为乡村）15～64 岁人口，一共发放《民族地区群众生育意愿问卷》646 份。调查对象中，男性 414 人，女性 232 人；农村、镇、城市人口比重分别为 84.98%、10.22%、4.64%；包括汉、侗、苗、土家、仡佬等 15 个民族，其中少数民族人口比重为 68.4%；调查者未婚、已婚、再婚、离婚、丧偶的比例分别占 33.07%、60.71%、2.48%、1.39%、2.32%；曾有外出打工经历的比例为 45.3%；居住地为市镇村的比重分别为 4.65%、10.23%、85.12%；年龄 15～19 岁的占 10.42%，20～49 岁的占 73.1%，50～65 岁的占 16.48%。相关调查结果如下：

（一）意愿生育数量

意愿生育数量是人们对生育子女数量的观念反映。从调查资料分析可知，民族地区群众理想的子女数已摆脱了“多子多福”观念的影响而倾向少生，但“男性偏好”仍然强烈。在生育数量上，群众“理想孩子数”为 0 个的占 2.65%，1 个的占 34.48%，2 个的占 47.58%，3 个的占 9.05%，4 个及其以上的占 6.08%，理想子女数为 1 个、2 个的比重最大。此外，“理想男孩数”和“理想女孩数”中，为 1 个的比重最大，见表 3-2。据统计，进行有效回答的 640 名调查对象中，理想孩子平均数为 2.8 个，比贵州省 1.667 的政策生

育率高约1.1，比2003年贵州省“跨入低生育水平门槛”时的实际生育率1.91高约0.9①。这种偏高与调查对象以农村人口为主、而政策生育率以总人口计算有关。客观来说，群众理想生育子女数量离政策生育率和实际生育率还有一定差距。人们在无计划生育政策干预下的理想子女数量≥3个的已经不多，尤其是多数年轻型人口的生育行为更趋理性，如20～29岁理想孩子数为0个和1个的比例达到53.11%，比50～65岁组的36.99%高16.12个百分点。

表3-2　生育意愿

项　目	选项	频数	百分比（%）
理想孩子数	0个	17	2.65
	1个	221	34.48
	2个	305	47.58
	3个	58	9.05
	≥4个	39	6.08
理想男孩数	0个	54	8.57
	1个	458	72.7
	2个	99	15.71
	≥3个	19	3.02
理想女孩数	0个	83	13.28
	1个	487	77.92
	2个	44	7.04
	≥3个	11	1.76
只能生1个孩子时想要	男孩	461	75.70
	女孩	148	24.30
只能生2个孩子时想要	2个男孩	69	10.87
	2个女孩	36	5.67
	1男1女	530	83.46

数据来源：问卷调查统计数据，下同。

① 向永东、高丽沙：《2003年贵州迈入低生育水平门槛》，贵州人口网。

在子女性别选择上，“只能生育1个孩子时”，要男孩的占75.7%，要女孩的占24.3%。其中：分民族来看，汉族在1孩指标下要男孩的比例为66.8%，少数民族为79.67%，少数民族高出12.87个百分点；分居住地来看，居住地在农村的1孩指标下要男孩的比例为78.62%，居住地在城镇的占58.33%，农村高20多个百分点。由于农村人口和少数民族人口有2胎生育指标的较多，因此我们还设计了“只能生育2个孩子时的子女性别选择”这一问题，人们选择要2个男孩的占10.87%，要2个女孩的占5.67%，1男1女的占83.46%。调查结果显示，人们对在政策限制下的子女性别选择以“男性偏好”和“儿女双全”为主要特征。

不难看出，在1个生育指标下，人们主要选择生育男孩，而在有限的2个生育指标下，人们却很少选择生育2个男孩，这说明人们强调有男孩，但又不想多要。在相同的孩子数量下，孩子的抚养成本高低与子女性别关系并不大，同时，在社会保障和生产力水平都不高的条件下，人们固然要靠男孩来养老或增加劳力，但并不用生育2个男孩来加深或巩固这种现实利益，可见，男孩的价值更多体现在“象征意义”上，即光宗耀祖、传宗接代。此外，在计生政策限制下，人们不选“2个男孩”而绝大多数选择“1男1女”，这种选择有其特定的文化根源，即少数民族人口生育文化中的“儿女双全”观念。“儿女双全”过去曾是少数民族生活方式的智慧和经验，是社会关系反映在生育上的“纵横观”，如谚语说“有儿才能从上到下，有女才能从左到右”，即有儿子才能传宗接代，保证家族纵向深入发展，有女儿才能联系外族，扩大社会网络，这是生活美满的反映。反映在村落文化上，没有孩子的是“绝户头”，有女无子的是“大绝户头”，有男无女的是“小绝户头”，“儿女双全”成为一种“理想型家庭结构”，主要为人们提供“亲情消费效应”和“养老保障效应”。

从另一角度来看，人们有2个生育指标时，多选择“儿女双全”，而只有1个指标时，就会偏向选择男孩。这是计生政策一方面强化了“男性偏好”，另一方面却弱化了“儿女双全”思想的结果。

在文化地位上，这又是“男性偏好”比“儿女双全”更根深蒂固的缘故。实质上，“儿女双全”是为“子嗣”传承服务的，都围绕家族进行，并以保证家族壮大（包括纵向和横向）为目的，在这棵由无数链结组成的“家族树”上，子嗣是“根”，女儿只是“枝叶”，去掉枝叶还能更生，“根”断则意味着祖先传下来的生命之链的断裂，这是个人难以担当的“罪责”。

（二）生育性别选择行为

人们为实现生育意愿所采取的性别选择方式，除了通过计划外超生的方式，还直接干预胎儿性别。调查显示，“当生育愿望达不到时，所采取的措施”，选择“B超或药物”的占8.73%，选择“计划外再生”的占31.72%，选择“就这样算了”的占59.55%，见表3-3（下同）。从数据上看，多数人在愿望未实现时不会实施干预，这是生男生女顺其自然的心态，也符合政策要求。但部分人会选择超生，少数人还会采用B超或药物等干预手段。从时点来看，超生不会影响出生性别比，但从时期来看，为达到生男目的的超生往往是没有胎儿鉴定工具时的无奈选择，在孕情监管不严的地区，溺婴弃婴、送养都是“补救”措施，从某种意义上说，没有多生愿望下的超生行为，其隐语就是“男的就要，女的就溺”，最终目的是指向生育男孩的。2004年对贵州省丹寨县、天柱县实施“关爱女孩行动”的调查显示，对“婚后是否有子女夭折?”这一问题作肯定回答的，72.55%都是女孩[①]。从一定时期来看，这对出生性别比无疑具有影响。

溺婴不仅违反法律，而且为一般道德所不允许。但调查显示，人们“对溺婴弃婴行为的态度”选择“可以理解的”占20%，“不关心的”占9.76%，“反对”的占70.24%，可见，部分群众对溺婴行为持宽容态度。此外，法律意识淡薄也是B超或药物泛滥和溺弃女婴盛行的重要原因。调查显示，知道“有意堕胎是政策禁止的”占67.19%，不知道的占32.66%；对“计划生育政策了解程度”“比较

① 杨军昌等：《贵州黔东南州出生性别比失调的调查与分析》，见《人口社会法制研究》(2005年卷)，2006.3。

全面”的占 18.05%、“了解一点”占 65.15%，“不了解”的占 16.80%，出生性别比失调治理的相关法规政策的知晓率明显低于计划生育政策的知晓率，部分人只知道超生要罚款，却不知干预胎儿性别也为法律所禁止。

表 3-3 性别选择

问 题	选项	频数	百分比（%）
当生育愿望达不到时	B超或药物	54	8.73
	计划外再生	196	31.72
	就这样算了	368	59.55
知道有意堕胎是政策禁止的吗?	知道	432	67.19
	不知道	210	32.66
对计生政策的了解程度	不了解	107	16.80
	了解一点	415	65.15
对溺婴弃婴行为的态度	比较全面	115	18.05
	可以理解	127	20.00
	反对	446	70.24
	不关心	62	9.76

（三）生育意愿的影响因素

在对“很多人想生 1 个男孩的原因”的回答中，几个多选项目，473 人选择“传宗接代”，占调查总数的 73.22%；171 人选择“养儿防老”，占 26.47%；84 人选择“增加劳动力”，占 13.00%；119 人选择“避免被人欺负”，占 18.42%，见表 3-4（下同）。可见，“传宗接代”是人们选择生男的最主要原因，而养老和生产实际需求并不突出，避免被人欺负的风险防范意识占一定比例。

首先，“传宗接代”是延续“家族树”的保证，这决定了个人的生育决策是“家本位”，而不是“个人本位”。调查显示，“父母是否要求必须生育男孩”，在作答的 625 名调查群众中，57.44%的人做了肯定回答，42.56%的人认为没有，家庭的压力是形成“男性偏好”的重要原因之一。

表 3-4　生育意愿的原因调查

项　目	选项	频数	比例（%）
人们生男孩的原因	传宗接代	473	73.22
	养儿防老	171	26.47
	增加劳动力	84	13.00
	避免被人欺负	119	18.42
父母是否要求必须生育男孩	是	359	57.44
	否	266	42.56
女儿能养老吗?	是	468	73.47
	否	168	26.37
是否赞同招婿上门	赞成	144	23.61
	不赞成	187	30.66
	无所谓	279	45.74
离居住地最远田土	半里	79	14.08
	1 里	82	14.62
	2 里	120	21.39
	≥3 里	280	49.91
收割播种用	机械	3	0.53
	人力	496	87.02
	机械人力都有	68	11.93
收入主要来源	农业收入	243	38.33
	打工收入	191	30.13
	经营收入	63	9.94
	其他收入	137	21.61

其次，人们对男孩的养老预期并不高。在对“女儿能养老吗?”问题的回答上，73.47%的人认为“女儿能养老”，26.37%的人认为“女儿不能养老”，多数人对女儿养老持积极态度，尤其是在生活照

料上，他们认为女儿更值得期待。人们对“养儿防老”的期待不强，还与农村养老方式有关：在农村，人们以居家养老为主，老人没有退休之说，只要还能走动，就不会脱离生产劳动，养老可以靠自己，也可以靠夫妻间的相互照顾。在对“是否赞同招婿上门?”的回答上，23.61%的人“赞成”，30.66%的人“反对”，45.74%的人“无所谓”。说明招婿上门的养老方式，还有一定的社会阻力，但多数人并不反对，对女孩家庭而言，女儿女婿养老也是养老的重要保障。

再次，人们对男性劳动力的期待则更少。相关研究表明，农业生产力较低的地区，对男性劳动力的依赖程度较大。调查对象“离居住地最远的田土”近50%在3里地以上；87.02%的家庭收割播种主要依靠人力，机械耕种比例仅占0.53%，说明调查地农业生产力较低，劳动强度大。而在此环境下，人们认为“增加劳动力”是生男孩原因的比例却是最低的。这是为什么呢?调查发现，在家庭收入来源中，“农业收入”占38.33%，“打工收入”占30.13%，“经营收入”占9.94%，“其他收入”占21.61%，说明农村家庭收入渠道有所拓展，“农业收入”所占比重已越来越小。尤其是“打工潮”席卷我国西部农村，务工和经商在改善农民生活上扮演着越来越重要的角色，他们认为种田远赶不上打工，多数人种田只为解决吃饭，并不靠粮食增产来增收，有的土地能承包出去的就承包，没人接种就干脆丢荒，人口流动和社会变迁的加剧一定程度上弱化了生产对劳动力的依赖。

值得强调的是，生男为“避免被人欺负”的比例还高于“养老”的比例，说明社会环境还存在许多不利于“女孩户”生存和发展的因素，各种社会风险使女孩户更缺乏“安全感”。在西南民族地区，一个村社一般由一个或几个家族组成，而男孩是家族势力的体现，人们形象地称之为“有人”。当发生纠纷时，“有人”家庭往往处于优势，而无子家庭往往处于劣势，即使在本族内，也自认为缺少话语权。“关爱女孩行动”的开展对于提高“女孩户”的社会地位发挥了较大作用，但在边远农村，其力度还远远不能适应现实的需要。

“男性偏好”的形成与根深蒂固的民族文化有关，也与实际的社会性别状况密切联系。调查显示，“在家庭重大事务的决策上”，由“丈夫”决定的占30.31%，“父母”决定的占28.34%，“夫妻”决定的占13.67%，“集体”共同决定的占24.71%，“妻子”决定的占2.97%，妻子参与和独立做主的比例都较小，可见妇女在家庭中的地位远低于男性。在生育的子女性别上，认为“男孩女孩一样好”的占73.54%，认为“男孩女孩不一样”的占26.46%，认为“男孩女孩不一样”的比例并不低。调查还发现，对部分女性而言，为了生男而干预胎儿性别并非自己的真实愿望：据统计，“配偶要求其必须生男孩”的比例占45.50%，其中“配偶要求其必须生男孩”的女性比例为47.15%，男性为44.6%，女性高于男性。为实现生男目标，有的妇女多次堕胎或人流，成为生育的“工具”，见表3-5（下同）。

表3-5　社会性别

项　目	选项	频数	百分比（%）
家庭决策	丈夫	184	30.31
	妻子	18	2.97
	父母	172	28.34
	夫妻	83	13.67
	集体共同	150	24.71
男孩女孩是否一样好	是	467	73.54
	否	168	26.46
配偶是否要求必须生男孩	是	248	45.50
	否	296	54.30
其中：男	是	157	44.60
	否	195	55.40
女	是	91	47.15
	否	101	52.33
在生活上对子女的关照	一样多	533	88.10
	女儿多	20	3.31
	儿子多	52	8.60

（四）社会性别状况

在子女教育和生活照料上，对“在家庭经济条件有限时让谁先上学”的回答上，让儿子先上的占13.72%，让女儿先上的占4.57%，“以子女成绩而定”的占81.70%；“在生活上对子女的关照”中，“子女一样多”的占88.10%，“儿子多”的占8.60，“女儿多”占3.31%。尽管多数人认为在子女教育生活的关心上持一视同仁的态度，但让儿子先上学的比例比让女儿先上的高2倍多，在生活照料上对男孩关照多的比例也高于对女孩的关照近2倍，显示了家庭资源利用上偏重男性，女孩处于不利的生存和发展状态。据统计，贵州省黔东南州“五普”时，0岁组女孩死亡率比男性高近4个千分点①，可能的原因是女童得不到与男童一样的护理与照顾，使女童的死亡率增加。

（五）生育意愿的分类比较

1. 分性别生育意愿

从分性别的生育意愿来看，女性“理想生育子女数”比例略高于男性，这可能与男女受教育程度不同的影响，女性受教育程度低，生育观念更传统，对多生的要求更强。但是，在性别选择上，男性选择生男孩的比例明显高于女性，选择“1男1女”的比例也高于女性，认为“生男生女”不一样的比例也高于女性。说明作为传宗接代直接承担者的男性的生男需求更加强烈，而且以“儿女双全”为理想型家庭结构的观念比女性更加浓厚，见表3-6；也可能与女性是接受胎儿性别鉴定和人流痛苦的直接承担者有关，这从某种程度上反映了女性地位的偏低。对人流或溺婴弃婴的决策和具体实施，一般都是由男性作出的，过去也有请人代劳弃婴的，但其间很少过问女性的感受和态度。

2. 分民族和居住地生育意愿

少数民族人口主要聚居于农村地区，该处将两者结合起来，了解城乡地区和汉族少数民族间生育意愿的差别，从而分析经济和文化

---

① 黔东南州“五普”资料汇编。

表 3-6　分性别的生育意愿

问　题	选项	男		女	
		频数	百分比	频数（%）	百分比(%)
理想孩子数	0 个	15	3.63	2	0.88
	1 个	144	34.87	77	33.92
	2 个	195	47.22	110	48.46
	3 个	34	8.23	24	10.57
	≥4 个	25	6.05	14	6.17
男孩女孩一样吗?	是	303	74.26	164	72.25
	否	105	25.74	63	27.75
只能生育 1 个时，想生	男孩	310	79.28	151	69.27
	女孩	81	20.72	67	30.73
只能生育 2 个时，想生	2 男	42	10.27	27	11.95
	2 女	20	4.89	16	7.08
	1 男 1 女	347	84.84	183	80.97

差异对生育意愿的影响。如表 3-7 所示，少数民族和农村地区的“理想孩子数”明显高于汉族和城镇地区，城镇地区选择不要孩子的比例也明显高于农村地区，说明农村地区和少数民族人口对孩子数量要求较高。在对“男孩女孩是否一样”的回答上，问题较复杂，受儒家“孝文化”影响较大的汉族认为“不一样”的比例高于“儿女双全”观念较强的少数民族；而农村地区认为“男孩女孩不一样”的比例高于城镇，这主要由于居住方式和婚嫁方式的不同，在父母子女同住和从夫居为主的农村地区，男性在家庭中的核心地位较突出，而在子女结婚后另立家庭和夫妻单独居住为主的城镇地区，男性的核心地位相对不明显。在性别选择上，“当只能生育一个孩子时”，选择“生育男孩”的比重农村高于城市，少数民族高于汉族，说明农村及少数民族“性别偏好”的强度更大。在“当生育理想达不到时，采取的应对措施”上，汉族和城镇地区采取干预措施的可能性小于农村地区

和少数民族人口，尽管汉族和城镇地区鉴定技术易得性更大，但在“男性偏好”强度更大的农村地区和少数民族人群，采取人工干预的可能性更大，说明了“男性偏好”的决定作用，当然这也与农村地区计划生育工作较落后的现状和法制观念淡薄的现实有关。

表 3-7 分民族和居住地生育意愿

问题	选项	汉族频数	百分比（%）	少数民族频数	百分比（%）	城镇频数	百分比（%）	农村频数	百分比（%）
理想孩子数	0个	5	2.50	12	2.73	7	7.53	10	1.83
	1个	87	43.50	133	30.30	45	48.39	175	31.99
	2个	87	43.50	218	49.66	38	40.86	267	48.81
	3个	12	6.00	46	10.48	0	0.00	58	10.60
	≥4个	9	4.50	30	6.83	3	3.23	36	6.58
男孩女孩是否一样	是	126	63.64	340	77.98	78	85.71	388	71.45
	否	72	36.36	96	22.02	13	14.29	155	28.55
只能生育一个时，想生	男孩	127	66.84	333	79.67	49	58.33	412	78.63
	女孩	63	33.16	85	20.33	35	41.67	112	21.37
只能生育两个时，想生	2男	26	13.20	43	9.84	5	5.43	64	11.81
	2女	11	5.58	25	5.72	4	4.35	32	5.90
	1男1女	160	81.22	369	84.44	83	90.22	446	82.29
愿望达不到时的措施	B超或药物	6	3.19	48	11.16	0	0.00	54	10.13
	计划外再生	52	27.66	144	33.49	7	8.33	189	35.46
	就这样算了	130	69.15	238	55.35	77	91.67	290	54.41

3. 分教育程度的生育意愿

生育意愿的进步性往往与人们的教育程度成正相关关系。如表3-8所示，在生育数量上，教育程度越高，人们的“理想孩子数”越低，如“文盲半文盲”的理想孩子数为3个的占其总量的25.84%，而大专以上者为零。在“性别偏好”上，“文盲半文盲”、“小学”、“初中”、“高中中专”、“大专”以上等各教育程度认为“男孩女孩一样”

的比例分别为 59.55%、65.97%、79.49%、81.48%、77.69%，基本随教育程度提高而上升；各教育程度“只能生育一个孩子时”选择“生男”的比例分别为 93.10%、82.48%、78.92%、62.34%、58.47%，“男性偏好”随教育程度的升高而降低；在“可以生育 2 个子女时”的理想性别构成上，小学以下受教育程度者选择“2 男”的比例较高，选择“1 男 1 女”的比例略低，如“文盲半文盲”者两个选项的比例分别为 25.84%、62.92%，至于其生育“2 女”的比例也高达 11.24%的选择，笔者认为这是受生育数量上“多多益善”思想影响的结果。对于“当生育愿望达不到时”采取的措施，文化层次较低者选择“就这样算了”（顺其自然）的比例较低（25.29%），而且方式多半选择“计划外超生”的传统方式（65.52%），采取“B 超或药物”的主要是受初中和高中教育水平者，他们一般具有必要的文化素质，但是多半居住于农村，从事农业生产劳动；在受高等教育程度的人群中，生育子女多半顺其自然。上述分析可见，提高农村人口的受教育水平，无疑有利于“婚育新风”的形成和出生性别比的平衡，见表 3-8。

表 3-8　分教育程度的生育意愿

问题	选项	文盲半文盲		小学		初中		高中中专		大专以上	
		频数	百分比	频数	百分比	频数	百分比	频数	百分比	频数	百分比
理想孩子数	0 个	2	2.25	1	0.69	4	2.05	5	6.17	5	4.00
	1 个	7	7.87	33	22.76	74	37.95	32	39.51	73	58.40
	2 个	42	47.19	75	51.72	104	53.33	35	43.21	46	36.80
	3 个	23	25.84	19	13.10	7	3.59	8	9.88	0	0.00
	≥4 个	15	16.85	17	11.72	6	3.08	0	0.00	0	0.00
男孩女孩一样吗?	是	53	59.55	95	65.97	155	79.49	66	81.48	94	77.69
	否	36	40.45	49	34.03	40	20.51	15	18.52	27	22.31
只能生育 1 个时，想生	男孩	81	93.10	113	82.48	146	78.92	48	62.34	69	58.47
	女孩	6	6.90	24	17.52	39	21.08	29	37.66	49	41.53

续表

问题	选项	文盲半文盲		小学		初中		高中中专		大专以上	
		频数	百分比	频数	百分比	频数	百分比	频数	百分比	频数	百分比
只能生育2个时，想生	2男	23	25.84	21	10.82	9	4.64	6	7.59	9	7.38
	2女	10	11.24	6	3.09	6	3.09	6	7.59	8	6.56
	1男1女	56	62.92	118	60.82	179	92.27	67	84.81	105	86.07
愿望达不到时的措施	B超和药物	8	9.20	7	4.93	26	13.68	8	10.26	5	4.20
	计划外再生	57	65.52	70	49.30	48	25.26	15	19.23	6	5.04
	就这样算了	22	25.29	65	45.77	116	61.05	55	70.51	108	90.76

4. 分年龄的生育意愿

调查显示，年青一代更容易接受新型生育观念，年老一代的生育观念更为传统。在“理想孩子数”上，大龄组的确高于青年组，如15～19岁的理想孩子数多为1～2个，50～65岁理想孩子数多为2～3个，4个以上的比例也在各组中比例最高（16.04%）。对“男孩女孩一样”的回答，随着年龄的增长，其比例不断降低，可见在性别上，大龄组的性别歧视更明显。当只能生育一个孩子时，选择生育男孩的比例也随年龄增长而增长；但是，当“可以生育2个孩子时”，选择“1男1女”的比例在各年龄组中都最高，且呈随年龄增长而减少之势，可见，“儿女双全”思想在各年龄段都比较突出，但是大龄组受“多子多福”观念的影响，对“2男”的选择率较高(50～65岁为26.42%)。在“生育理想难以达到时的措施”上，年青组比大龄组选择放弃而“顺其自然的”可能性更大，但是在采取干预措施的选择上，年青组采取对出生性别比产生直接影响的“B超和药物”的比例更大，高龄组多选择不会造成出生性别比失调的“计划外超生”手段，这与B超技术在我国1980年才开始普及的客观实际有关，从出生性别比开始失调的时间看，也印证了医疗技术干预对民族地区出生性别比偏高的重大影响，见表3-9。

表 3-9　分年龄的生育意愿

问题	选项	15～19 岁		20～29 岁		30～49 岁		50～65 岁	
		频数	百分比	频数	百分比	频数	百分比	频数	百分比
理想孩子数	0 个	4	6.06	11	4.56	1	0.44	1	0.94
	1 个	31	46.97	117	48.55	58	25.78	13	12.26
	2 个	29	43.94	107	44.40	122	54.22	46	43.40
	3 个	2	3.03	4	1.66	23	10.22	29	27.36
	≥4 个	0	0.00	1	0.41	21	9.33	17	16.04
男孩女孩一样吗?	是	58	89.23	188	78.99	165	73.99	55	51.89
	否	7	10.77	50	21.01	58	26.01	51	48.11
只能生育一个时，想生	男孩	43	70.49	151	66.81	172	80.37	92	87.62
	女孩	18	29.51	75	33.19	42	19.63	13	12.38
只能生育两个时，想生	2 男	2	3.08	8	3.38	31	13.84	28	26.42
	2 女	2	3.08	15	6.33	11	4.91	8	7.55
	1 男 1 女	61	93.85	214	90.30	182	81.25	70	66.04
愿望达不到时的措施	B 超和药物	12	19.05	13	5.60	24	11.06	5	4.85
	计划外再生	13	20.63	45	19.40	81	37.33	55	53.40
	就这样算了	38	60.32	174	75.00	112	51.61	43	41.75

通过上述分析，我们初步得出以下结论：（1）经过 20 余年人口计划生育工作的宣传和实践及其人口素质和生活水平的提高，西南民族地区人们对子女生育的数量要求已大大下降，但“男性偏好”和“儿女双全”的观念仍然强烈；（2）多数人在生育意愿不能达到时会放弃努力，但部分人会采取超生和性别干预等措施实现生育目标，尤其是生男理想，而道德的宽容和伦理的认可使人们免于承受谴责；同时，法律和制度上的缺陷以及执行方面的不足也在一定程度上助长了性别比的攀升；（3）人们“男性偏好”的主要原因是根深蒂固的“传宗接代”思想，其次是随着农村宗族势力的抬头，生

男成为人们增强安全感的需要，而养儿防老和生产劳动需求影响已退居次要位置；（4）从社会性别视角上看，女性处于不利的生存和发展状态下，强化了“男性偏好”；（5）从生育观念的分类比较来看，少数民族、农村地区、受教育程度较低的人口以及年龄偏大的劳动年龄人口的生育观念更传统，表现：在子女数量上，要求多生；在子女性别上，要求男性，且多为达到目的而不断努力，刚性更强。

第四章　西南民族地区出生人口性别比失调的影响与危害

出生性别比严重失调，无疑将给整个国家和社会带来不可估量的严重后果，将其称为影响未来社会安定的一枚隐型炸弹也毫不为过。西南民族地区出生性别比偏高最直接的后果就是婚姻市场失调，一些地方高度集中的婚姻挤压将对人口性别结构产生重大负面影响，进而影响婚姻、家庭的形态和结构。与之相随的一些具体现象如婚配挤压、妇女拐卖、单身未婚者的生理与心理健康、离婚与独身者的养老保险、就业性别挤压、与性有关的伦理失范和刑事案件上升，等等。而这些，又无疑会影响社会的良性运行和经济的健康发展，给西南民族地区的脱贫致富与全面小康建设带来严重干扰，并对西南边疆的社会稳定和国家安全构成威胁，影响民族共同繁荣发展的大局。可以说，其影响之深远、危害之重大，将远远超出人口问题本身①。

一、西南民族地区"婚姻挤压"及其度测

（一）"婚姻挤压"

"婚姻挤压"是指婚龄男性人口或女性人口无法找到配偶的一种婚配困难现象。其有狭义和广义之分，狭义的"婚姻挤压"仅考虑男女人口数量的匹配和男女结婚年龄差规范的规定性，也即仅从人口学影响因素对婚姻市场进行考察；广义的"婚姻挤压"不仅考虑男女人口数量的匹配和夫妻年龄差偏好，也考虑婚姻实施过程中实际存在的社会、经济、文化、种族等各种婚姻规范的规定性。"婚姻挤压"分男性"婚姻挤压"和女性"婚姻挤压"。女性"婚姻挤压"

---

① 田雪原、王国强：《全面建设小康社会中的人口与发展》，北京，中国人口出版社，2004。

一般发生在大规模战争之后，由于婚龄男性人口的大量阵亡导致女性婚龄人口的婚配困难。男性“婚姻挤压”可以是移民性的、产业性的，更多的是性别选择引起的。出生性别比升高后，能否产生实质性的男性“婚姻挤压”则要看年龄结构，如果年龄结构是金字塔形，那么由于性别比失调而过剩的上一年龄组男性人口婚配困难可以通过下一年龄组较多的女性人口而得到缓减，金字塔型和个别年龄组性别比失调造成的婚姻挤压称之为假性“婚姻挤压”。如果年龄结构是倒金字塔型的人口结构，那么上一年龄组过剩男性人口就会过度占用低年龄组的女性人口，而使下一年龄组男性人口产生真正的“婚姻挤压”，持续的出生性别比失调和倒金字塔型的性别比失调导致的婚姻挤压称之为真性“婚姻挤压”①。

本篇讨论的就是由于性别选择导致出生人口性别比偏高所造成的影响和危害问题。我们认为，在一个生育率和年龄结构相对稳定的人口中，每年出生人口及由其决定的各低年龄人口数量将形成一个稳定值，若在此条件下，每年出生人口的性别比持续偏高，在各年龄人口相继进入婚配年龄时，将造成婚配性别比失调问题，导致大量适婚男性未能成婚，即所谓“婚姻挤压”。一般而言，在一个呈正态增长的人口群体中，男女婚龄差的存在，意味着当年适婚年龄男性可以在一个更大规模的人口中寻配，这对出生性别比偏高导致的婚龄性别比失调具有缓解作用；相反，在一个出生人口规模不断缩减的人口群体中，意味着当年适婚年龄的男性要在一个更小规模的人口群体中寻配，婚龄差的存在反而加剧婚姻的挤压度。由于20世纪80年代以来，我国生育率水平不断降低，低年龄组分性别死亡水平已保持在一个相对较低的稳定值，从分年龄性别来看，已经形成了一个“中间大两头小”的橄榄形人口结构。从西南民族地区的人口变动过程来看，20世纪80年代人口出生率波动幅度较大，出生人口基本上呈正态增长。但是，90年代后，出生人口基本上呈负态

① 潘金洪：《出生性别比失调对中国未来男性婚姻挤压的影响》，载《人口学刊》，2007（2）。

增长。婚龄差的存在不但不能对男女数量差异起平衡作用，反而还将加大男女绝对量差异，加剧“婚姻挤压”程度。

（二）“婚姻挤压”度测

为了充分表明西南民族地区因出生性别比失调而导致的未来“婚姻挤压”状况，我们选择具有代表意义的黔东南州和广西为例，进行“婚姻挤压”度的测量。

对黔东南州出生性别比失调而对“婚姻挤压”的度测，首先对分析的视角予以明确。在此我们借助相关研究成果，认为出生性别比长期偏高所形成的男女性人口规模的失调，实际上由“应该多出生”男性和“偏高多出生”男性两部分组成。如果出生性别比偏高，超出正常范围（出生性别比＞107）的出生男性人口就是出生性别比“偏高多出生”的人口。理论上，“应该多出生”的男性人口，在年龄达到成年以前会逐渐消亡，“偏高多出生”的男性则伴随整个生命周期而始终存在。从“婚姻挤压”角度，对应延伸的两个概念则为“应该多出生”男性和“偏高多出生”男性①。

前已有述，黔东南州出生性别比自 20 世纪 80 年代初期开始偏高，且一直不断升高，1989—2005 年，17 年间出生性别比均在 120 以上。但是，要精确计算出由于出生性别比失调造成的男女人口规模差异，需要预先有各年度出生人口规模和出生性别比的详细资料。根据现有的人口普查、人口抽样调查资料不可能获得精确年度出生人口的性别结构，只能通过间接估算获得数据。

假定贵州省第三、第四、第五次人口普查资料，以及 1995、2005 两年的 1%人口抽样调查资料数据是准确的，通过对数据的分析比较，采用线性内插和外推法计算得到每年的出生人口数和出生性别比，见表 4-1。

① 原新：《对我国出生性别比失调人口规模的判断》，见《人口研究》第 31 卷第 6 期，2007。

表 4-1 1980—2005 年黔东南州出生人口规模和出生性别比推算

年份	出生人口数（人）	男性（人）	女性（人）	出生性别比（女=100）	年份	出生口人数（人）	男性（人）	女性（人）	出生性别比（女=100）
1980	81813	42131	39682	106.17 *	1993	76672	42383	34289	123.61
1981	81518	42198	39320	107.32	1994	70930	39029	31901	122.34
1982	81223	42351	38872	108.95 *	1995	93700	40702	33443	131.88
1983	80928	42499	38429	110.59 *	1996	73579	41036	32543	126.10
1984	80633	42638	37995	112.22 *	1997	73013	40663	32350	125.70
1985	80339	42771	37568	113.85 *	1998	72448	40434	32014	126.30
1986	80044	42899	37145	115.49 *	1999	71882	39991	31891	125.40
1987	79749	43019	36730	117.12 *	2000	71316	39774	31542	126.10
1988	79454	43132	36322	118.75 *	2001	72033	39947	32086	124.50
1989	81340	44460	36880	120.55	2002	72750	40730	32020	127.20
1990	87958	47711	40247	123.10	2003	73466	40727	32739	124.40
1991	73209	40150	33059	121.45 *	2004	74183	40992	33191	123.50
1992	76305	41891	34414	121.73 *	2005	74900	42900	32000	134.06

资料来源：贵州省第三、第四次人口普查资料，贵州省 1995、2005 年 1%人口抽样调查资料，黔东南州第五次人口普查资料。注：带 * 号的数据为线性内插和外推数据。

我们以出生性别比等于 107 为标准，在表 4-1 的基础上，根据公式 M/F×100=SRB（M 为出生男性人口数，F 为出生女性人口数，SRB 为出生性别比）计算得到：1980—2005 年期间出生人口性别数量的 178485 人中，属于“应该多出生”的男性人口为 68153 人，占出生人口性别数量差异的 38.18%；出生性别比“偏高多出生”的男性人口为 110332 人，占出生人口性别数量差异的 61.82%。“偏高多出生”的男性人口占出生人口数量差异的大部分。

表 4-2 1980—2005 年出生人口性别数量差异计算 （单位：人）

	按实际性别比	按性别比＝107
1980—2005 年出生人口	2015385	2015385
男性	1087157	1041769
女性	908673	973616
出生人口性别数量差异	178485	
“应该多出生”男性		68153（38.18%）
“偏高多出生”男性		110332（61.82%）

注：括号内数据为占“多出生”男性人口的比例。

因为 1980—2005 年期间“多出生”男性人口的存活数量就是 2005 年 0～25 岁年龄段人口的性别差异，在此假设用 2000 年黔东南州完全生命表的分性别、分年龄存活概率模拟 1980—2005 年出生人口的生命历程，即可得到 2005 年 0～25 岁人口的性别规模差异。即 2005 年 0～25 岁男性人口和女性人口规模合计分别为 1021666 人和 822420 人，男性比女性人口“多出生”199246 人。由于黔东南州 0～3 岁低龄组人口的男性死亡概率低于女性，所以 0～25 岁“多出生”男性人口规模比 1980—2005 年“多出生”男性规模大。以出生性别比为 107 的正常值，2005 年 0～25 岁男性、女性人口分别为 948189 人和 881289 人，“应该多出生”的男性人口为 66909 人，占男性“多出生”女性人口数量的 33.58%，“偏高多出生”的男性人口为 132337 人，占 66.42%，见表 4-3。

表 4-3 2005 年 0～25 岁男性人口比女性人口“多出生”数量 （单位：人）

	按实际性别比	按出生性别比＝107
0～25 岁男性人口	1021666	948198
0～25 岁女性人口	822420	881289
男性比女性“多出生”	199246	
“应该多出生”男性		66909（33.58%）
“偏高多出生”男性		132337（66.42%）

注：括号内数据为占 0～25 岁“多出生”男性人口的比例。

然后假定：以黔东南州第五次人口普查分年龄、分性别存活率模拟 2005 年 0～25 岁人口的生命历程，利用年龄移算法可得：

1. 2020 年 15～40 岁男女人口失调规模。2005 年 0～25 岁人口活到 2020 年的，就是 15～40 岁人口。通过计算得到 2020 年 15～40 岁男女人口规模分别为 990369 人和 802534 人，男性比女性“多出生”187834 人。若按出生性别比为 107 计算，2020 年男性、女性人口分别为 919449 人和 859953 人，“应该多出生”的男性 59496 人，占“多出生”男性的 31.67%，“偏高多出生”男性为 128338 人，占“多出生”男性的 68.33%，见表 4-4。

表 4-4 至 2020 年 15～40 岁男性比女性“多出生”的数量 （单位：人）

	按实际出生性别比	按出生性别比＝107
15～40 岁男性人口	990369	919449
15～40 岁女性人口	802534	859953
男性比女性“多出生”	187834	
“应该多出生”男性		59496（31.67%）
“偏高多出生”男性		128338（68.33%）

注：括号内数据为占 15～40 岁“多出生”男性人口的比例。

2. 2020 年适婚男女人口失调规模。考虑到黔东南州为少数民族地区，且农村人口占全州人口的 78%[①]，早婚人口潜在量较大的地情实际，适婚年龄假定为男性 20～40 岁，女性 20～35 岁。通过计算得到，2020 年 20～40 岁男性人口为 802655 人，20～35 岁女性人口为 538756 人，男性比女性“多出生”263899 人。如果按出生性别比为 107 计算，20～40 岁男性人口为 745835 人，20～35 岁女性人口为 581019 人，“应该多出生”的男性 164816 人，占男性比女性“多出生”的 62.45%，“偏高多出生”的男性 99083 人，占“多出生”男性的 37.55%，见表 4-5（下页）。

---

① 《2005 年黔东南州 1% 人口抽样调查主要数据公报》（第 1 号）。

表 4-5 至 2020 年适婚男性比女性“多出生”的数量（单位：人）

	按实际出生性别比	按出生性别比＝107
20～40 岁男性人口	802655	745835
20～35 岁女性人口	538756	581019
男性比女性“多出生”	263899	
“应该多出生”男性		164816（62.45%）
“偏高多出生”男性		99083（37.55%）

我们进一步测算，2020 年 15～19 岁、36～40 岁年龄段女性分别为 138974 人和 121647 人，共计 260622 人。如果“偏高多出生”的 99083 名男性会势必向下或向上寻找结婚对象，“男大女小”或“女大男小”的婚配状态势必突出。计算可知，若“偏高多出生”男性全部选择在低年龄段寻找结婚对象，该年龄段将有 71%的女性被选取；反之，高年龄段将有 81%的女性被“偏高多出生”男性作为结婚对象。如果，这部分男性在两个年龄段内选取，作为其结婚对象的女性也占总量的 38%，见表 4-6。

表 4-6 至 2020 年 20～40 岁“偏高多出生”男性与 15～19 岁、36～40 岁女性人口规模比较

按实际出生性别比	
15～19 岁女性人口（人）	138974
36～40 岁女性人口（人）	121647
合计（人）	260622
20～40 岁“偏高多出”男性（人）	99083
“偏高多出生”男性占 15～19 岁女性（百分比）	71%
“偏高多出生”男性占 36～40 岁女性（百分比）	81%
“偏高多出生”男性占两年龄段女性（百分比）	38%

从表 4-6 可以看出，1980—2005 年黔东南州出生性别比偏高，已经造成了规模巨大的男性“盈余”或女性“赤字”，测计到 2020 年 15～40岁存活人口中，“偏高多出生”男性 128338 人；在适婚年龄人

口中，“偏高多出生”男性 99083 人，相当于挤压 15～19 岁、36～40 岁女性人口总数的 38%。加上该州多年来外出打工青年婚配女性“嫁出多娶进少”的现实，以及愈演愈烈的“婚姻梯度效应”和婚姻市场的“劫贫济富”现象，使得黔东南州婚姻挤压现象在未来 20 年左右无疑将非常严重，因之而带来的社会问题可能会更为复杂。

再看广西“婚姻市场”拥挤度问题。我们假设死亡率的影响小到可忽略不计，适婚男女的寻配空间仅限于本区域，以“五普”0～18 岁人口代表广西“三普”以来各年出生的人口，并考虑婚龄差为 2 岁的影响，利用广西“五普”资料，我们得出表 4-7。从表中可知，1982—2000 年同龄性别比较高，男女绝对量差值较大；至 1999 年时，同龄性别比达到 129.87，男女差值占男性的比例达 23%；“五普”时，18 岁前男女总性别比为 120.49，男性比女性多 1448272 人，占整个队列出生男性的 17.01%。这意味着如果男性都在同龄女性中寻找配偶，并在理想的初婚年龄结婚，则 1982—2000 年的出生队列将产生约 145 万男性“过剩”人口。以通常的婚龄差为 2 岁进行测度时，1982—2000 年出生男性比女性多 1593014 人，占该期出生男性的 18.7%，意味着 1982—2000 年的出生队列将产生约 159 万男性“过剩”人口。

无论是男性比女性多出的绝对量，还是其所占各年出生量的比例，按婚龄差男女计算的结果都高于按同龄男女计算的结果。分阶段来看，1986 年前，相对性别比低于同龄性别比；之后，相对性别比开始大于同龄性别比。人口增长类型转变的结果：如 1986 年出生人口为 1132595（男 600705、女 531890），1987 年为 1021054（男 615470、女 538316），出生人口开始比上一年减少，可见 1987 年是人口增长曲线的一个拐点。这意味着，此后出生的男性将与比同队列的女性数量更少的女性匹配，“婚姻市场”将更加拥挤。但不管以哪种计算标准，“三普”至“五普”的出生队列步入婚姻年龄时将产生 144 万以上男性“过剩”人口，占该期出生男性总量的 17%以上。

表 4-7 1982—2000 年广西同龄和相对性别比 （单位：%）

年份	男	女	性别比		差值（男～女）		比例（差值/男）	
			同龄	相对	同龄	相对	同龄	相对
1982	474146	372350	127.34	98.63	101796	～6603	21.47	～1.39
1983	459889	378003	121.66	89.40	81886	～54531	17.81	～11.86
1984	558134	480749	116.10	104.93	77385	26244	13.86	4.70
1985	586019	514420	113.92	108.86	71599	47703	12.22	8.14
1986	600705	531890	112.94	126.51	68815	125884	11.46	20.96
1987	615470	538316	114.33	133.60	77154	154774	12.54	25.15
1988	546233	474821	115.04	122.46	71412	100170	13.07	18.34
1989	534470	460696	116.01	152.80	73774	184680	13.80	34.55
1990	527617	446063	118.28	150.98	81554	178165	15.46	33.77
1991	429589	349790	122.81	134.04	79799	109103	18.58	25.40
1992	437760	349452	125.27	147.50	88308	140981	20.17	32.21
1993	395271	320486	123.33	132.92	74785	97887	18.92	24.76
1994	369651	296779	124.55	137.16	72872	100148	19.71	27.09
1995	373662	297384	125.65	143.01	76278	112380	20.41	30.08
1996	341054	269503	126.55	133.81	71551	86167	20.98	25.26
1997	334457	261282	128.01	162.67	73175	128855	21.88	38.53
1998	326920	254887	128.26	122.94	72033	61007	22.03	18.66
1999	267006	205602	129.87	—	61404	—	23.00	—
2000	338605	265913	127.34	—	72692	—	21.47	—
总计	8516658	7068386	120.49	125.21	1448272	1593014	17.01	18.70

资料来源：广西“五普”资料汇编

为了进一步说明问题，我们再看相关权威部门的论述就更知其问题的严重性。广西统计局根据“五普”数据得出结论，认为：“20年后，广西将有20%左右的男青年，可能因为没有适龄女青年而无法结婚，不能过上正常的婚姻家庭生活。”并证实“广西乡村30～39岁未婚大龄已占该年龄男性的12.4%，同龄未婚女性仅占该年龄女性人口的1.1%”①。而从2005年1%人口抽样调查表明：“广西人

① 中安网：《广西出生人口男女比例失调20年后2成男子成光棍》，2004.12.18。

口性别比失调导致男性失婚现象日益明显，15 岁以上未婚男女性别比达到 100∶148，而 30 岁以上未婚人口中，城镇未婚男性占同龄人口的 6.24%，女性为 1.27%，而乡村未婚男性占同龄人口的比例达到 7.21%，女性仅为 0.87%。”① “婚姻挤压”程度可见一斑。

值得一提的是，本文所作的“婚姻挤压”度预测是在封闭人口和婚龄差固定的理想状态下进行的，现实生活中还受到人口流动、各种不同婚龄差异的影响。但是，这种预测对于后果的程度分析和促进社会广泛的重视均具有积极意义。

我们认为，“婚姻挤压”的不利后果将首先在那些出生性别比失调发生早、积累时间长、失调程度深的地区产生，而西南地区社会经济发展落后的现实决定了其应对各种未知社会后果的能力也相应较差。“五普”资料显示，西南民族地区婚龄前人口性别比已经不同程度偏高。例如，广西 0～18 岁人口性别比达到 120.49，该年龄段男女绝对量的差异已达到 144.8 万，农村 30～39 岁未婚大龄男性已占该年龄男性人口的 12.4%；贵州少数民族 0～19 岁人口性别比达到 116.83，比汉族同年龄段性别比高 1.49。事实上，由于多年出生性别比失调而带来的婚姻性别挤压后果已在局部地区开始显现，部分农村贫困地区出现了所谓的“光棍村”。例如，榕江县某侗族聚居村寨，2005 年全村人口 528 人中就有 49 名“光棍”；丹寨县某水族行政村，2004 年 3 月在全村 471 人中，年满 23 周岁的未婚“光棍汉”就有 51 人，这些事例在全国都很鲜见②。贵州某市一称为牌坊的民族村寨，全村共有 2249 人，仅“光棍汉”就有 282 人，其中 30 岁以上的光棍俯拾皆是，40 岁以上的有 60 多个，年纪最大的光棍 65 岁，而与之对应的是同村未婚女青年仅 60 人左右，且都外出务工③。

---

① 中安网：《人口性别比失调调查显示，广西男性失婚现象凸显》，2005.05.24。

② 贵州省 2004 年人口理论课题：《贵州省实施“关爱女孩行动”的调查分析（验收本）》，2005.9。

③ 何海宁：《贵州牌坊村：282 条光棍汉的心灵史》，载《南方周末》，2007.8.16。

二、西南民族地区出生人口性别比失调的影响和危害

（一）对婚姻家庭的影响

婚姻是产生家庭的主要形式，家庭是社会的细胞，家庭的稳定是社会稳定的基础。出生性别比升高可能对婚姻家庭秩序造成一定影响：

1. 引发婚外性关系加剧和离婚率上升的可能。我国传统婚育观和婚育习俗多以维护婚姻的稳定性为目的，如在民族地区，对夫妻关系的确认，社会的认可往往重于法律上的认可。在婚姻关系的解除上，风俗上的阻力往往比办理离婚证困难得多，如黔东南州的民族习惯法中，无论男女谁首先提出离婚，都要首先赔偿对方损失，还会受到社会的歧视。在该州黎平县地坪镇有一块“栽岩”会议确定的碑文相关条款规定：“婚后男女双方不和睦，男不要女者，罚白银十六两，女不愿男，罚白银八两八钱。”① 但是，不难想象，在男女交往越来越频繁的现代社会，这些传统的家庭观念将不断减弱。由于“婚姻市场”缺乏足够的配对女性，大量未婚男性便将寻配的视角延伸到婚内的妇女，这意味着为已婚妇女提供了再次择偶机会，使得引发婚外性行为的概率加大。因婚外恋引发的离婚率上升就是一个很好的见证：重庆市妇联向政协大会提交的一份发言材料显示，2004 年全市登记离婚的比率比上年增加了 54.4%。之后的统计显示离婚率继续保持高速增长，妇联调查显示，35.4%的市民认为，“婚外恋”是家庭解体的罪魁祸首②。而这种现象在省市区所辖的民族自治县也同样突出。如广西南宁市的皮林县，“2002—2005 年离婚案件的数量分别为 143、112、132、144，分别占当年民事案件的 20.14%、21.09%、21.92%、22.84%”，离婚案件的比例总体呈上升趋势，并且占民事案件的较大比例。离婚的原因主要有婚外情、生活矛盾（如婆媳关系、妯娌关系）、长期分居、一方疾病、家庭暴

---

① 伍新福：《苗族文化史》，237 页，成都，四川人民出版社，2000。

② 《重庆离婚率增长 50%家庭暴力婚外恋是主因》，www.zjol.com.cn，2006.1.13。

力等。其中“离婚原因比较集中地体现在婚外情方面”，对该类案件的专项调查分析发现，原告为女性的占多数（占调查案件比例的60%以上）；在因婚外情而离婚的人中，大多数人存在婚前性行为；婚外情因过错方喜新厌旧的占47%，夫妻不和的占18%，第三者主动搭上的占13%，两者原有恋爱关系的占6%①。这是近年来“婚姻市场”缺乏足够的配对女性的客观现实下，社会变迁的加剧对农村青年价值观、生活观撞击和影响的结果。

2. 对家庭功能的弱化。家庭是社会生活的基本单位，西南民族地区的家庭类型尽管日益呈小型化、核心化趋势，但其传统的生育、生产、生活、教育、娱乐等功能仍健全。由于大量适龄男子无法成婚，自然无法通过婚姻来实现新家庭的组建并发挥其各项功能，导致生育功能的弱化，对人口自身发展的可持续性构成威胁；家庭成员的单一化，使得家人的互助能力降低，尤其体现在农业生产和家庭养老功能的弱化；维系家庭关系的血缘纽带和约束力也将大大减弱，造成个人行为的放任和缺乏责任心、进取心；由于总体文化素质偏低、缺乏上进心，将造成新的贫困群体，成为家庭和社会的负担，随着时间的推移，老年“光棍”的养老问题将变得十分突出。我们在黔南州的一个水族自然村调查时，该村几个50岁左右未婚的“光棍”就明显表示出了对未来生活的担忧，对建立社区养老或在农村老人中建立最低生活保障制度流露出了强烈的期盼。

3.“边疆婚姻”问题凸现，引人关注。出生性别比失调问题如果长期得不到纠正，拐卖妇女等严重的社会问题将会重新抬头。跨国婚姻就是一个非常具体的现象，由于长期战争导致的男女比例严重失调，越南男少女多的现象突出，男女性别比降为49∶51②，部分地区更加严重。而广西出生性别比长期偏高引起了男多女少的现象，跨国婚姻弥补与调节了两国性别比失调的需求和矛盾。据统计，

---

① 韦福龙、韦姗婷：《浅析上林县近年来离婚案件增多的原因及对策》，广西县域经济网，2006.4.10。

② 罗文青：《和平交往：广西边境地区跨国婚姻问题探讨》，载《广西师范大学学报》（哲学社会科学版），2006（1）。

广西大新、龙州、凭祥、宁明、东兴5个边境县市2006年共有5018对跨国婚姻[①]。这种婚姻固然具有利于婚龄性别比例失调的缓解，促进边民和平交往与和谐的一面，但是它造成的消极影响也不容忽视。由于迎娶对象是非法入境者，或难以承担跨国婚姻手续费用，使得非法同居成为普遍现象。调查显示，1985年以来，崇左市与越南通婚的4436对夫妇中，所辖的大新县仅2对、凭祥县仅1对到当地政府办理手续[②]。非法同居不仅使当事者得不到法律保障，子女教育和成长受到影响，而且对西南民族地区生育秩序造成了干扰。同时，双方以走亲访友为名从事贩卖人口、走私、贩毒等。在上述5个边境县中，1989—1995年，东兴县的“京族三岛”约20%以上的女子是通过被拐卖过境到中国而成婚的[③]。近年来，这种现象呈逐渐增多之势。在2005年7月1日至8月31日广西与越南警方联合开展的打击跨国拐卖妇女儿童犯罪专项行动中，共破获跨国拐卖越南妇女儿童案件27起、抓获犯罪嫌疑人37名，其中越南籍犯罪嫌疑人17名，打掉犯罪团伙12个，解救被拐卖的越南妇女105名，成为广西年度公安十大新闻之一[④]。上述违法犯罪活动给边境地区的社会治安和边境贸易带来不利影响。

4. 造成相关民族婚俗的扭曲。在多数民族地区，过去都有“抢婚”的习俗，这是一种因外界反对而具有私奔性质的婚姻，体现了民族婚恋的自由，后来作为一种习俗更多地具有象征意义，是对这种合理习俗的维系，也通过娶亲的困难来体现女性的矜持和高贵。然而，抢婚的原始意义也具有父系强权的一面，是母权没落、父系兴起原始社会末期的遗风，有的地区曾经发生过以“抢亲”为名强娶豪夺的情况，部分民族地区曾以碑文的形式对其加以禁止。如在

---

① 罗文青：《和平交往：广西边境地区跨国婚姻问题探讨》，载《广西师范大学学报》（哲学社会科学版），2006（1）。

② 同上。

③ “重庆离婚率增长50%家庭暴力婚外恋是主因”，www. zjol. com. cn，2006. 1. 13。

④ 黄璐：《中国警方遣返37名被拐越南妇女被拐妇女低龄化现象日益严重》，法制网广西频道，2005. 9. 30。

黔东南州雷山县永乐乡，有一块立于1939年2月15日的“苗族婚嫁财礼碑”，碑文曰：“兹将丹、八两属联界邀集各甲长级父老等进行决议，规定财礼不得多取，所有婚姻自由，不得强迫女方成婚，尚违当众决议规定条例，多取及强迫者，均以碑章证，否则天诛地灭，永不发达。”① 如今，我国已将婚姻必须双方自愿、不违反对方意志的基本原则上升到了法律高度，如我国《婚姻法》第三条、第五条明确规定：“禁止包办、买卖婚姻和其他干涉婚姻自由的行为”“结婚必须男女双方完全自愿，不许任何一方对他方加以强迫或者任何第三者加以干涉”。出生性别比偏高是女性地位偏低的反映，大批大龄未婚男性的存在和适婚女性人群的缺乏，必然增加“婚姻市场”的竞争，这难免会出现个别莽汉匹夫带犯罪性质的强娶豪夺，对传统的抢婚习俗实际上是一种扭曲。例如，在贵州“民族村寨博物馆”雷山县朗德村，据统计，到目前为止郎德村“抢婚”发生5例，90年代前3例、90年代后2例，都对婚姻当事人造成了不同程度的侵害。其中，1992年该村青年陈某利用邻村女青年杨某到本村走亲戚之机，想把两人三年的“游方”经历变为结婚事实，就将她带至家中，杨某不从，陈某家人就将家门栓上，硬将其儿子和杨某推进卧室，并将门锁上。之后，陈家立即邀亲友，操办了婚事。在陈某“洞房”度过了半个月的杨某逃出去后，遂告陈某强奸罪，陈某被绳之以法②。扭曲的“抢婚”习俗因违背当事人意愿成为违法的无效婚姻，对女性合法权益造成了严重伤害。在这一点上，应该正视出生性别比失调造成的“婚姻挤压”对其产生的影响。

5. 使女性进一步沦为简单的“生育工具”。家庭是以婚姻、血缘和收养关系组成的基本生活单位。亲子关系是家庭关系的核心纽带，费孝通先生认为，夫妇和亲子是维持家庭结构的基本三角③。生育不仅是个人的基本权利，也是人口与社会稳定可持续发展的基本条件。

---

① 雷山县志编撰委员会：《雷山县志》，贵阳，贵州人民出版社，1992。

② 文新宇：《苗族婚姻礼俗及其与婚姻法的冲突——贵州省黔东南州雷山县上朗德村苗族婚姻状况调查》，中国西部经济法律网，2004.3.30。

③ 费孝通：《生育制度》，北京，见北京大学出版社，1998。

而当前人们为了生育后代尤其是生育男孩，随着医学技术的发展和其他一些复杂因素诸如经济、时间、生理等的影响，出现了“代孕”的社会现象。“代孕”的概念最初是由医学界提出来的，它是人工生育技术的一种，实质上是“试管婴儿”技术的延伸。具体是指，在需求女方无法正常怀孕的前提下，将其卵子（或供卵）与丈夫的精子（或供精）在体外试管中人工授精，结合成受精卵，再进行人工培育形成胚胎，植入“代孕”母体内，在代孕母体子宫内完成整个孕育过程并顺利生产的过程①。目前，而我国现行法规对“代孕”持否定态度。卫生部2001年2月20日颁布的《人类辅助生殖技术管理办法》第三条规定：“任何医疗机构及医务人员不得实施任何形式的代孕。”② 但是对“代孕”的主体、客体及内容、相应的法律关系等在法律上还是一片空白，对“代孕”还没有禁止性规定，对“代孕”产生的纠纷（如争夺抚养权）还没有专门规定。在伦理道德上，“代孕”是通过从体外受精的方式怀孕，代孕者与提供精子者之间、孩子与生母和养母间的关系如何定位，遭遇了前所未有的道德困境。“代孕”一般在经济发达地区比较普遍，但对西南地区而言，不排除在强烈的“男性偏好”下，人们为达到传宗接代目的而采取“借腹生子”（该处专指儿子）的情况。这与封建社会的纳妾有相似性质：如纳妾者一般是经济富裕、拥有特权的地主、贵族等阶层，“借腹生子”是以当前我国出现的比较明显的贫富差距为基础的，纳妾和“借腹生子”的一个重要目的都是为传宗接代。而在西南少数民族地区，纳妾的现象是古已有之的现象。国家（中央）民委建国初对从江县苗族的社会历史调查揭示，当地如果妻子不生育或有女无子，男方年过40后可以纳妾③。黎平县地坪镇的“栽岩”碑文第9条规定：“婚后无育，双方同意，经寨老裁决可以离婚，其财产，男的归男，女的归女。离婚后男婚女嫁互不相干。”④ 现实社会中，大量代

① 郑莉：《代孕法律关系初探》，见《景德镇高专学报》，第22卷第1期。
② 同上。
③ 贵州省编辑组：《苗族社会历史调查》，86页，贵阳，贵州人民出版社，1986。
④ 伍新福：《苗族文化史》，237页，成都，四川人民出版社，2000。

孕“母亲”来自农村或西部经济落后地区，这将加剧社会的不平等，使女性进一步沦为简单的“生育工具”，这又不能不说是“男性偏好”下女性地位的一种倒退。

6. 加剧贩婴现象，“生育责任（生育行为对孩子、家庭和社会的责任）伦理”沦落。20 世纪 90 年代的市场经济时期以来，贩婴现象明显增多，被贩卖的对象以女婴为主，并形成了细密的作业网络和组织，如 2003 年 3 月，广西玉林市打掉的贩卖女婴团伙，仅抓获的涉案人员就有 112 人，包括 5 个贩婴团伙[①]。女婴（而非男婴）之所以成为商品，是歧视性“性别文化”和规制不健全的市场经济相遇结出的“怪胎”[②]。在歧视性“性别偏好”下，以生男为目的的超生行为体现为“生男即止”，其间将产生非意愿接受的女婴出生，在市场经济条件下，这在一定程度上成为女婴贩卖的供应源，个别西南民族地区农村还存在靠生孩子致富的极端例子。贩婴是性别歧视和经济贫困的结果，但实质上是生育责任沦落的一种“道德贫困”。贩婴首先剥夺了女婴的亲情享受权，不利于其成长和人格健全，衍生出被抛弃的愤怒和对生活的冷漠；其次，因剥夺了女婴的身世知情权，女孩长大后与自己的同胞兄弟结婚而导致近亲结婚悲剧的可能性也是存在的。

（二）对社会治安和社会稳定的影响

1. 产生不良社会风气和畸形社会心态

如果大龄未婚男性在人群中的数量达到一定规模时，便自发形成一个特定的“光棍”群体，随着大龄未婚男性数量的扩大，未婚对适婚人群来说不再是暂时的，那些聚居于农村的贫穷、技能和受教育水平低的男子势必远离婚姻的殿堂，迫于生理的需求，人们会加大搜寻的力度和范围，将触角延伸到已婚者、大龄者、未成年者当中，引起婚外恋、跨龄婚等所谓的“丑事”，甚至诱奸、强奸等犯罪行为。在遭遇寻配的多次挫折后，人们会逐渐认命，即将自己定

---

① 玉林市委市政府：《下大决心花大力气切实抓好综合治理出生性别比工作》，《广西综合治理出生性别比升高问题工作会议发言材料》，2004.6.22。

② 穆治锟：《生育责任论——贩婴现象分析》，载《广东社会科学》，2004（3）。

位为“光棍”这一角色群体的一员而放弃努力。而社会也会对他们的价值观念和行为方式逐步形成某种“先入为主”的刻板印象。在农村，迫于选择空间的狭窄，将使买卖婚、骗婚、指腹婚、童养媳等落后习俗再度泛滥；同时，面对偌大的性需求市场，将促进性服务行业以及黄色文化的滋生、蔓延，腐蚀乡村社会风气，阻碍社会主义精神文明进步。

“婚姻市场”具有“优胜劣汰”的性质，即那些贫穷、技能和受教育水平低的男子将结不了婚，他们在社会经济的底层形成一个固定的“光棍”阶层。娶妻的基本需求不能得到满足，对个人自尊心是一种伤害。婚配困难的现实，已经对大龄未婚者的生活方式、思维习惯产生了日积月累的影响，跟其他人相比往往自惭形秽、自我贬斥，具有强烈的自卑感、失落感和无用感。娶不到妻还会影响到社会对他们的评价，甚至失去社会对他们的尊重。调查发现，人们对光棍的总体印象颇具否定或歧视色彩，他们认为光棍一般“文化低、年龄偏大、经济困难、相貌丑、身患疾病或残疾、性格内向、能力差、懒惰、得过且过等”。内外双重压力下，容易形成强烈的被剥夺感和难以排解的怨天尤人心理，积累成反社会和仇富心理，甚至产生极端行为。下面是一则光棍畸形心态下产生越轨行为的典型案例：据“重庆晚报”报道，2007年8月15日，酉阳县某村一大龄光棍手持双刀，接连砍倒23个村民，并烧毁房屋2栋，导致两人身亡，伤者包括4个月大的婴儿。据村民介绍，村里人平时不大答理他，没人跟他说话，也没有人给他介绍对象。对于杀人动机，分析人士认为，这是大龄光棍心理调适不当引起的某种人格障碍，导致偏激，走向极端①。这则案件是一个光棍畸形心态导致严重后果的极端例子，身后隐含着一个深刻的社会问题。目前，西南民族地区光棍人群正在加大，在城乡“二元”社会下，婚姻竞争市场的掠夺性使人口流动中的大量农村女性外嫁，部分地区还出现了富人包养情妇、穷人无妻可娶的现象。由此导致的这种畸形心态扩散的危险及

---

① 《重庆晚报》，2007.8.17。

其后果不得不引起应有的重视。

2. 增加大龄未婚男性为主的暴力犯罪

一般来说，大龄未婚男性大都缺乏坚定的人生目标和社会责任感，也缺乏明确的政治信念。因此，他们大都考虑自己的眼前要求和现实利益能否实现和得到满足，于是，怎样对自己有利就怎么做，谁给自己好处和谁给的好处多就替谁办事，成为部分大龄未婚男性的为人处事信条。过去，"一人吃饱，全家不饿"价值观在主流文化看来，是缺乏社会责任感，缺乏承担责任能力的体现，但在大龄未婚青年中，被奉为"洒脱"的信条。由于光棍一般文化素质低、劳动技能差，往往就业无门、致富无路，加上缺乏社会责任感和劳动参与积极性不高，多数可能滑向贫困的边缘，受生活所迫的部分人可能采取非法或投机的途径，如小偷小摸、抢劫、从事黄赌毒行为等；迫于生理性需求，可能导致强奸犯罪率的上升。

在大龄未婚男青年较集中的地区，一些别有用心的组织或者个人通过施与小恩小惠的途径，拉拢引诱他们加入团伙，教唆他们从事违法犯罪活动。而一些大龄未婚男性也往往在狭隘的江湖义气观念支配下，认为自己无牵无挂，无后顾之忧，进而不顾是非曲直，不计社会后果而铤而走险。例如，贵州榕江县 2001 年被取缔的带黑社会性质团体"安帮"，其骨干成员由城乡无业大龄青年组成，通过拉帮结伙的形式使其成员达到 80 多名[①]。据介绍，该组织成员以滋事生非、好勇斗狠程度和出入派出所次数论帮会排行，社会价值观念与主流观念完全相背离。帮会自成立以来，经常参与聚众斗殴、抢劫活动，扰乱社会治安。

对一个社会来说，亲情、爱情是调节冲突和社会矛盾的润滑剂，在面对冲突和矛盾时，没有家室的"光棍"更容易冲动和敢于冒险。近年来，未婚男性性犯罪、严重伤害罪、抢劫杀人等重大刑事案件的发案率呈上升趋势，在犯罪时，往往缺乏普通人的罪恶感，而是为达目的不顾一切，不计后果。有时甚至会因鸡毛蒜皮的小事拔刀

---

① 榕江县年鉴编撰委员会办公室：《2002 年榕江县年鉴》，贵阳，贵州人民出版社。

相向，不惜伤害对方身体甚至性命，严重影响了社会治安。

3. 对社会稳定带来威胁

不良群体情绪往往能在一定程度上激化社会矛盾，在日常生活中，某个社会群体情绪的产生往往和这个群体的主观心理感受联系在一起，即某一群体感到社会对他们怎样，这个群体就会产生怎样的社会情绪。当一个人未能正常婚配时，往往的感受就是得不到社会的接纳和承认，从而难免在这个群体内部滋生社会不公的情绪。当这一情绪只是极个别的心理感受时，有可能激发个人的奋斗激情，但多数时候是他们在对社会的不满情绪下无奈的压抑，有的靠喝酒、抽烟、闷睡等方式来排解或逃避，以致作为社会生活中的弱势群体，在人们眼中他们可能只是一些老实本分的良民。个体状态下的不良情绪如果压抑得过久过深，最多会导致一些影响较坏的性犯罪，而一般人很少真正将其与出生性别比的失调联系起来。但是，在群集状态下，大龄未婚问题影响社会稳定的可能性又是存在的。据预测，我国未来的光棍人群在 20 年后可能达到 3000 万左右，其总量将占婚龄段人口的 1/10 以上。从光棍产生的根源上看，其分布是不可能平均的，这部分人群将是处于社会最底层和最边缘的群体，例如，边远贫困农村地区、受教育程度较低、家庭经济状况较差的男性，在地区上，将会在落后地区、农村地区大量集聚，并具有共同的身份和需要。当一种亚文化为维护自身利益和证明自己存在的合理性而采取一些偏离主流文化所规定的行为规范时，很可能成为一些社会越轨行为的思想基础。处于社会底层的大龄未婚者，为提高他们的社会地位，会通过暴力和犯罪的方式联合起来。根据我国社会史学家的研究，大龄未婚男性一直是我国历史上许多秘密帮会、土匪团伙、邪教组织等的主要社会基础。在日常活动中，他们表现出来的是对公共利益、公共秩序、公共财富的破坏与掠夺，以走私、赌博、绑架、贩毒、开妓院、贩卖人口、欺行霸市等为主要生存方式，多具有反社会的性质①。地处边疆地区的西南民族地区，近年来各种

---

① 刘中一：《大龄未婚男性与农村社会稳定》，载《青少年犯罪问题》，2005 (9)。

相关性帮会、团伙、组织性质的犯罪事件已有一定体现，这可从近年来公安机关展开的系列打黑除恶专项活动中破获的系列黑社会性质的犯罪集团案件中反映出来。如贵州黔西南州兴义市以邓军为首的带有黑社会性质的犯罪组织，黔南州以刘再友、柯勇等为首的黑社会性质的犯罪团伙成员均达二三十人以上，成员多为城乡地区无业青年，在其存在期间，从事大量恶性犯罪活动，极大破坏了社会经济生活的正常秩序[①]。一例典型案件是云南省绍通市范泽忠为首的黑社会团伙案。该组织以首犯范泽忠利用自己林业公安稽查队队长的特殊身份，承诺手下干了违法犯罪的事他能保出来，采取出钱供他们吃、喝、玩、乐和给零用钱等手段，以宋逢源、王傲、陈思学三人为基础，网罗劳教解教人员、社会无业人员、在校学生数十人，为团伙制定了“不能跳槽、跳槽者死”等规矩。同时，非法开办“恺撒歌城”，组织妇女卖淫获取经济来源，并将该歌城作为吃、喝、玩、乐和拉拢、发展组织成员的据点，形成了以范泽忠为首，宋逢源等为骨干，常庆等为成员的黑社会性质组织。在 2004 年 5 月至 2005 年 9 月期间，有计划、有领导、有分工地大肆进行从事故意杀人、故意伤害、聚众斗殴、寻衅滋事、组织妇女卖淫、敲诈勒索等违法犯罪活动，称霸一方，为非作歹，欺压残害群众，严重破坏了当地社会、经济、生活秩序。该案由公安部挂牌督办、云南省公安厅特别督办，在一审公开宣判，首犯、同犯共 33 名被告人被分别判处无期徒刑、有期徒刑、罚金等。据称，该案是云南省自新中国成立以来最大的黑社会团伙案[②]。类似事件已成为近年来与大龄未婚男性聚集相联系的相关苗头性事件。

4. 对边疆安全有一定影响

在 2000 年的世界经济论坛上，美国国务卿鲍威尔曾说：“我们必须战胜贫困、战胜失望、战胜绝望。”“我们要对那些可能走向恐

---

① 张仁东：《黔南州中级法院公审黑社会性质的犯罪团伙》，http：//www. chinacourt. org，2003. 3. 26。

② http：//club. learning. sohu. com/r—police—651423—0—1—0. html。

怖主义的人们表明，还有其他更好的路走。”这是最简明的非传统安全领域的思维。其实，在非传统安全领域，我们面临的不仅仅是贫困的威胁，其中还包括人口安全，以及由此引发的犯罪和跨境犯罪。而对国家人口安全产生影响的结构性硬伤有：老年化问题、出生残疾问题、出生性别比失调问题。而其中出生性别比失调引发的系列社会问题，将持续威胁国家安全发展。

西南民族地区是我国主要的民族聚居区，又是我国边疆地区，这一地区的经济发展、社会稳定事关我国社会稳定和国防安全。边疆是一个地理概念，又是一个历史概念。历史上，封建统治者将西南视为政治统治“中心”到“域外”的过渡区域，是由治向不治过渡的特定区域①。在特定的自然、经济、文化环境下，西南民族地区出生性别比失调对我国边疆安全的危害极其敏感。在广西交界，边境跨国犯罪活动十分猖獗，边境地区境内一些不法分子相互串通，进行持枪抢劫、跨国盗窃、绑架和拐卖人口等犯罪行为，严重影响着边境群众生活的稳定②。其中，绑架和拐卖人口是一项比较突出的犯罪类型，在累积了大龄未婚男性的地区，形成了一个偌大的性需求市场。犯罪分子看中了这个所谓的“商机”，以及边界地区跨境犯罪活动的“便利条件”。相关资料反映，被害人多是被人贩子采用麻醉、绑架、胁迫等手段控制人身自由后再被贩卖到中国境内，2005年解救和遣送的37名受害妇女儿童中，就有12名是被麻醉后拐卖来的。大部分受害妇女被拐卖到边境和内地一些城镇的小旅社、酒店、发廊、茶楼从事卖淫活动。而作案成员结构更趋复杂，团伙作案日益增多。犯罪嫌疑人中既有中国人，也有越南人。两国的犯罪嫌疑人分工明确，从绑架、拐骗，到中转、运输、贩卖、控制卖淫形成一条龙作业，形成有组织的跨境犯罪活动，社会影响较坏③。

民族团结和民族共同繁荣是我国一项基本国策。西南民族地区

---

① 方铁：《西南通史》，北京，中国古籍出版社，2003。

② http：//www.qianlong.com/2007.1.18。

③ 马权岭、魏宇：《拐骗少女案系列资料》，新华网，2003.6.19。

的出生性别比失调不仅影响边疆地区的社会稳定、经济发展，还将破坏国家法制文明，阻碍国家民族政策的顺利实施，各种因素交织在一起，加大了西南民族地区与其他地区的差距，不利于民族共同团结和繁荣，从而影响边疆稳定。同时，在发达地区的吸引下，西南民族地区的人口流出增多，以女性外嫁为主的跨省婚姻也逐年增加，这客观上造成对民族地区的“婚姻掠夺”，由此引发的不满情绪，甚至暴力排外等行为不能不说是影响民族团结和边疆安全的一个隐患。此外，作为边疆地区，西南民族地区本身的社会稳定对我国边疆安全具有极其敏感的影响，不排除敌对势力借人口问题制造混乱的可能性。最后，国际上部分别有用心者可能以我国边疆地区出生性别比问题为论据，鼓吹“光棍乱国”、“构成对国际安全的威胁”① 观点，利用人口问题挑拨我国边疆问题，散播“中国威胁论”。应当对大龄未婚问题的后果充分估计，但是不主张对该问题言过其实、草木皆兵。对待大龄未婚青年，一方面不应回避他们容易对正常的社会秩序可能造成威胁的事实，另一方面不要先入为主地把大龄未婚青年看成影响社会稳定的必然因素。应认识到贫困是造成这些不利影响的根源，同时，对他们的弱势地位和遭遇给予充分重视。

（三）损害女性权益、影响性别平等

社会性别是社会基于生理性别的差异，在政治、经济、文化等领域，对男女两性的行为、角色进行不同标准的规范和塑造的产物。自 20 世纪 80 年代以来，社会性别视角已成为中国学术界中一个不可忽视的学术视角和方法，它要求重新评估和认识两性关系，用性别的眼光审视被制度化的社会性别角色模式，以及无处不在的性别歧视，树立全新的性别观念。有学者曾经假设，如果男子很难找到配偶，将导致妇女更高的社会地位和最终达到出生性别比平衡，例如，弃婴的数量将会减少，从而使对女性的虐待现象减少。然而，即便在一定时期中女性因相对“稀缺”能得到某种暂时的“好处”。但是，决定女性地位的并非其在“婚姻市场”上的紧缺与过剩与否，

① 中华网：《光棍太多会导致社会不稳定吗》，http：//view. QQ. com，2004. 8. 10。

而是她们的社会和经济地位，这决定了处于弱势地位的女性将是最大的受害者。

首先，性别选择和溺弃女婴行为剥夺了女婴的生命权。在法律上，“公民的权利始于出生，终于死亡”，说明只有出生以后的人，才能享受作为一个“人”的基本权利，而部分堕胎行为是合法的。但从社会性别平等和保障基本人权的意义上说，这是对那些未出生的女婴生命权的严重侵害，而溺婴和弃婴则是直接的杀人行为，是对女婴生命权的非法剥夺。

其次，损害女童的生存权和发展权。西南民族地区多数人具有“二胎”生育权，在家庭内，由于家庭资源的不足，家庭投资和照料都向男孩倾斜，女孩往往在生活照料、接受教育、医疗保健等方面都处于不利地位。对广西南宁市5岁以下的儿童死亡状况的分析显示男童死亡率明显高于女童，这与其他研究结果一致，但是，城市5岁以下儿童死亡率和女童死亡率分别为8.3‰和6.36‰，差异具有显著性（X_2＝4.0387，p＝0.0445），而农村5岁以下儿童死亡率和女童死亡率分别为15.25‰和14.34‰，差异无显著性（X_2＝1.5395，p＝0.2147）。说明女孩已得不到应有的护理，面临死亡威胁的可能性更大[①]。再如，2004年3月贵州黎平县水口镇在流出地配合下，从广东佛山使外出打工的55名少年返乡复学，其中就有女童50名，占91%[②]，性别歧视下的女童发展权的剥夺可见一斑。这使得女性综合素质低于男性，在未来的生活竞争中处于弱势地位。

再次，对育龄妇女身心健康的伤害和发展的限制。出生性别比偏高首先给育龄妇女带来了生育的压力。计划生育有效地降低了生育率，把妇女从生育和抚养子女的负担中解放出来的同时，严格的计划生育政策也对妇女的身心产生负面影响。在出生性别比偏高的地区，家庭对男孩具有强烈的需求，这对育龄妇女必定要生一个儿

---

① 曾礼：《广西南宁市5岁以下的儿童死亡状况的分析》，载《中国社会医学杂志》，2006（3）。

② 贵州省人口和计生委：《贵州省“关爱女孩行动”工作资料汇编》，2004。

子的压力也最大。在当前针对出生性别比偏高的政策限制下，实现生男目标会在很多方面与生育政策发生冲突，妇女则处于家庭的生男压力与政策法规的少生和不选择压力之间。为了在有限的生育数量内实现生育性别理想，妇女往往要设法绕开管理的限制，选择胎儿性别。人们进行性别鉴定时，一般很少顾及女性的健康状况；在溺弃女婴或送养女婴时，也很少过问其情愿与否，而有些女性根本就把为夫家生育一个男孩作为了自己人生的责任和目标，对这个家族的要求只有附和的命运。胎儿性别选择性人工流产不可避免地影响到妇女的身心健康。出生性别比偏高主要是产前性别鉴定和流产的结果。例如，B超鉴定胎儿性别至少需要妊娠4个月时才能进行，而大部分流/引产会使妇女面临更大的健康风险。出生性别比偏高则是社会性别不平等的一个具体表现，它限制了妇女和女童的发展，危害妇女的健康，也会使占人口一半的妇女和女童的发展机会受到限制，将会影响整个社会的协调发展，使整个社会乃至每个人付出代价，降低所有人的生活质量。

最后，将增加女性的各种违法犯罪活动。由于女性数量绝对不足，女性物化和商品化现象，以及童婚交换、买卖婚姻、拐卖妇女等封建丑恶婚姻现象将陈渣泛起；由于女性短缺，非婚性需求增加，卖淫嫖娼和性犯罪将难以消除，艾滋病和性病的传播和扩散对女性的健康发展将形成严峻挑战。女性将成为直接受害者和出生性别比失调的牺牲品。

文明社会是男女两性都能获得平等发展的社会，是维护社会性别平等和公正的社会。就西南民族地区而言，性别文明建设还有很长的路要走，它一方面是出生性别比失调的根本原因之一；另一方面可能因为出生性别比失调进一步加剧。

（四）带来其他人口问题

出生性别比失调是伴随人口生育率下降和人口老龄化而出现的，是西南民族地区“控制人口数量，提高人口素质”的问题还未得到根本解决时，出现的一个突出的人口问题，诸多问题交织在一起，形成恶性循环。

首先，从近期来看，以性别选择为目的的多生和超生现象，将扰乱我国生育秩序，影响低生育率水平的稳定，加大计生工作困难。西南地区是少数民族聚居区，人们为了生男孩，必然导致非婚生育、婚外生育和重新组合家庭以及人口流动中“逃生”、“超生”，引起生育秩序的混乱，使来之不易的低生育水平受到威胁。这将加大人口计生部门的压力，一方面，计生部门忙于控制人口数量的增长，稳定低生育率水平；另一方面又要将伴随生育率下降而出现的人口老龄化、出生性别比上升等问题纳入工作范围。这对计划生育基层人才队伍业务素质、医疗卫生服务能力、专项资金保障问题、管理考核制度运行、与其他部门协作综合治理等都提出更高要求，在西南民族地区基层计生软硬件建设水平还不高的客观现实下，出生性别比失调问题的出现与治理对人口计生工作提出了新的挑战。

其次，对人口质量的提高造成不利影响。人口素质包括身体素质、文化素质和思想道德素质。在生殖健康上，由于人们强调子女的性别重于质量，经常性胎鉴、堕胎、土法接生、大龄生产等手段不仅危害妇女健康，而且降低出生的婴儿的整体质量；在子女培养上，受“重男轻女”和“女子无才便是德”观念的影响，在家庭教育资源投资上不仅趋向于男孩，而且倾向于对女孩投资的削减，这势必降低女性人口文化素质，进而造成人口素质的总体下降。

再次，出生性别比偏高出现的大龄未婚状态，意味着家庭生育功能的弱化甚至消失。一方面由于金字塔底部的进一步萎缩，提高了老年人口在总人口中的比例，加剧了我国老龄化趋势，加剧了社会负担；另一方面，从长远来看，对家庭和整个社会而言，将会影响人口自身生产的可持续性，影响人力资源的供给，进而影响经济社会的进一步建设和发展。虽然在未来很长一段时期内，人口数量过大仍然是我国人口问题的主要方面，但是人口性别结构导致的人口非可持续性的剧烈转变的可能性是存在的。目前俄罗斯正面临人口负增长带来的种种困境，这应当作为我国一个前车之鉴给予充分考虑。

第五章　西南民族地区治理出生人口性别比失调的实践及绩效评价

一、国家层面治理出生人口性别比的政策法规与实践概略

“五普”以来，我国出生人口性别比的偏高问题引起学界、地方政府和社会的高度关注。解决出生性别比偏高问题也逐渐被纳入国家政策体系当中。1980 年 9 月，中央《关于控制我国人口增长问题致全体共产党员、共青团员的公开信》要求“广大党团员带头一对夫妇只生一个孩子”，同时要求“克服重男轻女思想”，并得到广大党团员及群众积极响应。2000 年 3 月，中共中央、国务院《关于加强人口与计划生育工作稳定低生育水平的决定》指出，严格控制人口增长的政策在一些农村地区可能导致男女出生性别比例失调，但出生性别比失调这一现象的深层因素是社会经济不发达，是传统的“重男轻女”、“传宗接代”等观念在起作用。在深层次原因未得到根本解决的情况下，如果以放宽生育率为条件来改变出生性别比，其作用不仅有限，而且还有害。进一步稳定低生育水平有助于最终解决男女出生性别比失调，治本重于治标。在 2004 年中央人口资源环境工作会议上，胡锦涛将出生性别比升高问题列为人口和计划生育工作要集中力量抓好的三件大事之一，强调要高度重视出生性别比升高问题，开展必要的专项治理活动，要加大宣传力度，深入开展“关爱女孩行动”，提倡男女平等、少生优生的社会新风。完善政策体系，解除生育女孩家庭的后顾之忧。加强责任制，把人口数量指标和性别比的指标统一起来考核，力争通过 3～5 年的努力，使出生性别比升高的势头得到遏制。

我国政府在出生性别比失调综合治理的立法方面给予了相当程度的重视。1994 年 10 月 27 日通过的《母婴保健法》明确规定禁止鉴定胎儿性别。其中第 32 条规定：医疗保健机构依照本法规定开展

婚前医学检查、遗传病诊断、产前诊断以及施行结扎手术和终止妊娠手术的，必须符合国务院卫生行政部门规定的条件和技术标准，并经县级以上地方人民政府卫生行政部门许可。严禁采用技术手段对胎儿进行性别鉴定，但医学上确有需要的除外。第35条规定：未取得国家办颁发的有关合格证书的，有下列行为之一，县级以上地方人民政府卫生行政部门应当予以制止，并可以根据情节给予警告或处以罚款：（一）从事婚前医学检查、遗传病诊断、产前诊断或者医学技术鉴定的；（二）施行终止妊娠手术的；（三）出具本法规定的有关医学证明的。2001年6月20日，出台并实施的《中华人民共和国母婴保健法实施办法》第22条明确规定，严禁采用技术手段对胎儿进行性别鉴定。第40条规定，医疗、保健机构或人员未取得母婴保健技术许可，擅自从事婚前医学检查、遗传病诊断、产前诊断、终止妊娠手术和医学技术鉴定或者出具有关医学证明的，由卫生行政部门给予警告，责令停止违法行为，没收违法所得5000元以上的，并处以所得3倍以上5倍以下的罚款；没收违法所得或者违法所得不足5000元的，并处以5000元以上2万元以下的罚款。

2001年12月29日通过，2002年9月1日开始实施的《中华人民共和国人口与计划生育法》是我国首部以立法形式确定计划生育工作地位的法规。其中第三十五条规定："严禁利用超声技术和其他技术手段进行非医学需要的胎儿性别鉴定；严禁非医学需要的选择性别的人工终止妊娠。"

2002年国家11部委联合发布的《关于综合治理出生人口性别比升高问题的意见》，明确了宣传、计生、教育、公安、民政、劳动、农业、卫生、统计、药监、妇联等各相关部门在综合治理出生性别比升高问题中的职责。2003年1月1日实施的国家计生委8号部长令《关于禁止非医学需要的胎儿性别鉴定和选择性别的人工终止妊娠的规定》制定了确保胎儿性别比正常的具体管理措施。《规定》第三条规定：禁止非医学需要的胎儿性别鉴定和选择性别的人工终止妊娠。未经卫生行政部门或计划生育行政部门批准，任何机构和个人不得开展胎儿鉴定和人工终止妊娠手术。法律另有规定的除外。

第六条规定：实施医学需要的胎儿性别鉴定，应当由实施机构 3 人以上的专家组集体审核。经诊断，确需终止妊娠的，由实施机构为其出具医学诊断结果，并通报县级人民政府计划生育行政部门。第七条规定：符合上属条件的，已领取生育服务证，拟实施中期以上（妊娠 14 周以上）非医学需要的终止妊娠手术的，须经县级人民政府计划生育行政部门或所在乡（镇）人民政府、街道办事处计划生育工作机构批准，并取得相应证明。此外，还对终止妊娠的药品、医疗保健机构、计划生育技术服务机构的相关管理作出了规定。如第九、第十、第十一条分别规定终止妊娠的药品仅限于在获准施行终止妊娠手术的医疗保健机构和计生技术服务机构使用，药品零售企业销售终止妊娠药品，且在有关场所设立禁止性醒目标语。

为配合上述政策法规的贯彻实施，国家人口计生委决定开展以治理出生性别比升高问题为切入点，以转变群众男女生育观念为根本目的“关爱女孩行动”。2003 年，发出了《关于开展“关爱女孩行动”试点县的通知》，确定了出生性别比高于 120 的 11 个省的 11 个县为试点县；2004 年，又扩大了 13 个试点县，出生性别比高于 110 的 24 个省（市、区）各有 1 个试点县。此外，各省根据自身情况自行确定省级试点单位 191 个，地市级 122 个、县级 325 个。活动开展之初，国家人口计生委成立了“关爱女孩行动”指导小组和指导小组办公室，制定了行动方案；组织人员到试点县开展调研，科学指导试点工作发展；并组织了 4 期培训班，培训试点工作骨干队伍。开展了营造良好舆论环境的宣教活动，建立了利于“女孩户”生存和发展的利益导向机制，开展了打击“两非”的专项治理活动和加强管理服务水平等工作建设。

此外，2005 年 6 月我国《妇女权益保障法修正案》，从政治权利、财产权益、劳动和社会保障权益、人身权利、家庭权益等诸多方面，尤其是对女性平等的财产权，妇女在农村土地承包经营、集体经济组织收益分配、土地征收或者征用补偿费及宅基地使用等方面与男子享有平等权利的规定等，对保护农村妇女权益有重要意义。虽然这不是综合治理出生性别比偏高的直接措施，但该项法律的实施将对降低出生性别比产生长期影响。

在上述背景下，西南各省市区相继把出生性别比治理作为提升人口计生工作整体水平和人口安全、社会和谐发展的一项重要工作摆上议事日程。自2004年起，贵州、广西、云南、重庆即根据全国“关爱女孩行动”、治理出生性别比失调的有关政策和工作部署，从各自省情实际出发，开展了一系列综合治理出生性别比失调的工作，并取得了积极的实践绩效。

二、西南民族地区治理出生人口性别比失调的政策法规制定

（一）治理出生人口性别比失调的法律法规

1988年9月17日，广西壮族自治区第七届人民代表大会常务委员会第五次会议通过了《广西壮族自治区计划生育条例》，禁止进行胎儿性别鉴定，揭开了西南民族地区综合治理出生性别比失调的序幕。自此，西南民族自治地区或依据国家、省、地、州、市相关法律法规或在此基础上结合当地实际情况制定出更具体的法规和政策，对出生性别比失调问题进行综合治理。

在省级层面上，西南民族地区四省、区、市根据各自的实际情况相继出台了《计划生育条例》，并于2002年由各地人大常委会修订为《人口与计划生育条例》。《条例》严禁违法鉴定胎儿性别和选择胎儿性别的人工终止妊娠行为。为了加大治理出生人口性别比失调的力度，各地还先后出台了专项法规：《广西壮族自治区禁止违法鉴定胎儿性别和选择胎儿性别终止妊娠的规定》（2000）、《云南省出生人口性别比升高问题综合治理规定》（2005）、《贵州省禁止非医学需要的胎儿性别鉴定和选择性别终止妊娠的规定》（2005）、《关于广泛开展关爱行动综合治理出生人口性别比偏高问题的实施意见》（黔府办发［2006］35号）、《重庆市人民政府办公厅关于广泛开展关爱女孩行动综合治理出生人口性别比偏高问题的通知》（2006）等。

在地、市级层面上，很多地、州、市根据上位法和本辖区的实际情况，制定了相应的法规、规章和政策。如广西南宁市《关于综

合治理出生人口性别比升高问题的决定》(南发[2004]41号)和《南宁市人民政府关于严禁非医学需要鉴定胎儿性别和选择胎儿性别终止妊娠的通告》(南府字[2004]9号)、《南宁市综合治理出生人口性别比升高问题工作方案》(南办发[2004]133号)、贵港市政府出台了《关于严禁非医学需要鉴定胎儿性别和选择性别终止妊娠的通告》、北海市《北海市禁止鉴定胎儿性别和选择胎儿性别终止妊娠的暂行规定》、河池市《关于加强出生人口性别比升高综合治理工作的通知》(河计生发[2004]22号)、来宾市《来宾市综合治理出生人口性别比升高问题的若干规定》、梧州市《梧州市禁止违法鉴定胎儿性别的管理办法》、玉林市《中共玉林市委员会、玉林市人民政府关于综合治理出生人口性别比升高问题的若干决定》;云南省德宏州《德宏州人民政府关于广泛开展关爱女孩行动综合治理出生人口性别比偏高问题行动计划的实施意见》(德政发[2006]175号)、玉溪市《玉溪市人民政府办公厅〈关于开展关爱女孩行动综合治理出生人口性别比偏高问题行动的实施方案〉的通知》(玉政办发[2006]176号)、临沧地区《临沧地区农业人口独生子女家庭奖励规定》、怒江州《怒江州人民政府关于执行〈云南省人口与计划生育条例〉实施办法》、《怒江州人民政府关于贯彻〈云南省农业人口独生子女奖励规定〉的实施意见》(2004)、《文山州关于广泛开展关爱女孩行动综合治理出生人口性别比升高问题实施意见》(文政办发[2006]89号);贵州省黔东南州《关于综合治理出生人口性别比失调的意见》、黔西南州《关于广泛开展关爱女孩行动综合治理出生人口性别比失调问题的实施意见的通知》、《黔南州加强出生人口性别比综合治理工作意见》等。

在县级层面上,不少地方根据相关法律、法规、政策和县情出台了相应的法规、规章和办法。如重庆市黔江区先后出台了《关于切实加强降低出生婴儿性别比工作的通知》(黔江府办发[2003]79号)、《关于深入开展关爱女孩行动综合治理出生人口性别比偏高问题的通知》(黔江府办发[2006]153号),酉阳县、彭水县分别出台了《酉阳自治县关爱女孩行动实施方案》、《彭水县人口计划生育举报奖励办法》；广西武鸣县《关于严禁利用超声技术和其他技术手段进行胎儿性别鉴定的通知》(武办发［2002］83号)、《关于进一步加强综合治理出生人口性别比升高问题的通知》(武办发［2004］1号)，《关于印发武鸣县出生人口性别比综合治理工作领导小组成员单位职责的通知》(武办发［2005］29号)、《关于印发武鸣县综合治理出生人口性别比升高问题实施方案的通知》(武办发［2005］33号)、《关于禁止非医学需要鉴定胎儿性别和选择胎儿性别终止妊娠的通告》(武政字［2005］1号)、富川县出台了《富川瑶族自治县农村计划生育家庭实行奖励扶助的规定》、《富川瑶族自治县禁止非医学需要的胎儿性别鉴定和非法选择性别的人工终止妊娠的规定》，平南县出台了《关于严禁非医学需要鉴定胎儿性别终止妊娠的规定》，贵州丹寨县制定了《关于进一步加强综合治理出生人口性别比失调的实施意见》，天柱县《关于严禁利用技术手段对胎儿进行性别鉴定与施行选择性别的终止妊娠的通知》、道真县《关于加强出生人口性别比综合治理工作意见》、玉屏县《关于广泛开展“关爱女孩”行动综合治理出生性别比失调问题行动的实施方案》、云南文山州丘北县《关于印发丘北县关爱女孩行动及综合治理出生人口性别比偏高问题实施方案的通知》、大理州弥渡县《弥渡县开展关爱女孩行动综合治理出生人口性别比偏高问题实施方案》等。

到目前为止，西南民族地区已逐步建立起来了以国家相关法律法规为指导、各省相关法律法规为主体、市（州、地）、县相关法规为补充的法律框架，对监管主体、监管对象、监管内容、法律责任等作出了详细的规定，为治理出生性别比失调提供了较为全面的法律保障体系。

（二）治理出生人口性别比失调的政策制定

为了确保上述法律、法规的顺利实施，西南各省区市的相关部门结合地情实际，制定完善相关管理、服务和有利于女孩生存、发展的利益导向政策体系。

管理和服务制度主要包括三点内容：（1）孕妇B超检查登记制度、孕妇终止妊娠批准制度、终止妊娠手术管理制度、终止妊娠药品监管制度、婴儿出生死亡报告制度、出生人口性别公示制度、部门联系和信息共享制度、举报奖励制度、严格责任追究制度等；(2)加强对医疗保健机构、计生技术服务机构、药品经营单位及其从业人员的规范化管理的制度；(3)给已婚育龄妇女提供婚前生殖健康咨询、孕产期保健、产后访视服务等制度，防止流产、溺杀、遗弃女婴。上述管理和服务制度的三方面有如广西《广西壮族自治区计划生育孕情管理服务工作规范》、《计划生育技术服务机构施行终止妊娠手术管理制度》及《计划生育技术服务机构超声诊断管理制度》、《计划生育技术服务机构终止妊娠药品——利日诺使用管理制度》等；南宁市制定的《施行终止妊娠手术管理制度》、《终止妊娠术申报审批制度》、《接生和终止妊娠手术上报制度》、《B超孕检管理制度》、《终止妊娠药品管理制度》、《孕情检查和访视制度》等相关制度；贵港市出台的《贵港市开展关爱女孩行动实施方案》；崇左市出台的《关于做好基层已婚育龄群众全程跟踪管理服务的通知》；大化县制定的《实施终止妊娠手术管理制度》、《终止妊娠施术申报审批制度》、《孕情检查和访视制度》、《控制出生婴儿性别比责任追究制度》、《出生婴儿死亡报告制度》等8项制度。天柱县人口计生委、县公安局、县药监局联合下发的《人工终止妊娠管理制度》、《环情、孕情、B超检查监管制度》；县人口计生委、县卫生局联合下发的《关于实行定点引产、人流和接生的通知》等。

利益导向政策主要包括三方面：(1)对“女儿户”(独生女户、双女结扎户)家庭的政策照顾；(2)对“女儿户”女孩父母的政策照顾；(3)对“女儿户”女孩的政策照顾。如，《广西壮族自治区人民政府办公厅转发自治区人口计生委财政厅关于开展对农村部分计划生育家庭实行奖励扶助制度试点工作意见的通知》(桂政办发[2005]77号)、《广西农村部分计划生育家庭奖励扶助对象确认程序》、《广西壮族自治区农村部分计划生育家庭奖励扶助专项资金管理办法》、《南宁市人民政府关于印发〈南宁市农村部分计划生育家庭奖励扶助制度工作方案〉的通知》(南府发[2004]115号)、钦州市《农村部分计划生育家庭奖励扶助制度》(2005)、《贺州市关于对农村计划生育家庭实行奖励扶助的规定》和《关于全面建设五保村的决定》等。贵州省人口与计划生育领导小组《关于对农村部分计划生育家庭实行奖励扶助制度的意见》(2004)，贵州省人口计生委、招生委、教育厅《关于农村独生子女户、二女结扎户的女孩考生高考照顾10分办法的通知》(2002)，贵州省人口计生委《关于在部分县开展对农村放弃政策内二孩生育的计划生育家庭给予奖励的暂行规定》(2005)、《黔东南州农村部分计划生育家庭奖励扶助资金管理与发放实施意见》等。重庆市有《重庆市农村部分计划生育家庭奖励扶助对象确认办法》、《农村独生子女死亡残疾家庭扶助制度试行办法》(渝人口计生委发［2006］132号)、《关于将符合政策生育双女户纳入农村部分计划生育家庭奖励扶助范围的通知》(渝人口计生委［2005］101号)、《农村部分计划生育家庭参加新型农村合作医疗补贴参合资金的通知》(渝人口计生委发［2007］42号)、《关于对农村独生女报考市内院校实施加分照顾的通知》(渝招委发［2005］15号）等。云南省《云南省农业人口独生子女家庭奖励规定》(［2004］101号)、《云南省农村部分计划生育家庭奖励扶助制度实施办法》，并决定从2008年6月1日起在全省推行“奖优免补”。这些制度和政策的实施对抑制出生性别比升高、改善女孩的生存、发展环境具有积极的作用。

三、西南民族地区出生人口性别比失调的治理实践

（一）开展、强化政策、法规的宣传教育活动

宣传教育是政策法规良好贯彻执行的先行条件。为让“关爱女孩行动”深入人心，遏止出生性别比升高的势头，西南民族地区不仅利用广播、电视、网络、标语、标牌、宣传品、宣传画等宣传手段，大力宣传有关严禁“两非”、奖励扶助的法律法规和政策，传播“生男生女一样好，女儿也是传后人”、女孩成材、女孩致富、女孩养老、招婿上门等婚育新风，营造关爱女孩的氛围，还利用群众喜爱的少数民族特有的文化形式，渗透关爱女孩、治理出生性别比失调的内容，扩大宣传面，增强影响力。同时，发挥人口学校、计生

协会等阵地作用与计生网络深入基层的优势，对群众进行深入的宣传教育。2003—2004年，梧州市、柳州市、贵港市印发关爱女孩、禁止非医学需要的胎儿性别鉴定和选择性别的人工终止妊娠系列宣传资料120多万份，钦北区送戏下乡30多场，发放资料9.6万份，出动宣传车2000多台次。2004年，广西全区计生宣传品进村率达到80%[①]。贵州省为提高宣教质量，由省计生委制作了图文并茂的《与爱同行——关爱女孩行动读图手册》，并在全省范围内广泛发放。各民族地区在苗年、节日以苗歌、侗戏等形式，宣传婚育新风，营造关爱女孩的社会氛围，取得良好效果。黔东南州2005年开展大型宣传活动50余次，发放宣传资料80余万份，文艺节目演出20场次[②]。丹寨县在"南皋苗年节"、"排调镇鸟文化节"、"岔河漂流旅游文化节"以及"关爱女孩捐赠仪式"、"奖励扶助"、"少生快富"等工程首发式大势宣传，抓住了机遇，提升了宣教效果。黔南州先后举办大型文艺演出26场、制作大型广告宣传牌25块[③]。黔西南州开展"三下乡"活动和"模范家庭"、"五好家庭"、"好媳妇"等评选，开展计生法知识竞赛，在顶效查白歌节举办布依山歌计生擂台赛；2005年地方日报报道出生性别比相关内容56条（篇），电视报道28条，印发小册子6万多份[④]。重庆市彭水县组织编排了一套关爱女孩大型文艺演出节目，在计划生育重大纪念日和全县计划生育大型宣传活动期间公开演出；创作了具有地方特色的民歌《娇阿伊》、《四季溜溜歌》歌颂女孩，并刻录为光盘发到各乡镇广为传唱；制作了反映全县"关爱女孩行动"开展情况的专题片《关爱》在县有线电视台播放；县人口计生委、计生协和老年退休协会还组织人员，自

① 唐炳贵：《桂北地区农村出生人口性别比调查报告》，载《南京人口管理干部学院学报》，2006（2）。

② 杨军昌：《黔东南州出生人口性别比状况分析及对策研究》，载《人口与计划生育》，2007（2）。

③ 黔南州计生局：《黔南州开展综合治理人口出生性别比升高的工作情况汇报》，见《全省综合治理出生性别比失调工作汇报材料》，2006.4.29。

④ 黔西南州计生局：《规范制度强化管理综合治理出生人口性别比》，见《全省综合治理出生性别比失调工作汇报材料》，2006.4.2。

编自演文艺宣传节目，深入各乡镇巡回演出①。2006 年，云南省各地在开展关爱女孩知识竞赛活动中，印制各类宣传品 12 万份（张、套），开展各种文艺演出和宣传咨询活动 11000 多场，参与活动或接受宣传教育的群众达 100 多万人。2005 年，云南省宣威市共刊出黑板报 945 期，出动宣传车 200 辆次，开办婚育学校 2136 期，书写永久性宣传标语 6220 条，发放宣传手册 31 万册，国家奖励扶助制度和省“奖优免补”政策宣传入户率、群众政策知晓率均达 100%②。通过宣教活动，为各项措施的开展创造了有利的社会氛围，也在一定程度上影响了群众的生育观念。

（二）开展专项治理，严厉打击“两非”行为

1. 加强医疗器械管理，取缔非法行医和无照经营，整顿医疗市场。2003—2004 年，玉林市检查医疗机构 732 个（次），查处违规执业行为 66 起，取缔非法行医 45 起，立案 45 起，收缴药品器械 198 件，没收违法所得 7.54 万元，罚款 14.65 万元；2005 年，云南省开展“打击非法行医专项行动”，截至 9 月份，取缔非法行医机构 1236 户，并对一些正规医院的胎儿性别鉴定、擅自终止妊娠等违法行为处予行政处罚，共有 5000 多家医疗机构被查处③；2006 年，该省又分三个阶段开展打击非法行医的“雷霆一号”、“雷霆二号”、“雷霆三号”行动，按月份分阶段对民营医疗机构（6 月）、个体诊所（8—9 月），政府办医疗机构（10 月）进行专项检查，仅第一阶段就检查民营医疗机构 4684 家，对违法行医的 363 家给予警告，973 家责令改正，47 家责令停业，吊销执业许可证 13 家，处理 282 名医务人员，没收违法所得 10.5 万元，罚款 78.9 万元④。2005 年，贵州省成立联合执法队伍，定期开展“两非”专项检查，截至 2006 年，共抽查 3000 多家医疗机构和药店，查处违法违规的 324 家，取缔无证行医诊所 63

---

① 彭水自治县计划生育委员会：《彭水苗族土家族自治县出生人口性别比偏高的成因及治理情况》，2006.8.8。

② 云南省计生委提供。

③ 云南省计生委提供。

④ 卫生部：《云南省开展雷霆行动严厉打击非法行医》，2006.11.28。

家，查处案件60件[①]。黔西南州加强对B超机的管理，2005年对全市222台B超机进行登记，集中对兴义市进行专项检查，取缔非法经营点45个，查处案件75件，收缴罚款12.22万元[②]。

2. 打击非法胎儿鉴定和选择性别的人工流产，加大对溺婴弃婴、贩卖女婴案件的打击力度。防城港市计生和卫生部门联合开展了对B超机和对孕情跟踪管理的专项治理活动，共查处弃虐女婴18人，擅自终止妊娠9人，产后隐瞒生育12人[③]。广西玉林市对2003年发生的“3.17”贩卖婴儿案进行立案侦查，在一审判决中，52名主犯6人被判死刑，5人被判无期，17人被判10年以上有期徒刑，23人被判10年以下有期徒刑，有力地打击了弃婴贩婴的违法犯罪行为。[④]黔东南州2004年以来，集中对“两非”和溺婴行为进行专项整治，对有违法行为的139户分别给予罚款、警告、限期整改等处理；对台江县邰学良于2004年4月将其出生2天的女儿用毛毯、砖头将其裹缚沉入河中溺死的溺婴案件，以伤害罪判处其有期徒刑5年[⑤]。重庆市彭水县2004年查处了非法送养、非法接生、残害女婴等“两非”案件4起，分别处以检讨、罚款、没收设备、判刑等处罚[⑥]。

3. 实行分娩实名制、提倡定点接生和住院分娩。2007年以来，广西桂林市所有医疗机构的分娩、引产、计免、B超检查实行严格的实名制，并将分娩引产实名登记内容列入目标管理责任状，作为计生考核的重要内容[⑦]。天柱县大力提倡定点接生和住院分娩，实行

---

① 《贵州采取五项措施治理出生人口性别比失调》，http//：www.gov.cn。

② 黔西南州计生局：《规范制度强化管理综合治理出生人口性别比失调》，同上。

③ 《自治区人口计生委主任赖德荣在全区综合治理出生性别比升高问题工作会议上的讲话》，见《全区综合治理出生性别比升高问题工作会议发言材料》，2004.6.22。

④ 玉林市委市政府：《下大决心花大力气切实抓好综合治理出生性别比工作》，见《全区综合治理出生性别比升高问题工作会议发言材料》，2004.6.22。

⑤ 黔东南州计生局：《强化综合治理出生人口性别比推进社会主义和谐社会建设》，见《全省综合治理出生性别比失调工作汇报材料》，2006.4.29。

⑥ 彭水自治县计划生育委员会：《彭水苗族土家族自治县出生人口性别比偏高的成因及治理情况》，2006.8.8。

⑦ 《出生人口性别比偏高桂林严格实行分娩实名制》，http//：www.health.sohu.com，2007.2.26。

一产费用平价优惠，乡镇卫生院平产接生不超过150元，中心卫生院不超过200元，县级医疗机构不超过300元；设立孕产妇住院分娩贫困救助资金，对家庭人均收入625元以下的孕产妇，每例救助金额不低于40元；发生难产或并发症的救助金额不低于费用的30%。2005年，全县共救助产妇131人，发放救助金35400元，降低了孕产死亡率，有效减少了溺婴弃婴现象①。

（三）积极开展奖励扶助，落实利益导向措施

为解决“女孩户”在生产、生活中的实际困难，帮助“女孩户”致富、发展，营造关爱女孩的氛围，各省区市及各地有关部门建立了相应的有利于女孩生存、发展的利益导向政策体系和利益导向机制，包括：

1. 对农村部分计划生育家庭建立奖励扶助制度。如贵州省《人口与计划生育领导小组关于对农村部分计划生育家庭实行奖励扶助制度意见（试行）》（黔人发［2004］4号）规定：对于年满60岁，1973年以来没有违反计划生育政策的农村无子女户、一孩户、二女户，年均发放不低于600元的奖励扶助金，直至故亡。在全省推广农村部分计划生育家庭奖励扶助制度以来，共为2.7万户独生子女户、二女户发放每人每年600元奖励扶助金。2006年，再投入各级奖励扶助资金1369万元，受益人数达22809名②。桂林市象山区对年满50周岁以上双女结扎户的老人给予每月50元的奖励扶助，直至60周岁，与国家的奖励扶助制度接轨。2003—2006年，共为3000多名城市独生子女办理了“两全”保险，为54户农村独生子女户、双女计生户办理了“长虹两全”养老保险，投保额累计达61.5万元，同时，对发生独生子女意外伤残、死亡、重病等突发事件的计生户给予每户一次性救助4000元，对独生子女、双女户女孩考上大学的每人给予一次性奖励2000元③。云南2003—2006年共投入农

① 天柱县人民政府：《天柱县综合治理出生性别比失调试点工作情况汇报》，见《全省综合治理出生性别比失调工作汇报材料》，2006.4.29。

② 《贵州省利益导向及少生快富扶贫工程试点工作座谈会汇报材料》，2006.6.25。

③ 唐炳贵：《桂北地区农村出生人口性别比调查报告》，载《南京人口管理干部学院学报》，2006（2）。

业人口独生子女家庭“奖优免补”专项资金6.6亿元，有37.1万对夫妻领到了一次性奖励金；有17.1万人次领到养老奖励扶助金[①]。2004—2006年，重庆市共发放奖励扶助金4957万元，76576名计生群众受益。同时，将计生困难家庭优先纳入最低生活保障、医疗救助、农村五保户供养等保障网。对奖励扶助对象独生子女死亡、因伤病致残基本丧失劳动能力的，每人每月再增发100元奖励扶助金；对城镇低保计生户每人每月增发20元扶助金。2007年重庆市再次将该对象奖励扶助标准在原标准上每人每年增加1200元[②]。2003年7月云南省委、省政府出台了《云南省农业人口独生子女奖励暂行规定》，对农业人口独生子女家庭实行“奖、优、免、补”政策，简称为“奖优免补”政策。“奖”，即是对农业人口中领取了《独生子女父母光荣证》的夫妇给予1000元的一次性奖励。“优”，即是对农村人口中的独生子女实行“优先升学”，即农业人口中的独生子女毕业升初中、高中、大学时，享受加分择优录取的优待。“免”，即是免除农业人口中独生子女义务教育阶段的课本费、杂费、文具费。“补”，即是农业户口独生子女的父母年满60周岁以后，每人每年发给600元的生活补助。

2. 优先优惠就医和参加农村合作医疗。以广西为例：玉林市《关于关于进一步加强人口与计划生育工作的决定》（玉发［2003］29号）规定：凡是已开展农村新型合作医疗的县（市）区，农村独生子女户、双女户的父母及孩子免费参加农村新型合作医疗；农村独生子女户住院报销比例比规定提高30%，农村双女户住院报销比例比规定提高20%。贺州市富川县医疗卫生部门对农村计划生育女孩家庭到公立医院就诊时，一律免收挂号费；计生部门优先为农村实行计划生育的独女户、纯二女结扎户办理计生养老保险和农村合作医疗保险。百色市平果县制定“关爱女孩”“五项政策”的第一项即规定对已参加新型农村合作医疗的农村独生子女户及农村二女结

① 云南省计生委提供。

② 重庆市计生委提供。

扎户因病在本县、乡两级医疗机构住院报销医药费的，给予提高10个百分点的报销比例；在县、市、区级医疗机构住院治疗医药费的报销限额均相应提高1000元。2007年全县有41户对象享受到住院医疗费用提高报销比例优惠。河池市大化县规定由所在乡镇卫生院每年免费为辖区内独女户和二女结扎户家庭成员提供一次常规健康检查，特困独女户和二女结扎户县内就诊免交挂号费。崇左市江州区2003年以来共有1354户二女结扎户，由政府拨款为他们代缴新型农村合作医疗保险金。

3. 在扶贫、发展生产、社会救助等方面对计生家庭优先照顾。如丹寨县《计生三结合帮扶工作专题会议纪要》（丹府专议［2004］7号）要求：农业、林业、水利、科技、民政、粮食、国土、工商、教育等各相关部门认真落实人口与计划生育目标责任书，在项目、资金、技术、物资、救灾、救济等方面具体落实生产致富项目，对农村“两户”给予支持和帮助。2006年，贵州省实施计生“三结合”帮扶，全省各级各相关部门全年共投入资金1.64亿元，对266658户农村计生户进行帮扶，帮扶金额为上年的2倍，全年新增脱贫计生户69929户①。2004年5—6月，广西贵港市救助家庭经济困难的女孩1746人，救助金额413255元。岑溪市对信息、科技资金的帮扶，落实“三结合”帮扶户1000户，解决发展生产资金5.6万元②。

4. 对农村独女户或二女户家庭的女孩在义务教育阶段进行资助，在中、高考招生时进行加分。如贵州省颁布实施了《关于农村独生子女户、二女结扎户的女孩考生高考照顾10分办法的通知》（黔计生发［2002］5号），重庆市实施了《关于对农村独生女报考市内院校实施加分照顾的通知》（渝招委发［2005］15号）等。贵州省实行女孩户升学加分和计生户入学扶助政策，2004年，全省940名符合条件的考生享受高考加分待遇，2006年544名符合条件的农村“两户”女孩考生享受高考加10分政策；黔东南丹寨县截至2006年，

---

① 《贵州省利益导向及少生快富扶贫工程试点工作座谈会汇报材料》，2006.6.25。

② 广西壮族自治区计生委提供。

已资助5028名农村女童入学，80名计生特困户在校生得到生活补助①。云南省2003—2006年，共有47万人次的中、小学生领到了独生子女“义务教育奖学金”；有4314名高考生、16400名中考生享受到了升学加分的政策②。重庆市2005—2007年，先后有419名报考重庆市内院校的农村独生子女享受加分照顾，另有9113名农村独生子女在升高中时享受到加分政策③。

利益导向措施的落实，使“女孩户”生活有了改善，生产能力有了提高，一定程度上解除了养老的后顾之忧，提高了其社会地位，计生家庭在生产、生活中得到了实实在在的实惠，“生男生女一样好”的新婚育观逐渐得到了群众的认可。

（四）加强流动人口管理的区域协作

西南民族地区是进城经商务工人员的重要输出地，省际流动人口规模大，同时毗邻县在乡风民俗相似，交往密切，人口短距离流动频繁。为打击流动人口的跨境“两非”活动，加强对流动人口计划生育管理，广西开展了出生性别比失调治理工作的区域合作。2005年，在有关部门组织下，湖南永州、广东清远、肇庆市及广西贺州4个市在广西贺州市召开湘桂粤边界出生性别比治理区域协作会议，会议达成了4个市在联合宣传、人口流动管理、打击跨境“两非”、互通信息、定期磋商五项协议④。通过搭建区域合作平台，建立了“两非”管理工作的区域联系。广西富川、江华、江永3个邻县采取县际区域协作，联手综合治理出生性别比，经召开联席会议，3个县达成了《区域协作综合治理出生性别比偏高问题协议书》，就加强宣传教育、流动人口管理、“两非”管理、孕情跟踪服务、信息沟通等方面协作联手，共同治理。以信息沟通为例，为加强对超生技术和流动人口及其孕情管理，三县分别落实1名信息员，专门

---

① 《丹寨县贵州省利益导向及少生快富扶贫工程试点工作座谈会汇报材料》，2006.6.25。

② 云南省计生委提供。

③ 中国人口网：《重庆：近万名农村独生子女升学享受加分政策》，2007.4.29。

④ 泛珠三角合作信息网 http/www.pprd.org.cn/renkou 2005.9.9。

负责信息互通工作，坚持每季互通一次①。人口流动过程的“两非”行为一直是出生性别比失调治理工作的漏洞和难点，是出生性别比长期居高不下的一个重要原因。通过召开联席会议，制定“两非”管理的区域合作工作协议，一定程度上堵住了治理工作的盲点，对于加强跨境“两非”活动，实现出生性别比的稳步下降具有积极意义。

四、西南民族地区综合治理出生人口性别比的绩效

通过建立和完善相关立法、宣传教育、开展奖励扶助和进行专项治理，西南民族地区出生性别比偏高的状况得到了一定的遏制，综合治理取得了阶段性成果。主要表现为：

（一）部分地区的出生人口性别比有了不同程度的下降

通过治理，部分省、区及地、州、市的出生性别比有了不同程度的下降。2005年“1%抽样”时，广西出生性别比由“五普”的125降至119.8。从计生年报数来看，贵州黔西南州、黔东南州分别由2001年的110.3和124.5降至2005年的107.6和118.7；多数自治县也有明显下降，如黔东南州丹寨、剑河、锦屏3个县2000—2005年出生性别比下降幅度都在20个百分点。2005年，云南民族地区对出生性别比进行综合治理以后，2006年失调州由上年的6个降至4个，怒江、楚雄2个州较上年回归正常，总体呈降势。重庆5个民族县区2003年开展综合治理后，出生性别比由138.27降至2004年的127.23，2005年进一步降至119.62；黔江区、彭水县的出生性别比分别由2002年的145.42和170.18下降到2005年的117.34和113.51（除普查年度外，出生性别比数据为计生年度数据）。各地区出生性别比的降势显示治理措施发生了实效，也表明政府介入干预途径和实现出生性别比恢复正常的可行性。

（二）群众的传统生育观念有所转变

治理工作开展以来，各民族地区开展的大量宣传活动产生了广

---

① 广西壮族自治区人口和计划生育委员会主办：《广西人口》，2006（2）。

泛的社会影响，引起广大群众的高度关注，广大群众维护妇女儿童合法权益的意识、民主监督意识明显增强，关爱女孩成长、男女平等等思想得到越来越多人的认同。

1. 村民们“养儿防老”、“养儿防病”的观念有所改变

计划生育养老保险解除了农村独生子女户和二女结扎户的后顾之忧，在那些奖励扶助力度大的地方，群众的反应更为热烈。如贵州省丹寨县，在《农村独生子女户、二女结扎户养老基金管理使用实施办法》中规定，享受养老补助的夫妇，“因病或其他意外死亡，60 周岁以前的发放安埋费 1000 元，60 周岁以后的发放安埋费 2000 元”，在极为重视生老病死等人生大事的民族地区，不仅解决了有关家庭的实际困难，而且富于人性化。有的农民羡慕地说：“他们（独生子女户和二女户的夫妇）死后，政府还给安埋费，待遇就跟国家干部一样。”在他们眼里，国家干部就是生老病死都有国家照顾的人。在丹寨，纯女户的“新农合”参合费也全部由政府埋单，体现了政府对女孩及其家庭的关怀，在村寨也引起了很大的反响。受益家庭不仅感到光荣，而且普遍认为安全感有了很大提高。村民们说，现在不光是养儿可以防老、防病，响应国家的政策同样可以安享晚年。根据在丹寨调查数据，66%的人认为女孩与男孩在养老方面没有差别或没有明显差别。广西桂林市通过系列“关爱女孩行动”的扎实工作，使“男女平等、生男生女都一样”等新型生育观念进一步深入人心。平乐县许多农村老人说：“孙子孙女都一样，叫我阿公（阿婆）一样喜欢。”永福县桃城乡湾里村上台屯有十几户独女户，符合生二孩条件，可是她们不愿再生了；一些县乡的群众还主动举报非法鉴定胎儿、遗弃女婴等行为。例如昭平县走马乡走马村圩顶组的王琴，生育了一个女孩后，放弃生二孩念头，自愿终身只生育一个孩子，领取了《独生子女父母光荣证》。当记者问她，你生育一个女儿就领取独生子女证，你是怎样想的？她微笑道：“生男生女都一样，只要教育得好，女孩同男孩一样强。再说，少生孩子有奖励，孩子少了拖累少，我更有时间发展生产，增加收入，生活过得像城里人一样。”这是育龄群众婚育观念转变的一个缩影。2005 年至今，昭

平县农村领取《独生子女父母光荣证》的有250对，放弃或推迟二孩生育的有775对，其中独生女领证的有5对，比2004年多了4对。

2. 女孩户的发展弱化了人们对男孩经济效用的期待

“关爱女孩行动”、计划生育“三结合”使纯女户经济上有了较大的发展，奖励扶助和优先优惠政策提高了女孩及其家庭的生存、发展能力，贫困救助使那些生活困难的纯女户迅速脱离困境，走上了自我发展的道路。纯女户的变化，对那些传统思想浓厚的村民们产生了很大的震动，他们对男孩经济效用的期待有所弱化。

贵州丹寨县龙泉镇五里铺村有一家二女户，丈夫木讷老实、不善农活，又无一技之长，妻子脚部残疾，家庭生活非常困难。“关爱女孩行动”开展后，县里拨专款为他家建起一座新房，并送给他们一头牛用以发展生产。考虑到他家的发展能力较差，有关部门又为他们落实了长期帮扶措施。现在，他家是丹寨县“计划生育三结合帮扶户”和“国家彩票资助”对象。两个女儿上学都得到了有关基金的帮助。谈到他们家，村民们说，生姑娘有什么不好！你看，寨子里有些生两个崽的，生活很困难。光是给儿子盖房、娶媳妇，就负担不起。而他们家，虽然生了两个姑娘，但是在政府给的帮助下，经济上发展很快，生活水平提高了一大截，在村里已经算是中上等户了。政府还给他们办了保险，现在看病、将来养老甚至连安埋费都不用发愁了。两个姑娘以后还不是像男孩一样挣钱。我们问一个正在给儿子盖新房的中年人：“要是你儿子以后生了两个姑娘，你会不会让他们想办法再要一个男孩?”他爽快地说：“只要政府的这些政策不变，肯定不会再要了。”

贺州市八步区将纯二女结扎户优先列为家庭经济发展的重点扶助对象，规定由区财政按每户一次性给予1000元作为种养、加工项目投资的奖励金，由农业、扶贫部门负责立项、技术培训，计生部门管理资金使用，并共同做好项目的产前、产中、产后跟踪服务，使之通过扶持生产，增加收入，率先成为小康家庭的典范。2006年对新增加的68户农村纯二女户结扎户兑现了每户1000元的生产扶助金共6.8万元；在组织劳务输出和调整承包地、宅基地时优先安排；分配集体收益时按多一人份分配等措施的采取，使该区纯二女户的经济状况不断提高，生活水平高于当地的平均水平。

3. 群众的生育观正在由重视孩子数量向重视孩子质量变化

首先，计划生育奖励扶助措施的落实，不仅仅使农村部分计划生育家庭在经济上得到了实惠，社会上有了地位，生活上有了保障，而且也使他们的生育观念发生了很大变化，很多群众正在由重视孩子数量转向重视孩子质量。其次，计划生育优质技术服务、妇幼保健服务的开展不仅提高了出生人口素质和妇女身体素质、提升了妇女地位、堵塞了性别选择的漏洞。而且，婴儿身体素质的提高，也会在一定程度上降低父母对孩子数量的期望。

丹寨县兴仁镇摆泥村一对姓韦的夫妇，只有一个女孩，今年7岁。2004年，他们了解了计划生育养老保障等奖励扶助政策后，领取了独生子女证。有关部门很快为他们落实了奖励扶助措施：县里奖励4000元，镇上奖励600元，按时发放独生子女保健费，给他们办理了养老手续，"新型农村合作医疗"的参合费由政府补贴。妻子在镇上开店，镇上工商等有关部门根据政策对她进行了相应收费项目的优惠减免。每次谈起这些事，他们都说："多要孩子也是为了养老，现在国家有养老保障政策，还怕什么！况且，一个孩子可以集中财力抚养。孩子读书多，以后会有较大发展。孩子多，抚养费就高，如果读书少，以后就只能做普通劳动力。就像栽树，一棵树可以经常管理，花就会开得好一些，果子也会结得大一些。而树多了，就管不过来了。"通俗的语言，形象的比喻，改变了不少邻居只重视孩子数量，不重视孩子质量的传统观念。他们村里有一对夫妇，女儿已经10多岁了，既没有领独生子女证，也没有再要男孩。其实，夫妇俩心里很矛盾，不要男孩吧，怕别人说闲话，要吧，又想趁年轻多挣些钱，供女儿好好读书。后来，在姓韦夫妇的影响和带动下，终于在2005年领取了独生子女证。如今他们村已有10多户领取了独生子女证，其中3户是独女户。

贵州兴仁县兴仁镇兴仁村的一对年轻的夫妇，是计划生育优质技术服务的受益者，孩子才刚刚几个月，健康活泼。他们对妇检、孕产期保健、定点分娩和产后访视服务评价很高。妻子高兴地说："怀孕的时候，在计生服务站做检查，收费很低，怎样营养、怎样保健，医生讲得很详细。在那里生小孩也没要钱，后来医生还来看望。你们看，孩子又活泼、又聪明。"我们问："过几年是不是再要一个（符合当地政策）？"夫妇俩赶忙说："一个养好就够了。趁年轻多挣些钱，以后供养他上大学。"孩子的爷爷奶奶也表示赞同："现在年轻人观念变了，一个孩子，只要好（这里指健康、聪明）就行，他们不愿意多要。"计划生育妇幼保健技术服务站的人员告诉我们说："通过生殖健康服务，不仅可以提高他们优生优育的能力，使他们生一个健康的孩子，在一定程度上，还可以改变他们的生育观念。"

4. 群众对女孩的价值持积极正面的评价

"婚育新风进万家"、"关爱女孩行动"所倡导的新型生育文化的传播，奖励扶助各项措施的落实，使人们对女孩价值的看法有了较大的改观，如表5-1，调查显示：79%的调查对象认为女孩在增加家庭劳动力方面与男孩没有差别或没有明显的差别，81%的调查对象认为女孩在为家庭经济作贡献方面大于男孩或没有明显的差别，66%的调查对象认为女孩在养老等方面与男孩没有差别或没有明显差别，66%的调查对象认为纯女户在生产、生活上与有男孩的家庭相比不会遇到更多困难，56%的调查对象认为纯女户家庭不会受到周围人的歧视。

总的来看，经过对出生性别比的综合治理，在西南民族地区，人们的生育观念已经有了较大的改变。但是，在涉及"传宗接代"等问题上，情况仍不乐观。调查数据表明，55%的调查对象认为女孩不能像男孩一样"传宗接代"，55%的调查对象认为享受奖励扶助的纯女家庭还想生男孩。2004年，广西人口计生委对下辖部分地区育龄群众生育意愿调查显示，在不考虑生育政策限制的情况下，农村育龄夫妇意愿生育2个及以上孩子的占77.4%，其中90%以上希望至少有一个男孩。可见，大部分人仍然认为，男孩的嗣续功能是女孩代替不了的。非经济因素影响是目前出生性别比失调根深蒂固的原因，西南民族地区传播新型生育文化的工作仍然任重道远。

表 5-1 被调查者对男孩、女孩的态度

项目及分类		频数	百分比（%）
增加家庭劳动力	有差别	164	21
	没有差别	242	31
	没有明显的差别	375	48
为家庭经济作贡献	男孩贡献大一点	172	19
	女孩贡献大一点	120	13
	没有明显的差别	622	68
养老	有差别	309	34
	没有差别	353	38
	没有明显的差别	261	28
女孩	能“传宗接代”	414	45
	不能“传宗接代”	508	55
和有男孩的家庭相比女孩户在生产生活中	会遇到更多的困难	304	34
	没有明显的差别	586	66
周围人对纯女户	会歧视	377	44
	不会歧视	486	56
享受计划生育奖励扶助的独女或二女家庭	仍然想生男孩	487	55
	不想生男孩	397	45

五、西南民族地区综合治理存在问题分析

（一）政策法规方面存在的问题

1. 立法本身存在漏洞

（1）对“两非”违法行为的打击力度弱

西南各地相关规定主要包含两个内容：一、对违反规定的卫生医疗机构、计划生育技术服务机构、个体诊所及其责任人的处罚。四省均规定，对于医疗卫生机构、计划生育技术服务机构从事“两

非”的，处以罚款，对直接责任人吊销执业证书，对有直接责任的主管人员给予行政处分。重庆市还规定，构成犯罪的，依法追究刑事责任。可见，各省对于违规的医疗卫生机构、计划生育技术服务机构及有关人员的处罚还是比较严厉的。而对违规的个体诊所的处罚，各省规定出入较大：广西规定并处罚款和吊销执业证书，贵州仅规定处以罚款，云南无处罚规定，重庆没有将其单独列出，也没有明确规定“情节严重”的具体情形。而个体诊所正是“两非”行为猖獗的重要场所；二、对违反规定的夫妇的处罚。贵州规定对其处以 1000 元以上 3000 元以下罚款；符合二孩生育条件的，不再安排生育。广西规定三年内不予安排其生育指标。重庆规定严厉查处“两非”、溺弃女婴的案件，但对于涉及“两非”案件的孕妇夫妇是否处罚、怎样处罚无明确规定。云南无相关处罚规定。除贵州外，其余三省的处罚要么较轻、要么不明确、要么缺失。总的来看，违法成本低的问题是治理出生性别比失调的严重障碍。

（2）二孩生育服务证管理存在缺陷

在我国，由于符合法定条件生育和计划内生育不是一个概念，这让一些希望第二胎生男孩的夫妇钻了法律上的空子。西南四省区市规定：符合再生育一胎条件的夫妇，需要持相关证件去计划生育行政部门申请再生育服务证。而有些符合再生育一胎条件夫妇先怀孕，如果查出是男孩，就去申请办证。提前怀孕，至多交点罚款或社会抚养费；如果是女孩，就以无证怀孕为由，将其引产。而在实际工作中，基层计生管理部门为了完成年度人口计划，一般都视而不见或加以默认。

（3）就同一问题作出的处理规定不同

2002 年的《贵州省人口与计划生育条例》规定：利用超声波技术和其他技术手段为他人进行非医学需要的胎儿性别鉴定……违法所得 1 万元以上的，处违法所得 2 倍以上 6 倍以下的罚款；没有违法所得或者违法所得不足 1 万元的，处 1 万元以上 3 万元以下的罚款。而 2005 年的《贵州省禁止非医学需要的胎儿性别鉴定和选择性别终止妊娠的规定》（以下简称《贵州禁止“两非”规定》）相关条款为：医疗卫生机构、计划生育技术服务机构、个体诊所违反规定的，由相关部门责令停止违法行为，并处以1000元以上3万元以下罚款。两个法规中，罚款的起点相差10倍。最高罚款额也有较大差别：由于《贵州禁止“两非”规定》中没有区别违法所得的多少进行处罚，因此，最高罚款额不超过3万元，而《贵州省人口与计划生育条例》中对违法所得超过1万元的最高处罚额可达6倍，即最多在6万元以上。《贵州禁止“两非”规定》作为在《贵州省人口与计划生育条例》指导下产生的下位法，却与其有关规定相矛盾，这不仅使执法者无所适从，还容易引起执法过程中的宽严失当，给公正执法造成障碍。

（4）对利用其他婚姻形式进行性别选择的行为打击不力

利用未婚同居、隐藏婚姻、假离婚以及“包二奶”等来达到主要以生男和多生为目的的违法行为长期存在。此类生育均为政策外生育。研究表明，在政策外生育中存在着较为严重的性别选择行为，使得出生性别比的失调更为严重。根据四省相关立法，对此类违法生育只能征收一定数额的社会抚养费，是国家工作人员的开除公职。而对于如何打击利用上述婚姻形式进行胎儿性别选择的行为缺少相关管理规定，同时，对于在上述婚姻形式中违犯了其他法律法规的行为缺乏追究相应法律责任的规定。

（5）对产后歧视女婴的行为缺少有效的法律规制

产前歧视是指孕妇通过B超等技术手段确定胎儿性别后，将女性胎儿流、引产；产后歧视主要表现为遗弃、照料忽视甚至溺杀女婴等行为。在云南、广西发生的多起贩卖婴儿案中，被贩卖婴儿其本上全是女婴，其中大部分是被人贩子以送养的名义从女婴父母手中骗走的，另一部分是通过捡拾、偷盗等手段得来的。根据广西民政厅的统计，2002—2005年，广西社会福利院共收养弃婴13000多名，女婴占95%，这从侧面反映出女婴生存环境的恶劣。在我国，尽管《刑法》对“故意杀人”、“虐待家庭成员情节恶劣、致人重伤或死亡”以及“对年幼等无独立生活能力，负有抚养义务而拒绝抚养，情节恶劣的”追究刑事责任，卫生和人口计生部门有对产妇进行“产后访视”的规定等。但现实情况表明，上述法律和政策的落实缺乏有效的保障办法。由于对不按规定履行职责者，无相应的处罚措施，给溺弃女婴制造了机会。目前，对于死亡女婴，西南四省、区、市通行的做法是，由相关部门进行确认登记。但对于其是否属于非正常死亡，缺乏必要的核查机制；对于遗弃女婴的行为，也缺乏有效的责任追究措施，致使被遗弃的女婴逐年增多。溺弃女婴主要是为了获得再生育男孩的机会，不予以打击，既不利于维护女孩的生存权、发展权，也不利于稳定低生育水平，还将加剧出生性别比的偏高，危害社会公正。

（6）对个体诊所购买和使用B超机缺乏相关管理规定

近年来，由于购买B超机的成本大大降低，拥有B超机的个体诊所数量迅速上升。而他们之所以购买B超机大多是受高额利润的驱使，打着为孕妇检查胎位和查病治病的幌子去行性别鉴定之实。这些人散居农村，难以监督，又不担心开除工作，因此绝大部分人都做胎儿性别鉴定，有的甚至以此为业。正是由于个体诊所B超机的使用以及某些公立医院医护人员对B超机的滥用，成为引起出生婴儿性别比失调的直接原因。而目前四省尚无相关立法对个体诊所购买B超机的资质和使用、管理条件作出规定。

（7）对富人、名人违法生育处罚力度小或无相关规定

富人、名人违法生育从整体上讲仍以生男为第一目标，需要从严治理。重庆市规定，对实际收入超过当地城镇居民人均可支配收入的或当地乡镇农村居民人均纯收入的，按其实际收入的2～6倍征收社会抚养费。贵州省规定，是个体工商户、私营企业主以及从事其他各类经营活动的人员，按照本人所在县（市、区）上一年农民人均纯收入或者城镇居民人均可支配收入的4倍以上10倍以下征收社会抚养费。云南、广西无相关规定。从上述情况看，在2002年修改《计划生育条例》时，重庆、贵州已注意到居民中存在的收入差距，对富人违法生育问题给予了应有的重视。但贵州省对富人违法生育的处罚相对轻微，以2006年为例，贵州省城镇居民人均可支配收入为9116.61元，按最低罚款额为36466.44元，按最高罚款额为

91166.1元；如按全省农民人均纯收入1985元为基数来计算，最低罚款额仅7940元，最高罚款额也只有19850元。这些数目对于一个资产几十万或上百万的个体工商户或私营企业主来说，简直是九牛一毛，不能达到惩戒的目的。对于政治或其他领域的名人违法生育的现象，四省均无相关管理规定。

（8）有些省份对群众举报重视不够，缺少法律层面上的制度保障

群众举报是群众监督的一个重要表现形式。群众监督不应被看做仅仅是正规的制度监督的补充，群众监督运用得好，可以大大降低制度监督的成本，提高制度监督的效率，有效改善自上而下的制度监督在治理出生性别比失调过程中信息不对称的问题。无论是对医疗卫生机构、计划生育技术服务机构、个体诊所还是对一般群众，这一监督形式都有着独特的作用。如广西“3.17”特大贩卖女婴案就是由于群众举报才顺利告破的。为了鼓励群众加入治理出生性别比失调过程中，四省都比较重视运用“有奖举报”这一工具，但在相关法规中作出明确规定的只有广西和贵州。两省规定，举报经查属实的，由当地县级有关部门给予奖励，并予以保密。对打击报复举报人的，依法追究其法律责任。重庆市在《重庆市人民政府办公厅关于广泛开展关爱女孩行动综合治理出生人口性别比偏高问题的通知》中要求：建立举报制度，充分发动群众检举、揭发“两非”和溺弃女婴的违法行为，动员全社会保护妇女儿童的合法权益。但对于向谁举报、怎样奖励、怎样保护举报人无具体措施。云南省无相关规定。

2. 部分省市的相关立法与三部委《规定》的要求不一致

（1）对于在终止妊娠手术前查验受术者相关证明的规定不同

《规定》要求，承担施行终止妊娠手术的医务人员，应在手术前查验、登记受术者身份证、医学诊断结果或相应的证明。而云南规定，对符合法定生育条件的孕妇，拟实施中期以上非医学需要的终止妊娠手术的，由医疗保健机构和计划生育技术服务机构依法报经县级人口和计划生育行政部门批准。而对医学需要的终止妊娠手术，没有查验其相应证明的要求。重庆虽然规定建立完善人工终止妊娠

登记的制度，但对于查验、登记的内容没有作出明确规定。

（2）对于终止妊娠药品的管理规定不同

《规定》强调，终止妊娠的药品，仅限于在获准施行终止妊娠手术的医疗保健机构和计划生育技术服务机构使用。禁止药品零售企业销售终止妊娠药品。药品的生产、批发企业不得将终止妊娠药品销售给未获得终止妊娠手术资格的机构和个人。重庆只规定加强终止妊娠手术和药物应用等方面的管理，严格掌握终止妊娠手术和药物应用等医疗服务的适用条件，没有进一步的明确规定。广西无相关规定。

（3）对医学需要的胎儿性别鉴定的管理和程序不同

《规定》要求，由实施机构三人以上的专家组集体审核，确需终止妊娠的，为其出具医学诊断结果，并通报县级人民政府计划生育行政部门。广西没有为实施医学需要的胎儿性别鉴定的专家人数设置条件。广西、贵州没有向县级人民政府计划生育行政部门通报的规定。云南、重庆无相关规定。

（4）对实施人工终止妊娠的医疗保健机构的审批主体的要求不同

《规定》没有要求实施人工终止妊娠的医疗保健机构需经省级卫生行政部门的批准。广西规定：未经自治区卫生行政部门批准的医疗机构、计划生育技术服务机构和个人，不得进行胎儿性别鉴定和施行选择胎儿性别终止妊娠手术。

（5）对申请批准非医学需要终止妊娠手术的主体要求不同

《规定》第7条：已领取生育服务证，拟实行中期以上非医学需要终止妊娠的，须经县级人民政府计划生育行政部门……批准，并取得相应证明。云南规定由医疗保健机构和计划生育技术服务机构依法报经县级人口和计划生育行政部门批准。

3. 有关立法的部分条款违反了《行政处罚法》、《行政许可法》等相关法律的有关规定

《行政处罚法》第13条规定：“省、自治区、直辖市人民政府和省、自治区、直辖市人民政府所在地的市人民政府以及经国务院批准的较大的市人民政府制定的规章可以在法律、法规规定的给予行

政处罚的行为、种类和幅度范围内作出具体规定。尚未制定法律、法规的，前款规定的人民政府制定的规章对违反行政管理秩序的行为，可以设定警告或者一定数量罚款的行政处罚。罚款的幅度由省、自治区、直辖市人民代表大会常务委员会制定。”云南、贵州、重庆《人口与计划生育条例》相关条款规定：利用超声技术和其他技术手段进行非医学需要的胎儿性别鉴定或者选择性别的人工终止妊娠，违法所得10000元以上的，处违法所得2倍以上6倍以下的罚款；没有违法所得或者违法所得不足10000元的，处10000元以上30000万元以下的罚款；情节严重的，由原发证机关吊销执业证书。广西对违反规定鉴定胎儿性别并且已采取选择胎儿性别终止妊娠的，要求计划生育行政部门三年内不予安排其生育指标。贵州对此类行为除进行罚款外，还规定符合二孩生育条件的，不再安排生育。根据《行政处罚法》，上述处罚规定显然超越了《人口与计划生育法》和三部委《规定》相关条款的处罚幅度。另外，根据《行政许可法》的规定和国务院公布的行政许可项目，人口计划生育部门依据人口计划生育地方性法规的规定批准当事人申请再生育子女的行为是一种行政许可行为。人口计划生育部门对违法当事人作出收回二孩《生育证》的处理应属吊销许可证的行政处罚。根据《行政处罚法》的有关规定，行政规章无权作出吊销许可证行政处罚的规定。但个别省的政府规章却作出了类似的规定①。如贵州省规定，符合法定生育条件妊娠14周以上的妇女，不得终止妊娠，……不符合二孩生育条件的，不再安排生育。《行政许可法》第十二条规定，行政机关采用事后监督等其他行政管理方式能够解决的，可以不设立行政许可。《国家人口计生委关于贯彻实施行政许可法的意见》（以下简称《意见》）中指出，近年来各地根据本地实际，逐步取消了生育第一胎的审批，是人口计生部门的自我改革，符合行政许可法的精神，是历史性进步。而《云南省人口与计划生育条例》第24条规定：“夫妻要求生育第一个子女的，由双方向女方工作单位所在地或者女方户

① 广西壮族自治区人口和计划生育委员会主办：《广西人口》，2006（2）。

籍所在地乡级人民政府或者城市街道办事处办理生育手续。”既不符合《行政许可法》的要求，也不符合《意见》精神。

（二）综合治理过程中存在问题

在治理工作实施中，还存在诸多方面问题，总体表现如：有的地区对治理工作未引起足够重视，治理工作还停留在“听命而动”、一般号召上，缺乏真抓实干的力度；部门联动配合难、追究责任落实难，工作未形成“一盘棋”，部分地区还处于计生部门孤军作战的状态；在跨境管理工作上，缺乏地区合作基础和平台，地区之间还没有形成联合打击“两非”的合力，属地化管理原则没有得到有力配合，流动人口“两非”管理较困难；利益导向政策覆盖面过小，符合条件得不到扶助者较多，部分群众对政策缺乏信心，并持观望态度；在方式上“重奖励，轻扶助”，满足于“一次性”或“输血式”的扶贫救济；宣传教育和专项治理缺乏长效机制和质量考核，基本上依靠“突击式”、“一阵风”的方式，资金和人力投入不少，但难以体现实效，检查一过去，人们又开始重操旧业；有的地区孕产和计生工作管理机制未真正落实或存在漏洞，存在诸类“投机”行为。

为了考察西南民族地区综合治理出生人口性别比失调相关法律法规在实施中存在的问题，并使得出的结论具有一定的可信度、说服力，课题组选取出生性别比发展过程及治理状况在西南民族地区颇具代表性的贵州省黔南州、黔东南州作为调查对象，制作了《治理出生人口性别比失调相关政策认知度调查问卷》，利用问卷调查（问卷见附录二）和个案访谈等方法，于2007年7—8月对两州进行了实地调查。

调查以标准问卷、个案访谈作为调查的主要方式。调查选取黔南州和黔东南州的部分农村，采取由乡镇计生办或村委会协助进行随机发放与调查人员直接入户发放相结合的方式。在自主填答的基础上进行了部分深度访谈。调查共发放问卷1000份，回收970份，有效问卷963份，有效率为96%。调查问卷共计41个问题，内容包括被调查者的个人及家庭特征，对相关政策的认知、理解及实施方面的情况，对孕情管理的看法、对关爱女孩行动的了解情况和生育意愿等几方面。

在963例被调查者中，男性461人，占48%。女性502人，占52%。15～19岁年龄组19人，占2%；20～49岁年龄组850人，占88%；49岁以上44人，占5%。已婚792人，占82%；未婚110人，占11%；再婚、离婚和丧偶合计16人，占2%；已婚及再婚、离婚和丧偶者中，有1个男孩的有155人，占16%；有1个女孩的95人，占10%；有1个男孩1个女孩的有341人，占35%；有2个男孩的74人，占8%；有2个女孩的22人，占2%；有2个男孩1个女孩的有24人，占2%；有2个女孩1个男孩的32人，占3%；有3个男孩的有7人，占1%；有4个以及以上孩子的17人，占2%。被调查的文化程度，小学以下的有250人，占26%；初中448人，占47%；高中及中专的163人，占17%；大专51人，占5%；本科及以上27人，占3%。被调查对象的职业，农村牧渔业人员525人，占55%，党政企业单位负责人12人，占1%；党政企事业单位一般工作人员33人，占3%；专业技术人员51人，占5%；商业和服务业人员42人，占4%；生产、运输工人和有关人员27人，占3%；其他98人，占10%。

通过对调查资料的总结、分析，从中窥见了西南民族地区出生性别比失调综合治理存在问题之一斑。

1. 宣传方面存在的问题

关爱女孩、综合治理出生性别比的宣传，主要采用广播电视、标语标牌、板报墙画、宣传折页、小册子以及宣传活动和会议等形式，形成了立体宣传的态势，群众打开电视能看到相关节目，走出家门能看到相关标语、墙画，闲暇时能看看宣传折页、小册子，有时还有送戏下乡、相关会议等活动。在这种情况下，群众对严禁“两非”的法律法规及关爱女孩、奖励扶助的政策应该比较了解，而调查发现，不知道国家“禁止非医学需要的胎儿性别鉴定和选择性别的人工终止妊娠”方面的法律法规的有53%，不知道什么是“出生人口性别比”的有54%，认为出生的男孩、女孩数量不平衡对社会没有影响或不清楚的合计占43%，认为故意流产女婴是家庭私事的占52%，认为社会不应该干预鉴定胎儿性别和选择性别的人工流产的占52%，不知道“计划生育奖励扶助”和“计划生育优先优惠”政策的占42%，认为独生子女户和二女结扎户在生产和生活方面不能享受到政府的优先照顾或不清楚的占45%，不清楚政府部门是否为独生子女户和双女户家庭办理计划生育养老保险的占61%，认为没有或不清楚在农村新型合作医疗中对独生子女户和二女户家庭有政策上的照顾的占77%，认为计划生育“女孩户”家庭的女孩及其父母不能享受计划生育技术服务部门每年“免费健康检查”占63%。

结合访谈的情况看，宣传工作开展不平衡的现象突出，在工作不扎实的地方主要存在如下问题：第一，宣传活动忽冷忽热的现象比较常见，高潮来时，活动铺天盖地，高潮过后，马上冷冷清清，缺乏经常性宣传机制；广播、电视、报纸、网络上没有固定的宣传节目，活动不能定期开展，使群众不能经常地了解相关法律法规和政策、不能经常地接受新型生育文化的教育，削弱了宣传的效果；第二，宣传活动不深入，在一定程度上存在重形式、轻实效的现象。尤其是大型活动主要在城里开展的情况比较严重。有些县计生部门开展活动时，要求乡镇计生部门也把制作好的面版拉到城里来，摆起长龙，发放宣传品、回答群众咨询。气势虽大，但效果令人怀疑。以此来计算宣教活动次数，有害无益；第三，基层计生网络在宣传上没有充分发挥作用，乡村计生工作人员离群众最近，与群众最熟悉，本应是宣传关爱女孩、严禁“两非”政策的重要参与者，但在实际工作中，他们往往忙于具体事务，较少对群众进行全面、系统地宣传而且宣传效果也不属于上级政府部门考核的范围。

2. 孕情管理问题

强化孕情管理是西南民族地区各省预防选择胎儿性别的主要手段。通过妇检、孕产期保健服务和产后访视，一方面，可以提高孕妇优生优育的能力；另一方面，可以及时掌握孕情和孕妇的思想动向，防止选择胎儿性别事件的发生。调查数据显示，89%的调查对象认为必须到计生部门进行妇检，44%的调查对象认为存在漏检、替检现象，46%的调查对象表示不能享受免费的孕产期保健和产后访视服务。

根据上述数据和访谈情况发现，计划生育工作相对薄弱地区的基层生育管理不够规范，是导致出生性别比失调的重要原因之一。表现：（1）对查孕查环这项源头工作把关不严，导致有性别选择者企图漏检或替检，从而赢得做性别检查的时间；（2）孕情跟踪管理不到位，特别是对中晚期对象疏于管理，给选择性别的流引产带来了时间上的方便，为育龄群众造成死婴、死产提供了机遇；（3）责任追究机制不健全，对工作不力、玩忽职守者，没有逆向查找和责任追究措施；对违法违纪人员，打击不力，姑息迁就，致使少数政策观念和责任心不强的基层干部，迎合部分群众“生男即止”的心理，为有女无儿户及未婚同居和隐藏婚姻等现象作假，与群众联合起来对付上级；（4）缺乏婴儿、胎儿死亡及死因确认机制。有的群众钻生育管理的空子，以死婴作掩护，故意报婴儿死亡或死产、流产；有的甚至大月份怀孕做B超，确认为女孩的，在私人诊所等非法医疗机构打堕胎剂致胎儿死亡后再到计生技术服务站生产，既能逃避采取节育措施，又能继续“合法”生育。

3. 打击非法行医和非法流引产问题

2003年以来，西南民族地区加大了打击“两非”的力度，各地相继开展打击非法行医和非法流引产的专项斗争，取得了一定的成绩，但形势依然严峻。调查显示：认为做B超鉴定胎儿性别比以前难的占38%，认为和以前一样的占27%，认为比以前容易的占35%；68%的调查对象在医院B超室或药店没见过有关禁止胎儿性别鉴定和选择性别人工流产的标志；15%的调查对象认为做人工流产不要求出示身份证、计划生育部门的批准证明或医疗诊断证明，12%的调查对象认为有要求，但没有证明也可以做，50%的调查对象表示不清楚，只有23%的调查对象表示要求出示；对“你们这里有医疗机构或医生因为鉴定胎儿性别或为他人进行人工流产而受到处罚的吗?”20%的调查对象回答了“有”，22%的调查对象回答了“没有”，58%的调查对象回答了“不清楚”；对于处罚的方式，认为单纯罚款的占41%，认为进行行政处分的占19%，认为罚款并处行政处分的占40%；对于“你们这里有持有生育证的孕妇因故意流产女婴受处罚的吗?”这一问题，21%的调查对象回答了“有”，22%的调查对象回答了“没有”，57%的调查对象回答了“不清楚”；对于处罚的方式，认为“暂时不予换证”的占20%，认为单纯罚款的占53%，认为“暂时不予换证并处以罚款”的占27%。

调查结果表明，打击非法行医和非法流引产的工作存在如下问题：（1）部门配合不力，综合治理局面难以形成。医疗卫生机构对中期以上非正常原因终止妊娠把关不严，鉴定胎儿性别，非法取环等活动屡禁不止；（2）食品药品监督管理、工商等部门督察不力，违规出售终止妊娠药品现象时有发生，不按规定摆放禁止“两非”标志的现象普遍存在；（3）公安部门对“两非”行为打击不力，长期以来缺乏有效的责任追究措施，使人们对胎儿进行性别选择成为可能；（4）治理过程中重罚轻管的现象有一定程度的存在，成为“两非”行为屡禁不止的一个不可忽视的原因；（5）地区间协调不够，缺乏联防联控机制。在省际、市际、县际交界地区，由于工作网络受到行政区划的限制，利用B超进行胎儿性别鉴定和选择性别的流引产活动猖獗。

4. 奖励扶助方面存在的问题

西南民族地区各省在财政比较困难的情况下，划拨专项资金保障奖励扶助基本措施的落实，取得了巨大的成绩，但不可否认的是，有些地区在投入力度和工作思路、工作方法创新上仍然有所欠缺。调查显示，除计划生育养老保险外，调查对象中认为在下列项目上能享受到政府优先照顾的情况如下：选致富项目的为16%，选小额贷款的为13%，选种植、养殖等方面技术的为12%，选免费技术培训、安排外出务工的为12%，选困难补助的为47%。

可以看出，在奖励扶助和优先优惠措施的落实过程中，主要存在如下一些问题：（1）政府的奖励扶助以输血式的“贫困补助”为主，而造血式的“致富项目”及相应技术帮扶还没有很好地开展起来，地区间不平衡的现象比较突出，致使计划生育帮扶对象不能较快较好地发展，影响了优先优惠和奖励扶助政策的落实，使他们无法起到真正的示范作用；（2）奖励扶助力度太小，与现实生活水平不相适应，不能起到保障生活的作用。目前，农村独生子女户、二女结扎户所能享受的奖励扶助项目主要有：养老补助金（夫妇每人每月 50～60 元）、新农合参保补贴（每户每年 10 元或每户每人每年 10 元）、独生子女保健费（每月 5～10 元）、最低生活保障金（每人每月 10 元左右）、一次性现金奖（几百至几千元数额不等），可以看到，贫困家庭夫妇年龄不足 60 岁的，每月得到的奖励扶助金合计只有几十元，不足以改变困境；（3）政府管得过宽、过死，社会力量参与不足。计划生育优先优惠和奖励扶助的各个环节和层面，基本上全靠政府安排、实施，事实上，由于市场、机制、体制等多方面原因，效果并不理想。社会力量在项目、技术、资金、转移农村剩余劳动力等方面可以大有作为，但政府又缺乏相应的激励政策，致使他们的参与存在不积极、不规范、不平衡的现象。

除上述外，出生性别比的综合治理还存在其他方面的问题，比如，部门之间的配合不力就是其一。西南民族地区在出生性别比的治理上都规定了宣传部、教育、公安、民政、卫生、统计、药监、妇联、农业、社保等相关成员单位的职责，明确了各自的任务。但在很多地方，其他成员部门常常认为治理出生性别比只是人口计生部门一家的事，在治理过程中，需要相关部门尤其是公安、卫生、宣传部门配合时，却很难得到有力的配合。访谈中一些计生和基层干部反映，对执业医生的依法管理权在卫生部门，出于本部门利益和政绩考核，常会掩盖和包庇违法医生。这种“买方打击卖方”的局面，缺乏有效的监督机制。公安部门由于无利益驱动，不愿花太多的精力在这些小的非刑事案件上；法院部门也常常以行政案件、法无定则等理由而拒绝受理。这种现象，无疑影响着出生性别比综合治理的效果。

第六章　西南民族地区出生人口性别比失调进一步治理的对策思考

一、国际社会对出生人口性别比问题的相关认识和治理实践与启示

（一）相关认识

国际上对出生性别比问题的认识主要建立在社会性别的视角上。从国际人权标准看，1995 年通过的《行动纲领》把“溺弃女婴和产前性别选择”（第 114 节）列为针对妇女的 12 大暴力行为之一；联合国 1992 年关于《消除对妇女一切形式歧视公约》认为，基于性别的暴力是严重阻碍妇女与男子平等享受权利和自由的一种歧视形式（第 1 条），而强制绝育或堕胎对妇女的身心健康有不利的影响（第 22 条），应防止“在生育繁殖方面的胁迫行为……例如非法堕胎”（第 42 条）；国际人口与发展大会《行动纲领》在《男女平等、公平和赋予女性权利》一章中集中讨论了“产前性别选择问题”，并提出应“敦促各国政府采取必要措施，防止杀婴、产前选择性别”等一切形式的对女孩的歧视[①]。

世界妇女大会（World Conference on Women）是专门讨论妇女问题的政府间的世界性大会，它在推动妇女解放和性别平等上发挥着重要作用。1995 年 9 月 4—15 日在我国北京召开的第四次世界妇女大会通过的《行动纲领》第 202 条指出：“在处理提高妇女地位的机制问题时，各国政府和其他行动者应该提倡一项积极鲜明的政策，将性别观念纳入所有政策和方案的主流，以便在作出决定以前分析对妇女和男子各有什么影响”[②]，最先提出了“社会性别主流化”。1997 年，联合国经社理事会（ECOSOC）对社会性别主流化作了明

---

① 荣维毅：《治理出生性别比失调的分析框架和方法》，中国人口网，2004.9.20。

② 《联合国第四届世界妇女大会行动纲领》，www.westwomen.org，2004.1.12。

确界定，指出“社会性别主流化”既“是一个评估过程”，也“是一个战略”，要对包括立法、政策或项目等领域、层次上的任何一个计划/行动对两性产生的影响进行评估；要将妇女的关注和经历同男子一样，作为设计、执行、监督和评价所有政治、经济和社会领域中的不可分离的一部分来考虑，使男女平等受益①。

（二）国际上相关治理实践与经验

出生性别比偏高现象并非中国特有。据资料②显示，20 世纪 80、90 年代世界大多数国家的时期出生性别比平均值在 105±2 附近，而韩国（111.4）、新加坡（107.6）、巴基斯坦（107.3）、菲律宾（108.6）、古巴（108.8）、突尼斯（107.1）、西班牙（107.1）等国偏高。可见，尽管出生性别比高于 107 的主要是东南亚各国或地区，且以经济欠发达为主，但部分西方发达国家也同样出现了出生性别比偏高的情况。而这些国家或地区分别采取相应措施，使出生性别比失调问题得到一定程度上的缓解。

以韩国为例，1990 年以来，政府就采取了一系列政策措施，主要包括：一是通过多种专门立法，禁止性别歧视，提高女性家庭地位，反对家庭暴力，惩治商业性性交易和保护受害者，努力消除阻碍女性参与经济活动的障碍。例如，1990 年修改的《家庭法》规定女性也可以成为家庭户主；2001 年修订的《男女雇佣平等法》、《劳动基本法》、《雇佣保险法》等母亲保护三法，出台拓宽女性就业渠道的劳动力市场政策，建立积极反映两性平等观点的劳动制度和工作环境。二是设立妇女发展机构、性别平等部门等政府专门机构以促进性别平等，并得到了政府财政预算的支持。例如，2003 年，成立了直属于总理的妇女政策协调委员会，负责性别平等政策的制定和修订；此外还设立中央到地方的性别平等办公室——性别平等局。三是运用法律手段禁止胎儿性别鉴定和堕胎，颁布了禁止胎儿性别鉴定和堕胎的法律，并严格执行法律法规。1987 年修改的韩国“医

① 荣维毅：《治理出生性别比失调的分析框架和方法》，中国人口网，2004.9.20。

② 刘爽：《世界各国的人口出生性别比及其启示》，载《人口与计划生育》，2006（2）。

疗法”，禁止胎儿性别鉴定，对于利用B超做胎儿性别鉴定者罚以重金，吊销医生执照或停止医疗机构执业；1994年修改的“医疗法”加大了处罚力度，对进行非法胎儿性别鉴定的情况“将处以3年有期徒刑与1000万元韩元，罚款”。同时，加强对医生进行培训和管理，以韩国医师协会为主开展了医务人员自觉杜绝胎儿性别鉴定与选择性别人工流产的自律实践活动。自1996年起，拘留并起诉进行胎儿性别鉴定的部分医疗人员后，出生性别比开始呈下降趋势。四是强调全社会关注女性氛围的建设。在过去的20多年，韩国在学术研究、社会福利、就业、参政、教育等方面作了一系列努力，为提高女性地位、形成全社会关爱女性的氛围做了大量工作：如在社会福利方面，部分青少年保护支援中心、儿童福利院专门为女童开设，并享受政府投入的资金；在就业方面，仅2001年政府就拨款约380万美元用于开办针对女性的培训基地，鼓励女性创业；在教育上，将男女平等的思想纳入学校课本及课程中，从小培养人们的性别平等意识。经努力，韩国出生性别比2004年降至108.2[①]。

中国台湾地区在出生性别比偏高问题的治理上，通过法律手段，加强对生殖技术的管理，保障女儿在姓氏、财产上的继承权，为老年人提供养老保障：首先，“卫生署”发出官方警告文件给所有医院和诊所，如果有医院和诊所滥用现代生殖技术进行出生性别选择，将会吊销其营业执照和处以罚金；其次，通过修改民法和家庭登记条例，允许夫妻自由决定孩子的姓，并通过修订法律，允许女儿在未出嫁前可以继承财产；再次，通过公共部门加强老年人的福利并为其提供养老保障。上述措施实施以后，2001年台湾出生性别比实现正常化。

印度在立法禁止对胎儿进行性别选择的同时，主要通过政府采取坚决措施，遏制产前流产女胎。1996年，印度实施“产前诊断技术法令”，2003年进一步修正和补充。还成立了各级监督委员会，由非政府组织参与监督法规的落实。此外，还加强对医生的教育，通

---

① 中国人口网：《韩国治理出生性别比失调的经验与启示》，2007.10.11

过教育和遵纪守法来说服医生改变他们的行为。但是印度的一些调查研究也表明，禁止选择胎儿性别的法规没有能够有效地执行，尤其是对私营服务人员的管理和对医务人员提供性别选择服务的取证存在极大的困难。

国际上出生性别比失调问题的治理对我国具有几点启发意义：一是将治理工作作为一项长期任务进行战略决策，力求从根本上解决出生性别比失调问题。二是通过性别平等法律系统建设，赋予女性权利，用法律的手段遏止侵害女性权益的各种行为。三是搭建改善妇女社会地位平台，促进女性就业以提高其经济地位，保障男女平等。但是，由于我国出生性别比失调在文化上的根源比韩国等东南亚国家更加根深蒂固，地情的差异又使得该问题在不同地区的发展极不平衡，国情的差异要求我们在借鉴他人经验的同时，加强自身的研究和探索。

二、西南民族地区出生人口性别比失调进一步治理的对策建议

2006 年 12 月 17 日，《中共中央国务院关于全面加强人口和计划生育工作统筹解决人口问题的决定》（中发［2006］22 号）在第五部分专门强调要“综合治理出生人口性别比偏高问题”。文件认为：“出生人口性别比过高、持续时间过长，必然影响社会稳定，关系到广大人民群众的切身利益。”在新阶段“要建立党政负责、部门配合、群众参与的标本兼治工作机制，加强综合治理的过程评估和责任考核。深入开展‘关爱女孩行动’、‘婚育新风进万家’活动”。要“以消除性别歧视为重点，广泛宣传男女平等、少生优生等文明婚育观念，普及保护妇女儿童权益的法律法规知识。制定有利于女孩健康成长和妇女发展的社会经济政策，促进男女平等就业和共同参与社会经济活动”。同时要“对农村计划生育女儿户给予奖励，在扶贫济困、慈善救助、贴息贷款、就业安排、项目扶持中对计划生育女儿户予以倾斜，推动‘幸福工程’、‘春蕾计划’等社会公益活动。鼓励男到女家落户，依法保护妇女的宅基地、房屋等继承权和土地

承包权等权益”。强调要“严禁非医学需要的胎儿性别鉴定和选择性别的人工终止妊娠。建立B超检查和人工终止妊娠登记、孕情检测、孕产过程管理等制度。完善执业资质认证和B超使用准入制度。对终止妊娠药品和促排卵药品实行严格的处方管理”；要“运用法律手段，严厉打击非法实施胎儿性别鉴定和选择性别人工终止妊娠的行为，依法严惩溺、弃、残害女婴和拐卖、绑架妇女儿童的犯罪活动及歧视、虐待生育女婴的妇女等违法行为，保障妇女儿童的合法权益。实施举报制度，加强社会监督”。这些规定和要求，是新阶段出生性别比失调综合治理的行动指针。在上述精神指导下，全国各省区市，尤其是出生性别比失调严重的省份，都在原有工作的基础上，采取了更为积极有效的治理措施，也更重视社会调查、理论研究在治理中的作用发挥。西南民族地区出生性别比失调在新阶段的综合治理，我们在此特作如下思考。

（一）指导思想、目标和原则

西南民族地区进一步开展出生性别比失调治理工作，应当以邓小平理论、“三个代表”重要思想和科学发展观为指导思想，贯彻落实中央人口资源环境工作座谈会精神，动员全社会力量，维护妇女儿童的合法权益，形成利于女孩及其家庭的社会舆论氛围、政策体系和法制环境；实现出生性别比的自然平衡，促进男女平等和社会文明进步，为全面建设小康社会和构建社会主义和谐社会创造良好的人口环境。

应当明确出生性别比治理工作的阶段性目标：即从2006年开始，用10年时间，有效治理出生人口性别比偏高问题；到2010年，在全社会形成关爱女孩的浓厚舆论氛围，基本建立起有利于女孩及计划生育女儿户的利益导向机制，“两非”和溺弃女婴等现象明显减少，出生人口性别比偏高的势头得到有效遏制，出生人口性别比趋向正常；到2015年，社会性别平等、生男生女顺其自然等观念深入人心，有利于女孩及计划生育女儿户的利益导向机制更加完善，基本消除“两非”和溺弃女婴等现象，出生人口性别比实现自然平衡。

为实现上述目标，治理工作应当把握下列实施原则：

第一，把治理工作放到战略高度，进行长远规划。从遏制出生性别比攀升，到迫使其恢复正常，最后到实现无须干预的自然平衡，是一个长期过程，这有赖于能形成利于女孩成长、妇女发展的政策、法制和社会环境，又有赖于农村经济和社会保障的发展。应清醒地看到，尽管目前一些地区出生性别比已处于下降或恢复正常，但主要是“治标”的结果，故应当树立忧患意识，做长远规划，分步骤、分阶段地开展工作，不可急功近利、浅尝辄止。

第二，进行综合治理。出生性别比失调的治理是一项系统工程，在实施主体上，须联合计生、卫生、药监、民政、司法等部门齐抓共管，形成党政统一领导、各部门参与的合力。在方式上，需要采取宣教、经济、法律、行政等综合措施，达到“治标治本”目的。

第三，以利益导向为主导。西南民族地区是经济欠发达地区，生活和养老是群众迫切而实际的问题，也是形成“男性偏好”的现实原因。利益导向政策更能解决群众的实际问题，产生的影响力也最大。在新一轮的治理措施安排上，应以利益导向为主导，实现法律、行政“硬”控制手段的“软着陆”，建立新型生育文化建设作为长效机制。

第四，依法管理，优质服务。与其他地区比较，西南民族地区的计划生育工作开展迟、工作基础落后，在生殖健康、孕产全程服务及工作管理机制建设上也相对落后，基层地区还存在工作方式随意、方法简单等问题。在治理工作上，应注意群众合法权益的维护、依法管理、文明执法，通过提升服务能力，寓管理于服务中，夯实群众基础。

第五，统筹解决，促进和谐。鉴于西南民族地区政策生育率高，人口增长势头缓减而人口与资源环境矛盾突出的实际，强调综合治理出生人口性别比问题与统筹解决其他人口问题应在科学决策的基础上同时进行，不可偏废。而其中千方百计稳定来之不易的低生育水平，防止生育比率反弹是新阶段人口和计划生育工作的首要任务。同时，采取措施大力提高出生人口素质、加强流动人口管理服务、积极实践“积极老年化”、“健康老年化”，促进和谐计生、和谐人口局面的形成，而之又无疑有助于出生性别比失调的有效治理。

（二）组织、政策方面

“政府组织、明确责任、区域合作、部门配合、打防并举、防范为主”是出生性别比综合治理的工作机制。这一机制是保障治理工作持续、有效进行的“指挥棒”，它强调组织网络的建设。出生性别比综合治理工作由承担出生性别比治理工作职责的各级有关部门，按照一定的责任分工形成特定的组织体系。监察、文广、计生、卫生、食品、药监、公安、妇联等职能部门是这一组织体系中的重要组成部分。在出生性别比的进一步治理工作中，必须充分发挥该组织体系的重要作用。我们认为，应当加强如下几方面的工作：首先，党委、政府应扮演好“领头羊”的角色，承担组织、领导、协调、监督和统筹的职责。尤其对治理工作的战略地位与各相关部门形成共识，取得广泛关注与足够重视；发挥其在组织各部门研究制定规划、方案和执行措施上的核心职能；加强地区协作，打造地区经常性联系和信息共享及合作平台。其次，政策的实施机构和行为主体的各相关部门，应发挥其执行决策的职能，并在本部门内部具体分工负责治理决策的有关任务；在明确相关部门职责的基础上，建立目标考核及责任追究制度，保证决策的真正执行。再次，加强部门协作，不仅应举行定期会晤，还应建立和真正落实日常工作机制，设立日常办公场所和专门工作人员，保证问题及时通报和解决。最后，各层级部门内部应加强沟通与合作，尤其是帮助基层部门准确领会文件精神，协助制定操作方案，开展业务培训和指导，解决实际困难。

政策保障是出生性别比治理工作的最重要和最基础环节。政策有综合性、专题性之分。就出生性别比问题而言，综合性政策主要指国家层面的《人口与计划生育法》、《母婴保健法》、《计划生育技术服务管理条例》，以及省级层面的《计划生育条例》、《进一步加强计划生育工作稳定低生育水平的决定》等法律法规，主要确立工作的指导思想、目标任务和原则。专题性政策主要指《关于禁止非医学需要鉴定胎儿性别和选择性别的人工终止妊娠的规定》、《关于加强广泛开展“关爱女孩行动”综合治理出生性别比偏高问题的意见》

等，这一层面的政策强调内容的操作性，具体实施需要出台具体的配套法规、方案和措施。就西南民族地区而言，在坚决落实和贯彻上述政策的基础上，应该做好两项工作：首先，应强调政策的完整性和系统性，避免缺失和漏洞。例如，对违法“两非”的个体诊所的处罚力度明显轻于卫生和计生服务机构，对接受“两非”的主体缺少处罚规定；对B超机的购买和使用缺乏相关管理规定；缺少对非婚“两非”的管理规定；在经济处罚上，缺少与财产和收入挂钩的相对指标等[①]。对于这些内容，有待进一步充实和完善。同时，针对省级专项治理规定较为笼统、原则、操作性不强的实际，应抓紧制定有地方特色的法规、方案，以及系列辅助性配套措施，例如，《B超管理制度》、《孕情和视访制度》、《死婴死因调查和责任追究制度》等。其次，强调政策的统一性，防止类似政策或不同层级政策间的口径不一。例如，在同一问题的处理规定上，贵州省计生条例对“两非”违法收入1万元以上的处以其2～6倍罚款，而其2005年专项治理规定对相同情况的处罚标准为1000～3万元，罚款上限不同。对擅自终止妊娠的，国家层面的处理规定是“未确认事实之前，暂不批准再生”，而广西规定“三年内不安排生育”，贵州规定“处以1000～3000元罚款，不再安排符合条件的二孩生育”[②]。政策口径不一，容易使执行者在问题处理上无所适从，工作处于被动地位。应对各项法规进行认真梳理、及时调整有出入、有冲突的条款，在符合大政方针的基础上制定符合实情的地方性法规。

在此，有必要就生育政策方面提出我们的看法。部分学者认为，出生性别比失调主要是我国生育政策而导致的有限生育空间挤压的结果，因而解决的途径就是适当放宽生育政策。不可否认生育政策因素对出生性别比有影响，但将出生性别比失调归结于此就难以对西南民族地区出生性别比失调问题作出使人信服的解释。其理由一

---

① 张幸福、杨军昌：《西南民族地区出生性别比失调治理相关法律法规问题研究》，载《南京人口干部管理学院学报》，2007（3）。

② 荣维毅：《治理出生性别比失调的分析框架和方法》，中国人口网，2004.9.20。

是有不少学者结合同样实行人口控制的国家和地区而出生性别比相对正常的研究成果和理论阐释（原新、石海龙2005，蔡菲、陈胜利2006）；二是在相同生育政策下我国出生性别比显示出的区域不平衡性特征的实际，包括西南民族区、州、县；三是西南民族地区的政策生育率均高于全国水平1.52水平，如广西为1.70、贵州为1.74、云南为1.93，而其中的民族自治州则更高，如贵州黔东南州为全省最高达1.98[①]。为了说明问题，我们再从人均耕地资源的变化来看，1949年，广西人均耕地为1.95亩，随着人口的增长，到2004年仅有0.79亩，只及1949年的40.51%[②]。贵州黔东南州1949年全州有人口177.30万人，耕地265.16万亩，人均耕地1.5亩。而到了2000年，全州人口增至422.49万人，人均耕地减为0.66亩，低于联合国规定的人均0.8亩的警戒线[③]。在人口增长在一定时期还持续不减的情况下，如若再放宽生育政策，不少民族地区的人地矛盾必会更加尖锐，生存家园将会面临难以想象的危机。因此，我们认为，解决出生性别比失调的治本之策，还在于在大力促进经济发展的基础上，群众生育观念的转变和性别平等意识的增强。当然，我们不否定，在坚持国家稳定现行低生育水平政策的前提下，各省、区、市可根据实际在国家政策与法律框架下，在地方人口与计划生育条例的修改中，调整诸如“政策暗示”性别选择等条款。

（三）管理机制

根据西南各省市区局部地区或总体出生性别比持续攀升的严峻形势，开展系列针对性调查，寻找症结，在医疗技术管理、部门联合、孕情跟踪上寻找未能有效遏制出生性别比升高的管理漏洞，根据调查的原因或工作薄弱环节建全管理机制。结合西南地区的实际，主要从三方面完善出生性别比治理工作的管理机制：

---

① 广西、云南、贵州人口计生委提供。

② 国家统计局：2005年《中国统计年鉴》，北京，中国统计出版社，2005。

③ 黔东南州人口计生委：《曲折与辉煌——黔东南人口与计划生育三十年历程》，2005。

第一，在“两非”专项整治上，对执行医疗保健机构许可准入和卫生技术人员资质认定上严格把关，对终止妊娠手术、器械及药品独家管理、高度垄断，规范生育指标审批程序。建立和完善从业资格审批认证制度、B超检查登记制度、终止妊娠手术药品管理制度、终止妊娠手术管理制度、终止妊娠施术申报审批制度、对非法行医的举报奖励制度等。

第二，在孕情跟踪上，对怀孕、引产、婴儿出生及死亡进行全程监测，加强孕情检查，鼓励住院分娩，严格出生性别确认，明确婴儿死亡、遗失原因和追究责任。建立孕情访视制度、住院分娩优惠制度、出生性别登记复查制度、出生婴儿死亡报告制度、女婴死因核查和责任追究制度、对溺婴弃婴非法送养诸行为的举报奖励制度等。

第三，在部门联合与地区协调上，层层落实部门分工，公示参与部门职责，进行契约管理，对年终考核不合格部门追究责任，进行社会监督，另外，加强区域间工作联动。相应建立部门职能公示制度、部门工作合同管理制度、经常性监督制度、执法单位或个人违法违规处理制度、年（期）终考核“一票否决”制度、执法主体违规违纪举报奖励制度、流动人口实行区域间“双向管理”制度。在工作上加强地区内和相连周边地区的协作与合作，其中尤其要统一和规范地区间协调的措施，杜绝各种在流动中实施“两非”的现象。

这里，我们结合部分相关的调查与资料，在此强调在西南民族地区要加强人口统计特别是出生性别比的统计工作，以提高出生性别比数据的真实性、客观反映出生性别比的变动状况。2003年以来，西南民族地区出生性别比基本都有明显的降低，这一结果与当地各级各部门积极开展“关爱女孩行动”，加强出生性别比综合治理工作是分不开的，地方政府所作的各种努力是不容否认的。但是，在调查研究中我们发现：同一统计口径的计生年报数据在短时期内剧烈波动（忽高忽低）；计生年报数据与“五普”、1%人口抽样调查数据虽然统计时点有一月差异，但双方数据悬殊过大，见表6-1；一孩性别比过低或过高的不正常现象（因受干预较少一般相对正常），等等。上述情况难免使人对相关数据的真实性产生质疑。对于上述现象，我们认为其既受观察样本的有限性及统计口径的差异性等客观因素影响，也与群众对生育事实的刻意瞒报错报，以及近年将出生性别比作为人口计生工作年度考核指标后促成的人为造假等主观因素有关。只有在掌握准确的人口数据的基础上，才能对事件发展态势进行准确判断，进而制定出有效的相关对策；失真的数据不仅难以反映事实本身，而且还可能作出错误的决策，进而忽视事实本身的严重性，酿成历史性失误。因此，一方面应完善基层人口登记体系，采取利益导向措施提高农村住院分娩率，制定分娩调查核实制度杜绝人为瞒报错报；另一方面应建立科学的出生人口性别比考核机制。针对我们的调查，这里就管理考核问题提三点决策参考建议：

表 6-1　部分地区人口普查与计生年报出生性别比数据差异情况

地　区	“五普”比 2000 年计生年报增减（＋、－）	2005 年 1% 抽样调查比计生年报增减（＋、－）	地　区	“五普”比 2000 年计生年报增减（＋、－）	2005 年 1% 抽样调查比计生年报增减（＋、－）
黔东南州	－0.87	15.36	崇左市	－5.80	－3.84
黔南州	5.95	11.22	贺州市	8.40	13.96
黔西南州	－9.12	14.43	百色市	－4.54	4.91
南宁市	10.57	10.17	河池市	5.16	－2.58
柳州市	－9.80	7.50	楚雄州	3.13	0.31
桂林市	10.24	8.75	红河州	－7.63	3.05
梧州市	－5.74	7.05	文山州	－8.41	7.56
北海市	4.26	－1.32	西双版纳州	3.20	－24.6
防城港市	20.40	4.61	大理州	－2.34	－6.56
钦州市	29.87	13.24	德宏州	－10.93	7.82
贵港市	26.82	30.63	怒江州	－2.13	0.10
玉林市	34.84	－0.24	迪庆州	2.69	－11.7
来宾市	18.43	－4.00	重庆 5 县区	－1.71	3.27

资料来源：根据相关地区“五普”、2005 年 1%人口抽样调查和 2000、2005 年计生年报数据整理

一是提高治理各责任部门的使命与责任意识。出生性别比失调治理是一项复杂的社会系统工程，综合治理是国家已明确的一项重要措施，地方政府在工作考核中应该不仅考核人口计生部门一家，而应既考核人口计生部门工作又对相关职能部门所承担职责进行考核相结合的方法，以充分调动各部门的积极性、主动性，增强各部门的责任感和使命感，从而实现真正意义上的部门协作、齐抓共管、综合治理；

二是改革考核方式。近年来，尤其是出生性别比成为年终考核的一项重要指标以来，地方各级党政领导对该问题倾注了较高的重视，但一方面部分地区出生性别比失调已有一定积累年限，其严重性及其治理的艰巨性使得治理工作又很难立即见效；另一方面在“政绩观念”的左右下，在工作上亦步亦趋、“听命而动”、“短期行为”明显。因此，建议改变上对下层层下达死命令、硬指标、年终一次性考评的模式，改以报表的真实性和经常性工作内容作为评估的第一要素，以避免前者会带来报表（数据）造假的恶劣后果和年终考核“一锤定音”的偏差和负面影响。

三是改对县市领导目标考核年度制为年度考核与届期考核、以届期考核为主相给合，强化“一把手”对治理工作的责任感，增强考核的科学性。

此外，应根据出生性别比地区分布不平衡的现实和地方实际，掌握工作重心。例如，在出生性别比重度失调的地区，重点查处“两非”案件和实施全程监控服务；在出生性别比轻度失调地区采取打击“两非”、宣传教育、利益导向等结合的长效机制，在出生性别比正常或轻度徘徊的地区实行行为约束和利益导向制度化，防患于未然，或巩固治理工作成果。

（四）手段机制

在出生性别比治理的手段机制上，应形成法律、经济、文化、行政并举的综合治理局面：

1. 法律手段

法律手段是治理出生性别比升高问题的重要而又有效的措施之

一，主要通过立法和司法过程实施对出生性别比的治理。同其他手段相比，法律手段具有强制性、稳定性的特点，这决定了其在工作手段机制体系中的地位和作用。在宏观层面上，目前各种法律中不利于妇女发展和不利于妇女地位提高的条文还一定程度地存在，在其他法律法规的制定和修改过程中，强调和重新审视性别平等和妇女权益的问题，强化性别平等意识，使各级政府和各部门都认识到性别平等的重要性，提高妇女地位。在立法方面，首先，应加大对“两非”行为的处罚力度，应借鉴印度、韩国等利用刑法严厉打击“两非”行为的做法，针对我国目前在《刑法》中尽管有“从事非医学需要的胎儿性别鉴定和选择性别的人工终止妊娠，情节严重的，追究相应的刑事责任”的规定，但没有设立相应罪名而无法落实的尴尬局面，争取将“两非”罪名入刑法。另外，应当重新审视和修改相关的法律规定，如对妇女在就业和退休方面的平等待遇应当有法律保障等。

根据西南民族地区相关法律法规在立法和实施方面存在的问题，特提出以下建议：(1) 改革二胎生育证管理办法，可以借鉴一胎生育证管理方式，允许符合条件的夫妇先怀孕再申请领证，不再将有无生育证作为认定计划内和计划外生育的依据。而一旦怀孕，就要纳入孕情全程跟踪管理服务，不允许其以无证为由流产胎儿，孕情无故消失的要追查原因，进行胎儿性别选择的要依法从重处罚。对于不到间隔年限生育的，要重视运用市场手段解决问题——加大社会抚养费的征收力度；(2) 加大对利用其他婚姻形式进行性别选择的打击力度。对于利用其他婚姻形式进行生育行为，建立逆向责任追究制度，对其生育过程进行追查，如发现有选择胎儿性别的行为，要依法予以处罚。规定对于在上述婚姻形式中违犯了其他法律法规的，追究相应的法律责任；(3) 建立健全对丢失女婴的责任追究制度，完善女婴死亡原因核查机制。计生部门应加强对以女婴死亡为由申请生育证的核查，不仅仅要对死亡女婴进行确认登记，还要核查医疗记录，了解死亡原因。对声称女婴死亡又不能提供相关证据、证明的，要严加核查，对有遗弃、溺杀女婴嫌疑的，应通报公安机关介入调查，对有违法犯罪行为的，要依法严厉打击；(4) 提高购买、使用B超机的准入门槛，在相关的法律法规中，对B超机的购买资质和使用条件进行明确的规定。提高个体诊所购买和使用B超机准入门槛，可以从人员、技术、范围、规模等方面作出严格的要求。比如，近几年专项治理文件纷纷规定，凡用B超为孕妇做超声检查至少要有3名以上医务人员在场，并及时搞好登记，以此加强监督；(5) 从严治理富人、名人的违法生育。修改相关立法，明确规定：对于拥有80万元（约合10万美元）以上财产的富人阶层、政治或其他领域的名人，提高违法生育的缴纳额度，对那些情节恶劣，影响极坏的，采取重罚政策。同时，对违法生育典型进行公开曝光，增大其违法生育的成本；(6) 从法律层面上确认“有奖举报”制度。对在相关法规中没有有奖举报规定的地区（云南、重庆），增加该条款，明确奖励的数额、对举报人的保护措施和对于打击报复者的责任追究制度，最大限度地发挥群众监督的作用；(7) 修改完善相关立法，妥善解决地方诸法以及地方立法与部委规章不一致的问题。针对相关立法就同一问题作出不同规定的问题，建议各级立法机关依照《人口与计划生育法》、《母婴保健法》、《关于禁止非医学需要的胎儿性别鉴定和选择性别的人工终止妊娠的规定》等相关法律法规的原则规定，对相关立法进行修改和完善，建立起协调一致的法律规范体系；(8) 根据《行政许可法》、《行政处罚法》的相关原则，修改和完善地方相关立法。《行政许可法》、《行政处罚法》作为一部规范政府共同行为的重要法律，其目的就是为了保障和监督行政机关有效实施行政管理，维护公共利益和社会秩序，保护公民、法人或其他组织的合法权益。西南民族地区四省治理出生性别比失调的某些法律规定明显违反《行政许可法》、《行政处罚法》的有关原则精神，侵害了公民的合法权益。因此，四省立法机关要依据《行政许可法》、《行政处罚法》的原则，对相关规定进行清理、修改、完善和规范，使治理出生性别比失调的法律法规真正做到既能维护公共利益和社会秩序，又能保护公民的合法权益。

2. 经济手段

经济手段是通过经济措施调控人口发展，是市场经济下的必然选择，是间接手段，包括奖励和处罚两方面。在出生性别比失调问题的治理上，主要是实施各种奖励扶助措施，进行利益导向，强调“以奖代罚”。向执行计划生育的独生子女户和二女户提供养老的奖励扶助，对计划生育户、贫困母亲以及计划生育家庭女孩的扶助政策，已经在西南部分地区实施，从效果上看，能够在一定程度上弱化农村家庭在经济上和养老保障上对男孩的需求，在经济欠发达地区或贫困地区可能起到更显著的作用。群众对这一政策有了较大关注。但是，由于奖励扶助政策的受益人群为60岁以上的人，大部分在20世纪80年代响应政府计划生育号召的夫妇还没有达到这个年龄；此外，群众对这一政策的持久性也有所疑虑，不了解这是一项长期政策还是临时措施，或者年轻夫妇认为按照现在的奖励力度，30年后恐怕对养老是杯水车薪、起不到什么作用。所以，对奖励扶助政策，部分群众还持观望态度。而对经济宽裕的家庭一般并不看重这种补助，而贫困地区往往不能兑现，因此削弱了奖励的效果。因此，在奖励扶助工作上的重点应在于，加大享受奖励扶助的覆盖面和提高奖励扶助水平，真正消除女孩家庭与其他家庭在生活各方面上的明显差异；在资金保障上，改变过多依赖国家财政补助的现状，拓宽筹资渠道，保障资金运营和增值，实现政策的真正兑现；保持政策的稳定性和连续性，根据经济的发展不断提高奖励标准，填补西南地区农村养老保障的缺位，消除人们对没有儿子的忧虑和不安全感。

这里有必要就由农村奖励扶助制度向建立农村社会保障制度过渡问题提出看法。农村部分计划生育家庭奖励扶助政策推行以来，在切实提高“女孩户”经济社会地位，解决人们养老后顾之忧和引导人们生育观念转变上发挥了积极的作用。此外，作为一项重要的利益导向措施，该制度对于推动我国人口计划生育工作方式的转变也发挥了积极意义，可以说，经济上的奖励和补助将是解决性别比失调问题的最有效措施之一。但是奖励扶助制度毕竟不是农村社会养老保障制度，它针对的只是部分特定人群，问题的关键是如何将奖励扶助制度的积极效应扩大并以制度的形式稳定下来。目前存在的问题是，对于严格执行计划生育的家庭，缺乏大力度的经济奖励，起不到应有的积极作用，特别是大部分独生子女家庭和符合计划生育的二女孩户家庭并没有实际感受到比其他家庭更多的经济优惠和各种保障措施；群众对这一政策的持久性也有所疑虑，对奖励扶助政策，部分群众还持观望态度；对因独生子女伤残、死亡和计划生育手术并发症造成的家庭困境的经济扶助也远远不能解决实际困难；遵守计划生育政策的农村家庭中的一女户或二女户，进入老年后政府的扶助不够，面临无人赡养的境地。总之，奖励扶助制度只是权宜之计，问题的最终解决还得依赖普遍的农村社会保障制度的建立。实际上，社会保障制度的完善与计划生育基本国策、男女平等基本国策的推行是相辅相成的。通过完善农村的社会保障制度建设，有利于改变人们“养儿防老”的传统观念，对于计划生育工作可以说是一个巨大的促进。因此，政府和有关部门应该建立、完善农村社会保障体系，给农民以“国民待遇”，从养老、医疗方面真正解除农村居民的后顾之忧，使得人们无论是生男孩还是生女孩，生 1 个孩子还是 2 个孩子，都能够做到老有所养、病有所医，即老人年老或生病之后，不用依靠子女而是依靠社会保障体系，就能够正常生活、安享晚年。

3. 文化手段

研究表明，同一社区居民的价值观念和生活方式都表现出极大的趋同性，长期形成的社区亚文化直接影响居民的价值观念和生活方式。因此，出生性别比治理工作应当依托社区，将社区亚文化与宣教内容统一并协调起来。

首先，广泛开展各种宣传教育活动，宣传先进人口性别文化。先进人口性别文化在经济欠发达的西南民族地区需要通过各种传播形式潜移默化地改变人们的思想观念及行为方式。因此，广泛的宣教活动是先进人口性别文化得以传播和深入人心的必经之路。首先，先进人口性别文化的宣教活动是一项长期而艰巨的任务，应建立长效机制，制定发展战略，通过目标来指导工作；其次，应加大宣传的力度，拓宽宣教覆盖面积，使“以人为本，关爱女孩、男女平等、生男生女一样好”等科学、文明、进步的新型生育观念真正成为人们所接受的价值观；再次，应丰富宣教形式和内容，普及保护妇女儿童权利的法律法规；树立女孩自立、自尊、自强的先进事例和“女子成材”、“巾帼建功”等典型。此外，还应充分尊重少数民族文化变迁上的自主性，借鉴历史经验，发挥民族村寨头领和民间组织在宣教活动中的领导和组织作用，借鉴历史上款约、劝世歌等生动通俗的宣传载体和形式，提高群众参与的积极性。

其次，注重把学生作为宣传倡导的目标人群。借鉴国际上的实践经验，应当利用学校教育“阵地”，考虑在民族地区中小学思政科增设性别文化教育相关内容。我国目前中小学当中有人口教育，而传统的人口教育更为强调我国人口的数量、质量问题而不是人口结构问题，如果在中小学就向学生宣传和倡导人口性别结构平衡的重要性，宣传男女平等，使少年儿童从小接受先进人口文化教育和熏陶，有可能实现长期的效果，形塑自觉的性别平等意识。另外，对于医学院校的学生，他们在学校里学习的主要是医疗技术，而对胎儿性别选择所带来的社会和人口问题则没有太多的了解，也缺乏必要的认识，在医学院的学生中进行宣传倡导可以使这些将来的医务人员对这个问题有更清楚的认识，从而能够主动地、有意识地不提供胎儿性别选择的服务。

再次，将宣传教育与解决群众后顾之忧结合起来，提高宣传倡导覆盖面和针对性。“婚育新风进万家”和“关爱女孩行动”对于宣传和倡导科学、文明、进步的婚育观念，依法维护女孩的合法权益，营造有利于女孩生存和发展的社会环境，促进妇女发展和男女平等具有积极意义。不过，观念和文化的改变是一个潜移默化的转变过程，需要一个较长的时期，也需要有相应的经济基础和制度保障。农村家庭中对男孩的需求一方面在于精神和文化方面的驱动；另一方面还是社会客观需求的理性思考。因此，除了开展宣传之外，还需要同时用实际行动解除群众的后顾之忧，如家庭劳动力需求和养老保障问题的解决，对确实有困难的家庭重点扶助，才能使人们不仅口头上赞同，在行为上也真正转变，最终消除潜意识中的“男孩偏好”。另外，目前的宣教工作还存在覆盖面不高和针对性欠缺的局限性。这要求在扩大宣教面的同时，提高宣教效果，强调创新形式、寓教于乐、丰富内容。在形式上，要群众喜闻乐见，达到丰富群众业余生活的目的；在内容上，提高宣传的针对性。通过宣教活动，应澄清民族地区出生性别比普遍失调的事实，分析可能的社会后果，指明治理工作的重要意义；明确出生性别比失调是人为干预生育的结果，症结是落后的性别观念，以增强群众的社会责任感，提高群众配合度和参与积极性；灌输科学文明进步的新型生育观，找到其与民族文化的契合点，通过“女孩户”的扶持和推崇，引导群众淡化传统的“男性偏好”观念；加大相关政策法规的宣传力度，使群众明白歧视女孩是不道德行为，选择性别是违法行为，提高性别鉴定的道德和风险成本。

最后，弘扬西南各民族的优秀传统人口文化，并使之在出生性别比失调抑制中发挥积极作用的问题。我们认为，要使持续攀升的出生性别比得到有效治理，其中不可忽视的措施就是构建平等的性别文化和生育文化，真正赋予妇女权利和机会，全方位地改善女性的生存状况，切实保障女性的各种权益，实质性地提高妇女地位，以实现真正的男女平等。在建构平等的性别文化和生育文化过程中，应在已开展的“民族民歌唱计生”等活动的基础上，结合文化产业发展、民族传统文化的传承和保护、社会性别与社会发展的促进等活动，充分发掘、发挥和弘扬优秀民族传统文化，并使之在出生性别比失调抑制中发挥积极作用。

事实上，西南民族文化从来不缺乏先进的人口文化基因。例如，多数民族都有男到女家的“入户”婚俗，傣族有财产的“幼女继承制”，侗族“萨玛”女英雄崇拜；其他诸如朴素的人均意识、适度人口理念、男女均有继承权的财产继承惯制，民间妇女组织及其妇女奉献社会、服务乡里、追求解放、平等的精神和风貌，而这些又与当前倡导的先进性别文化具有同质性。然而，由于诸多原因，目前这些优秀文化正面临流失。我们认为，西南各民族传统文化中的合理、优秀成分，都是构建平等性别文化和生育文化的生动教材，将之发掘、整理并通过行之有效的方式进行宣传、弘扬，无疑有助于人们生育观念的改变和出生性别比失调的治理。

4. 行政手段

行政手段是运用国家权力机关的执行机关依法管理人口事务的方式。与前几种手段相比，行政手段有一个功能逐渐弱化的过程，但其重要作用仍不容忽视。总体上，行政管理措施是针对最后采取行动选择胎儿性别的少数育龄夫妇和提供相应服务的医疗卫生人员。如果能够有效地实施管理，那么可以在短期内很快杜绝胎儿性别选择的行为，从而遏制出生性别比的上升。但是有效的管理需要付出巨大的努力，如层层负责、通报和跟踪的做法，牵扯了相关部门的很大精力。针对胎儿性别选择的行政管理是必要的措施，但难以实施全面控制，也没有从根本上解决“男孩偏好”的问题。一方面，控制和管理措施应当对准真正实施胎儿性别选择的一个较小的目标人群，从而提高干预效能；另一方面，行政管理措施应当与计划生育和生殖健康服务相结合，在提供服务的同时向育龄夫妇宣传法律法规，努力解决他们的实际问题，寓管理于服务之中，以收到更好的效果。

（五）保障监督机制

出生性别比问题的治理，不仅要有与时俱进、严肃科学的管理和手段机制，而且要有使之高效运转的保障体系，例如，科学决策、优质服务、利益导向、队伍建设、财政投入等，而资金保障是确保各项治理措施落实的基础。目前，在这方面主要采取政府投入为主、社会投入为辅的经费投入机制。在西南民族地区省级专项治理决定中，都提出了“保障经费投入，将所需经费列入财政预算，加强资金管理与监督”的要求，此外，还设立了“婚育新风进万家活动”、“关爱女孩行动”专项资金，并确立了资金占地方财政收入的比例。目前存在的问题是，贫困地区资金筹措困难、财政以外的资金渠道狭窄、资金考核和监督上缺失或方式不统一等问题。就西南民族地区而言，首先，要严格按照国家和地方政策规定，设立治理工作专项资金，并纳入各级财政预算，对困难地区，应给予适当补助；其次，积极探索社会赞助、企业合作等其他经费来源新渠道，广开财源；再次，在资金考核上，保证考核的公平公正、准确客观，借鉴“婚育新风进万家活动”专项资金考核的经验，实行由第三方对项目进行绩效考评的方式，逐项量化、账实对应，做到保养财源、合理用财。

监督机制包括领导监督、内部监督、法制监督和社会监督等方面，各种方式构成一个相互联系的监督系统。目前存在的问题是：上级对下级和内部监督有余，而法制监督、社会监督不足。就西南民族地区而言，在有关出生性别比的生育间隔、孕情跟踪、B超使用、引产流产，以及奖励扶助、数据统计等方面应加强群众、媒体为主的社会监督；强化司法、纪检、行政监察部门的执法监督；设立内部监督、人大监督和群众监督以及依托村级计生协会等基层实体的监督制度。保障群众信访、举报、媒体曝光等监督形式的渠道畅通，并保证得到必要的回应与执行。

（六）失调后果的预防与化解机制

前已有述，西南民族地区大龄未婚男性的将会有一个不断聚集的过程，将在未来产生一个庞大的“光棍”人群，而这种现象已在局部地区有所体现，而与之相伴的社会后果也将会不断产生，加上西南民族地区劳动力输出为主的人口流迁的影响，使得西南民族地区有限的婚配女性嫁出多于娶进，而“婚姻市场”上的“劫富济贫”无疑使偌大的“光棍”人群越来越多地集中于西南民族地区的欠发达农村。那么，由此产生的社会后果实际上也将主要由这些地区来承担，这对当地的经济社会发展无疑是雪上加霜。如果处理不好，该问题不仅会从单纯的人口问题上升为社会问题，而且有可能酿成重大政治和安全问题。因此，地方领导干部应提高对这一问题后果严重性的认识，形成必要的忧患意识，树立科学的政绩观，把该问题作为一项长期而又紧迫的艰巨任务来抓。在有效治理的基础上，进一步建立出生性别比失调后果的预防与化解机制，以将负面影响降到最低程度，维护社会的稳定与安全。这个机制体系我们认为包括：

一是在出生性别比严重失调的地方政府或社区的村居“两委”，要定时（如按季度）组织村居民、特别是适婚未婚青年学习《婚姻法》、《刑法》等法律法规，合理引导其可能的不良社会情绪，将言行纳入法律与制度的范围之内。

二是大力发展农村经济，变贫穷为小康，以增强“光棍”村女青年对家乡的热爱和对村外女青年的吸引力。在此基础上，有条件的地方村居两委可组织建立婚介组织，竭尽可能为光棍汉牵线搭桥。

三是重视对农村未婚男青年文化知识的教育和劳动技能的培训，提高其劳动致富、外出就业竞争的能力，逐渐改变其在婚姻竞争市场上的弱势地位。

四是给予积极的政策支持。现在农村人口与计生政策的扶持政策几乎都在独生子女户、二女绝育户上。建议政策取向应将“光棍汉”、多“光棍”户家庭纳入帮扶的视野，树立“光棍”们的积极追求、健康向上的生活理念，不断实现物质与精神生活的双赢。

五是创造条件，有选择地在“婚姻挤压”累积效应严重的典型社区建立独身老人养老保障制度，做好以人为本的人性化服务，使实在难以结婚的“光棍”感到老有所养，老有所乐，生活得到关怀，人权得到尊重。

六是移风易俗，倡导男到女方家落户，为其提供入户、合法财产继承等方面的便利和保障。男到女家不仅是婚嫁模式上的一种男女平等，而且它提高了女儿的养老价值，所生子女姓氏的随母或自由选择使女儿具有与儿子一样的“传宗接代”移风易俗的功能。当然，在女嫁男传统婚嫁模式居主流的民族地区，要实现移风易俗，还得有赖政府的支持、社区基层组织的帮助。

七是在出生性别比失调严重的地区，各级地方政府或计生、教育、民政等工作部门要建立相关地区或社区人口的入学、就业、外出务工、婚嫁等统计监测网络和制度，时时了解未婚男子的数量变动、婚姻登记、生产生活、行为举止、精神情绪等情况，以便及时发现和解决问题，化解矛盾；同时也为有关工作的开展提供针对性的素材。

下　篇

专题研究报告

第七章 西南民族地区省（区）出生人口性别比失调专题研究

一、广西出生人口性别比失调状况、原因与治理对策①

出生人口性别比是一定区域某一时期内（通常为1年）出生的男婴总数与女婴总数的比值，通常以100名出生女婴所对应的男婴数表示。国际公认的正常值为102～107，如特定人口出生性别比持续低于102或高于107都视为失调。“三普”以来，广西出生性别比持续偏高，是我国西部出生性别比失调的重灾区。出生性别比失调是广西人口数量问题还未根本解决时出现的另一个突出的人口问题，它不仅影响人口结构的优化，危及人口安全，而且危害社会性别平等，造成系列社会问题，不利于作为我国第一民族人口大省（区）的全面小康建设与和谐社会建构。对出生性别比进行区域研究，有利于引起相关区域和全社会对这一问题的广泛、高度关注，并采取有力措施进行有效治理。并在此基础上建构良好的人口安全环境，使之有利于民族地区和谐社会建设，促进民族团结和共同繁荣发展。

（一）广西出生性别比失调的历程、现状及特征

广西位于我国南部，处于北纬20°54′～26°23′，东经104°29′～112°04′。南临北部湾，与海南省隔海相望，东连广东，东北接湖南，西北靠贵州，西临云南，西南与越南毗邻。陆内区域面积23.67万平方公里，占全国国土面积2.5%，居各省市区第9位。广西地处云贵高原东南边缘，山多地少：在陆地总面积中，山地占39.8%，山石占19.7%，丘陵占10.3%，平原仅占20.6%；现有耕地面积约4000万亩，占土地面积的11%，人均耕地0.82亩②。广西是我国5

① 本部分相关内容分别发表于《中国少数人口》2007（1）、《中国人口科学》2008（3）。
② 《广西壮族自治区概况》，http：//finance. sina. com. cn 2004. 8. 17。

个民族自治区之一，全区目前共设14个地级市，109个县（市、区），其中7个县级市，57个县，12个民族自治县，33个市辖区。广西不仅是一个人口大省、民族大省，而且是一个农业大省：2005年，全区常住人口4655万人，其中汉族人口2861万，占总人口的61.46%；包括壮、瑶、苗、侗、仫佬、毛南、回、京、彝、水、仡佬等11个主要少数民族和其他25个少数民族，总人口为1794万，占总人口的38.54%。城镇人口1565万人，占总人口的33.62%；农村人口3090万，占总人口的66.38%①。由于各种因素的影响，从“三普”至今，广西出生性别比已连续20多年偏高，且各地市、城乡、孩次和各民族全面失调。其失调的历程与特征具体如以下分析：

1. 出生性别比失调历程及现状

从历次普查数据来看，1953年“一普”时，广西0～1岁人口的性别比为105.57；1964年的“二普”时为104.89；到1982年“三普”时开始上升到110.69；1990年“四普”时进一步上升到122.30；2000年“五普”时达到125.57，高于全国平均值，全国排名第6位。可见从“三普”开始，广西出生性别比便不断攀升，“三普”前即已偏离正常值，随后长期处于高度失调状态。

从各地市情况看，“五普”时，广西14个地级市中有13个出生性别比失调，除柳州地区偏离幅度稍低外（105.2），其他地市出生性别比都处于111以上的失调状态。其中高于130以上的就有玉林、防城港、南宁、钦州、贵港、梧州、来宾等市。自2000年7月底广西颁布实施《禁止违法鉴定胎儿性别和选择性人工终止妊娠的规定》以来，先后采取系列措施对出生性别比失调问题进行了专项及综合治理，使出生性别比攀升势头得到了有效遏制。计生年报显示，已从“五普”时的125.57降至2001年的117，2005年的113。又据广西区人口计生委从选抽的12个县的住院分娩、引产胎儿、政策外出生、预防接种卡介苗、收养孩子等专项调查资料汇总数据看，2001—

① 广西壮族自治区统计局：《广西壮族自治区2005年1%人口抽样主要数据公报》，2006.3.17。

2005年，全区出生性别比仍在120左右徘徊。①2005年广西1%人口抽样调查119.8的数据也证实了全区出生性别比仍处于严重失调状态。三个数据来源渠道谁最准确我们在此难以作出结论，但都共同表明了一个不争的事实，就是广西要实现出生性别比平衡的任务十分艰巨，工作十分繁重。

2. 失调特征

（1）全区地市普遍失调

“五普”时，广西14个地市出生性别比全部失调。从空间分布看，失调最严重的地区集中于广西南部，其次是广西东北、西北、东南部的省际交界地区，以及处于中心的南宁市，形如以百色、桂林两地为裂口的盆地形状。出生性别比在130以上的有玉林市、防城港市、南宁地区、钦州市、来宾、梧州、贵港市7个市，数量占全区地市总数的35.7%，主要分布于广西南部，其中，玉林市出生性别比高达147.84，高居全区14个市之首，其所辖之博北县已达到156.50，在全国都较罕见。从空间分布的“经济特征”来看，农业人口比例大和从事海上捕捞业的地市，由于对男性劳动力需求相关性较大，出生性别比都较高。出生性别比在115～130之间的市有桂林市、北海市、贺州市、河池市、崇左市，处于广西边界地区。

（2）城乡差异明显

“五普”时，广西城乡出生性别比全面失调，其中市为117.12、镇为127.62、村为126.5，分别高于全国市、镇、村均值7.72、4.83和2.97。城市出生性别比虽低于农村和镇，但已处于严重失调的状态。广西出生性别比城乡差异特征反映了农村对男性劳动力和养老的需求更高，“男性偏好”更强烈，而且因为农村人口占总人口的比重大，故对广西出生性别比的升高起了主导的作用。

（3）随孩次上升而上升

广西出生性别比在“四普”、“五普”时都表现出随着孩次升高

① 林霁峰：《广西出生婴儿出生性别比调研报告》，见《实践与思考》，北京，中国人口出版社，2006。

而逐渐升高的总体特征。在同一个孩次里比较，“四普”一孩性别比还处于正常值105.17，“五普”上升至109.97，首次超出正常值，可见人们已越来越倾向在第一孩就开始干预胎儿性别。在二孩及多孩上，“五普”时，二孩、三孩、四孩性别比已分别达到160.61、184.09、201.67，各孩次性别比都较“四普”有较大上升，二孩及多孩性别比失调程度越来越严重。据统计，“五普”各孩次出生人数占总出生人数的比重分别为61.62%、27.43%、7.7%、2.26%、0.99%，除一孩外，二孩占总人口的比例最大，其出生性别比的高度失调对总出生性别比的影响最大，故对领取二孩生育证的育龄妇女孕情跟踪十分重要。

图 7-1　广西“四普”、“五普”分孩次性别比

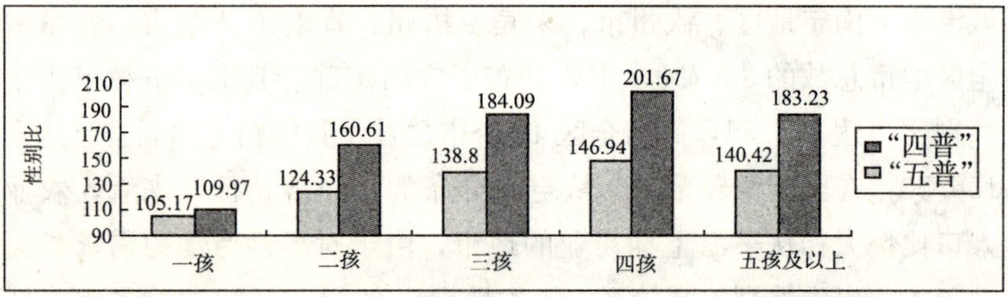

(4) 各民族出生性别比全面失调，两极偏差明显

“五普”时，广西少数民族出生性别比为121.01，其中，一孩至五孩及其以上性别比分别为104.05、156.36、197.32、189.01、173.81，除一孩正常，其余全部失调，并随孩次增长而增长（四孩后略降）。从各主要民族的基本情况看，如表7-2所示，全区12个民族出生性别比出人意料地全部不在正常值域，其中9个不同程度偏高，3个偏低（仡佬、仫佬和水族），呈“两头失调”的显著特征。出生性别比最高的是京族143.06，其中分布于沿海城市——防城港市的京族有9400多人，占全国京族人口的82%；汉族占全区人口总量的61.63%，主要分布于广西东部、南部及东南部，汉族聚居的地区正是出生性别比严重失调的地区。

表 7-1 广西各主要民族出生性别比及占总人口中的比重（单位：100%）

民　族	出生性别比	比重	民族	出生性别比	比重
汉族	130.64	61.63%	瑶族	112.71	3.35%
回族	125.50	0.07%	水族	100.82	0.04%
苗族	112.84	1.06%	仫佬族	100.81	0.39%
彝族	112.00	0.02%	毛南族	122.63	0.17%
壮族	123.46	32.40%	仡佬族	97.78	0.01%
侗族	117.93	0.69%	京族	143.06	0.05%

资料来源：广西 2000 年人口普查资料（上）

壮族人口占全区少数民族总数的 84.57%，呈小集中、大分散的居住特征，其出生性别比亦严重失调，达 123.46。广西是我国第一民族人口大省，各民族呈大杂居和局部聚居分布，都有自身特殊的经济社会、自然地理、风俗习惯和民族文化，出生性别比的全区统筹规划和治理工作面临重大挑战。

（二）广西出生性别比失调的原因分析

广西出生性别比失调是诸多因素共同作用的结果。其中以“男性偏好”为特征的生育观是导致出生性别比失调的根本原因。2004年，广西计生部门对部分地区育龄群众的生育意愿调查显示，在不考虑生育政策的限制下，农村育龄夫妇愿意生 2 个及以上孩子的占77.4%，其中 90%以上希望至少生育一个男孩①。普遍而强烈的“男性偏好”的产生有着深层的社会、经济和文化根源，但最终都通过具体的行为方式来实现。

1. 直接原因——选择性生育的各种行为

人们的“男性偏好”虽然长期存在，但出生性别比 20 世纪 80 年代才开始偏高的事实说明，生育观念只有转化为行动才能对出生性别比产生影响，选择性生育的各种行为是导致出生性别比失调的

---

① 《广西壮族自治区综合治理出生性别比升高问题工作会议发言材料》，2004.6.22。

直接原因。它主要有三种方式：

（1）非法胎儿性别鉴定和非医学需要的人工终止妊娠（简称“两非”）

非法胎儿性别鉴定后实施终止妊娠手术是导致出生性别比偏高的最直接原因。通过一孩出生性别比的城乡比较，可以反映“两非”行为对出生性别比失调的重大影响。由于农村有二孩合法生育权的比重较大，人们很少在一孩就进行选择性生育，“五普”时，农村一孩性别比为107.3，基本处于正常值，我们认为它基本是未经人为干预的自然生育状态，我们关注这种状态并以之为平衡标准；而城镇地区以一孩为主，并具备鉴别工具易得和有支付相关费用能力两个条件，因此城镇对一孩的胎鉴和人流相当严重，以致城镇同期一孩性别比分别达到113.12和117.86。2000年后，B超鉴定活动遭到严格禁止，但因高额利润所驱使，该项活动仍屡禁不止，这从各地专项检查结果中，可窥其一斑。2003—2004年，玉林市在对732家医疗机构的检查中发现违规执业者66家，非法药品器械198件；同期桂林市平乐县发现19起非正常人工流产事件；2004年，防城港市发现非法终止妊娠案例9个，武鸣县查处了3家非法使用B超仪的个人诊所。由于引产、流产手术管理上的漏洞，以及胎鉴和人流本身可以分开进行，这使得非法人工终止妊娠有机可乘。从相关部门对全区15个县市区的调研统计中，2003—2004年全区共做人流引产24048例（引产7646例），其中有计划生育证明的2060例，仅占26.9%。随着对“两非”打击力度的加大，非法人工流产还不断变换形式，利用地区联合治理的薄弱性，进行跨区域“两非”活动；更有甚者通过注射堕胎剂骗取计生证明的手段，达到既逃避惩罚，又能继续“合法”生育的目的。

（2）溺弃女婴

溺弃女婴是古而未绝的人类残忍行为，千百年来备受社会的谴责却又始终顽固地存在着。而广西存在的溺弃女婴现象无疑是该区出生性别比失调的又一直接原因。据广西民政厅统计，弃婴数量逐年增长，并且以遗弃女婴为主。2002年，广西社会福利院收养登记弃婴为3976人；2003年为7090人，比上年增加3114人；两年合计的11066名弃婴中，男婴有533人，占5%，女婴10513人，占95%[①]。《广西出生婴儿性别比调研报告》显示，2001—2005年从所调研的12个县民政部门福利院收养的孩子中，“男性为110人，而女性则为698人”，弃婴性别比为634.5[②]。据广西卫生厅的统计数据，2003年全区住院分娩率为68%，意味着三成多的农村孕产妇仍采用传统的家庭接生方式，这使溺婴行为具有较高的隐蔽性，助长了溺弃女婴行为[③]。溺婴的具体数量也无从得知，但从广西“五普”分年龄性别死亡统计数据来看，0～4岁死亡儿童性别比为77.8，这与“女孩生命力通常强于男孩”的生物规律相反，说明女孩的非正常死亡现象较多。极少发生溺婴行为的地区出生性别比一般正常：“五普”时，广西仫佬族出生性别比仅为100.81，罗城仫佬族自治县出生性别比为106.86。据民族学和人类学的相关调查资料，广西仫佬族过去因男孩死亡率较高，历来有珍惜儿童，反对堕胎、溺婴的传统习俗，这对该地区的出生性别比平衡有重大意义。这从另一侧面反映了溺婴行为对出生性别比偏高的影响。

（3）瞒报漏报

漏报在经常性人口登记上是难以避免的，但瞒报是人们为“多生”和“生男”而有意识的漏报，并以对出生女婴的瞒报为主，这必然造成统计上出生性别比偏高。表7-2是广西计生系统2004年上半年报表与市级抽查的不完全统计对比情况，显示抽查性别比比报表性别比高5个百分点，并且以二孩和多孩的漏报为主。学界有人认为，瞒报漏报对出生性别比偏高只是一种“假象”，被瞒报漏报女婴将随其参与（如入学、就业等）社会活动而不断暴露出来，通过重新纳入统计使性别比随年龄的增长而不断降低。为此，我们将广西“五普”各年龄性别比数据反推至“三普”第二年，即0～17岁。如表7-3所示，其性别比随着年龄的增长虽不断降低，但并不明显，各年龄组性别比

---

① 《广西壮族自治区综合治理出生性别比升高问题工作会议发言材料》，2004.6.22。

② 林霁峰：《广西出生婴儿出生性别比调研报告》，载《实践与思考》，2006（9），北京，中国人口出版社。

③ 同②。

都已在113以上，年龄的增长并未使性别比恢复正常。可见，瞒报漏报导致的女婴“减少”在出生性别比攀升的权重较小，影响有限，长期以来的出生性别比高度失调是一种真实事件。

表7-2　广西2004年上半年出生性别比半年年报与抽查对比

	出生性别比	一孩性别比	二孩性别比	多孩性别比
	116	104	141	191
报表性别比	121	105	141	191
抽查性别比	−5	−1	−10	−62
报表抽查对比151	191	253		

资料来源：2004年广西综合治理出生性别比升高问题工作会议文件

表7-3　广西“五普”0～17岁的性别比情况

年　龄	17岁	16岁	15岁	14岁	13岁	12岁	11岁	10岁	9岁
出生性别比	116.1	113.92	112.94	114.33	115.04	116.01	118.28	122.81	125.27
年　龄	8岁	7岁	6岁	5岁	4岁	3岁	2岁	1岁	0岁
出生性别比	123.33	124.55	125.65	126.55	128.01	128.26	129.87	127.34	124.81

资料来源：广西“五普”资料

2. 深层原因：社会生产力低下、经济落后和农村社会保障制度匮乏，传统生育文化的刚性影响和社会性别不平等的现实是广西出生性别失调的根本原因。对此我们作如下几方面的分析：

（1）经济原因

马克思主义唯物史观认为，物质资料的生产方式是社会发展的决定力量，它不仅决定整个社会的经济生活、社会制度，而且决定人们的精神生活。落后的生产方式不仅影响经济社会发展，而且决定着人们的生育观念。在以农业生产为主的地区，以家庭为生产单位，农业生产劳动对男性劳动力的依赖较大。目前广西还是一个农业大省，农业人口占75%左右，2005年，全区农民人均纯收入2490元，只及全国平均水平的76.77%。在农村，粗放式、体力型的农业生产方式客观上需要大量男性劳动力，男性仍是家庭主要创收者，促使家庭对男性产生依赖，因而“男性偏好”仍刚性强烈。在从事其他经济活动的地区，如集居于防城港区的京族是广西出生性别比最高的民族（143），这与其生活在沿海，主要从事粗放型的，需要大量男性劳动力的海上捕捞、海水养殖业有关。此外，在特殊的经济条件和农村社会保障制度极不完善的状况下，大部分农村难以推行行之有效的社会养老、社区养老等模式，仍旧以传统的家庭养老方式为主，而男性的“养老能力”相对女性来讲明显具有优势，更为实惠，男儿是农村老人晚年生活的保障和寄托。因此，“养儿防老”是人们的现实需要和理性选择。但是，经济发达和社会养老体系相对完善的其他地区也出现了严重的失调问题，这与农村的宗族观念和社会对女性的不平等规定有关。

（2）宗族观念

宗族观念“是人们对生活其中的以血缘、地缘为纽带的宗族共同体予以高度认同，而疏离、排斥其他社会共同体的思想观念的总和，是在小农经济下产生的一种复杂的社会现象”①。宗族观念主要通过多子多福的生育观、无所不包的关系网、宗族制度下的“子民”或“臣民”意识等形式来影响人们的政治和社会生活。在传统宗族观念下，人们将自己作为由祖宗传下来的生命链中的一个环节，将这一链环延续下去是他们一生不可推卸的责任。广西包括汉族在内的各民族宗族观念都相当强烈。如壮族在社会结构上，多代同堂的扩展家庭比例较大，父系单轨制宗族结构和宗族关系十分紧密，认为“族丁兴盛家族盛”、“亲戚亲三代，宗族亲万代”。壮族的青蛙崇拜（青蛙象征多育）、花婆信仰（花婆专司生育），反映了崇尚人丁兴旺和“传宗接代”的“男性偏好”特征。彝族对家支的重视如彝谚所指的“缺不得粮食、少不得家支”。它强调“家支”的纯洁、壮大和延续，而三种特征都体现以男性为中心。在强烈家支的观念下，人们认为招婿入赘是对家支的玷污而强加反对。其他民族，如壮族的男根崇拜，瑶族侗族的“敬桥”求子习俗，都体现了在宗族观念

① 孙聚高：《试论消除宗教观念的现实对策》，载《社会主义研究》，2001（3）。

下的人们生生不息的子嗣祈求。宗族观念在具有“男性偏好”特征的同时，还具有对女性的歧视。在广西农村普遍存在的宗族观念都强调父系父权决定女性的家庭地位，作为女儿，不继承家产，不承担养老义务，迟早是“嫁出去的人、泼出去的水”，因而难以得到重视。作为妻子，有了男孩，她们在夫家的地位才得到肯定，否则受到严重歧视；在家庭角色分工上，女性主要从事无酬的家务劳动，在家庭贡献的直观评价下，妻子成为丈夫的附属品、衬托物。女儿出嫁后从夫居，其子女随夫姓，所以血脉传的承担者只能是儿子，无子则意味着家嗣延续的中断。传统宗族观念中的“重男轻女”色彩既是生育观念的来源之一，又对生育行为产生直接影响。

（3）社会现实中的性别不平等

客观的自然地理条件、经济社会环境与以“重男轻女”为中心的宗族观念的共同作用，使男女两性在社会生活中的现实待遇严重不平等，而这种不平等对人们的生育决策产生了负面引导作用。在子女教育上，由于家庭资源的有限，在教育投资上一般都是“先男后女”，从而使女性文化水平普遍低于男性。“五普”时，广西女性文盲率为8.85%，比男性高4倍多，每10万人拥有的大学生人数女性仅为833人，仅为男性的1/2。文化水平决定了女性就业竞争的弱势地位，广西“五普”失业的66631人中，女性占73%。在职业分工上也有明显的性别差异，形成了职业鲜明的性别阶层：男性一般从事高薪、有职权的职业，女性主要从事辅助性职业。“五普”国家机关、党群组织、企事业单位负责人中，女性仅占19.2%，只有商业、服务业的女性比例才超过男性占职业人口的55%。妇女在国家和社会事务管理上，尤其在领导权、决策权的参与度、参与层次、参与比例、参与渠道上所受限制仍很大；城市妇女就业困难。在其他方面，如在土地权益上，尽管中国政府已经在土地法中规定男女享有平等的土地权益，但受一些地方不合理的乡规民约、宗族观念的影响，在加上女性出嫁后要到男方生活的传统，一些地方的妇女享受不到与男子平等的土地承包权；许多妇女出嫁、离婚或者丧偶之后，失去了原有土地，又得不到新土地，成了失地妇女或无地妇女。经济、政治生活中的弱势自然会延伸至妇女在家庭、社会中的方方面面的不利地位。女性在现实社会中遭遇的种种不平等现实，使父母在生育选择上多倾向于通过生男来实现“风险”的最小化。

（三）出生性别比失调的影响

1. 造成“婚姻挤压”——婚姻拥挤度的测量

出生性别比失调的直接后果就是带来“婚姻挤压”问题。究竟严重到什么程度，可以用各种方法进行预测。但仅就已有的权威资料我们就可以看出其问题的严重性。广西统计局根据“五普”数据就结论出“20年后，广西将有20%左右的男青年，可能因为没有适龄女青年而无法结婚，不能过上正常的婚姻家庭生活。”并证实“广西乡村30～39岁未婚大龄已占该年龄男性的12.4%，同龄未婚女性仅占该年龄女性人口的1.1%”①。而从2005年人口抽样调查表明：“广西人口性别比失调导致男性失婚现象日益明显，15岁以上未婚男女性别比达到100∶148，而30岁以上未婚人口中，男性占同龄人口的比例达到6.24%，女性仅为1.27%。”而其中“城镇未婚男性占同龄人口的6.24%，女性为1.27%；而乡村未婚男性占同龄人口的比例达到7.21%，女性仅为0.87%”②。为了进一步说明问题，我们假设死亡率的影响小到可忽略不计，适婚男女的寻配空间仅限于广西区内，以“五普”0～18岁人口代表广西“三普”以来各年出生的人口，并考虑婚龄差的影响，通过推算，我们得出如下结论：1982—2000年同龄性别比较高，男女绝对量差值较大；至1999年时，同龄性别比达到129.87，男女差值占男性的比例达23%；“五普”时，18岁前男女总性别比为120.49，男性比女性多1448272人，占出生男性的17.01%。意味着如果男性都在同龄女性中寻找配偶，并在理想的初婚年龄结婚，则1982—2000年的出生队列将产生约145万男性“过剩”人口。如以通常的婚龄差2岁进行测度，1982—2000年出生男性比女性多1593014人，占该期出生男性的18.7%，意味着1982—2000年的出生

① 中安网：《广西出生人口男女比例失调20年后2成男子成光棍》，2004.12.18。

② 中安网：《人口性别比失调，调查显示广西男性失婚现象凸显》，2005.5.24。

队列将产生约159万男性“过剩”人口。这与相关的文献分析指标基本相同。受人口增长类型转变的影响，1986年前，广西相对性别比低于同龄性别比；1986年后相对性别比开始大于同龄性别比，意味着此后出生的男性将与比同队列的女性数量更少的女性匹配，“婚姻市场”将更加拥挤。而婚配竞争中处于弱势地位的农村贫困人口将首先成为“婚姻市场”上的“过剩”人口，这将加深城乡“二元”差异，产生新一轮社会不公平，对社会稳定构成危害，该群体缺乏事业心和进取心的特征对新农村建设也是一个不利因素。

2. 对人口安全的影响

人口安全是在一定时期、一定区域和一定社会经济发展条件下，人口发展及其相关领域各种风险因素得到相对控制，潜在危机得以避免或化解的状态。人口数量、素质、结构、分布等问题如果应对不好，都可能严重威胁人口的生存发展，给国家带来灾难性的后果。目前，广西人口已进入了低生育率水平时期，面临着性别结构失调、人口老龄化、人口总体质量不高等问题。首先，出生性别比长期失调使广西总人口性别比由“四普”的109上升到“五普”的113，高居全国之首，人口总体结构的不合理性加剧。其次，“五普”时广西已进入老龄化社会（65岁及以上占比例为7.12%），由于农村社会养老保障机制未建立起来，出生性别比失调造成的大量适龄人口未婚，造成家庭养老功能的衰退甚至丧失，加深人们的“后顾之忧”，产生恶性循环。再次，出生性别比失调将降低人口总体质量。强烈的“男性偏好”下，人们关注的重点是婴儿的性别而非如何提高其质量；经常性堕胎、以躲生为目的的家庭接生、大龄生产等选择性手段将降低出生婴儿体质；“一胎半”政策对人口素质构成“逆选择”，即限制高素质人口生育，放宽农村生育限制，由于农村家庭教育资源的短缺，以及大量减少女孩教育投资，必然对人口科学文化素质的提高产生负面影响。最后，由性别选择而带来的男多女少不可避免对人口再生产带来严重障碍。因为人口再生产主要是通过母亲来实现的，女性在社会人口中比例的萎缩，必然会导致人口再生产能力的降低并对出生婴儿质量产生影响。出生性别比失调还将对人口系统外安全构成威胁，如加速城乡“二元”差异，危害社会稳定；影响精神文明建设，危害社会治安；影响人力资源结构，不适应经济发展需求，等等。

3. 对社会性别平等的影响

以国际人权标准为参考，1995年第四次世界妇女大会《行动纲领》把“溺杀女婴和产前性别选择”作为对女性的暴力和歧视行为。联合国《消除对妇女一切形式歧视公约》（1992年）把非法堕胎视为对女性的歧视。可见，出生性别比失调本质是对妇女的暴力行为和歧视女性的产物，是社会性别差异和不平等结果。其一，为达到生男目的，妇女往往被迫多次做流产手术，甚至进入生育高龄期时仍要继续生育，女性变成了家庭生育的“工具”。如田阳县某医院院长用本医院的设备检查到儿媳妇几次怀孕的胎儿都是女性，竟逼着儿媳妇连续做了4次引产手术，直到第五胎为男孩方才罢休①。其二，女性只能作为相对男性而言的“稀缺商品”，但是这个所谓的“婚姻市场”永远无法遵循“供不应求，价格上涨”的规律，女性（而不是男性）将是“婚姻挤压”的最大受害者，溺弃女孩和拐卖妇女儿童就是其中的突出表现。2004年4月，平南县寺寿镇村民李某为达其家庭“香火延续”的目的，毒死了自己的两个孙女②。2003年，震惊全国的广西玉林“3.17”特大贩卖女婴案件，涉案犯罪嫌疑人达112人，包括5个贩卖婴儿团伙，这是玉林市出生性别比长期高度失调问题的集中爆发。③其二，出生性别比失调带来的直接后果是男多女少的“婚姻挤压”。这在很大程度上将促进非法性交易、色情业发展；在农村会促使近亲结婚、交换婚、姑表婚等旧婚姻形式的死灰复燃，其结果无疑将导致对女性的伤害，造成现代文明中的新的性别不平等。总之，出生性别比失调正使人类生育文明遭受到难以弥补的危害，两性性别关系正朝着最原始、最野蛮的“弱肉强食”关系退化。必须从人权、社会性别平

① 《广西壮族自治区综合治理出生性别比升高问题工作会议发言材料》，2004.6.22。

② pdf.sznews.com，2000.11.4。

③ 同①。

等视角出发，关注出生性别比失调的严重后果。

（四）广西出生性别比失调治理实践与进一步治理的对策分析

1. 治理实践

众所周知，出生性别比的失调，既是严峻的人口问题，又是严重的社会问题，处理不好还会酿成重大政治和安全问题，使我们面临比控制人口数量更为困难的局面。广西出生性别比严重失调的问题得到了区、市（地区）、县（市、区）各级党委和政府的高度重视，自2000年起，即采取了一系列的治理措施。通过治理，广西出生性别比攀升的势头得到有效遏制，也产生了一定的社会效应。但是，出生性别比仍处于失调的现状，在治理工作上仍然存在诸多问题。

（1）治理措施

第一，制定系列政策法规。2000年7月底，广西颁布了国内较早的一部地方性专治法规——《广西壮族自治区禁止违法鉴定胎儿性别和选择性人工终止妊娠的规定》；区宣传、人口计生等十一部委共同发布了《关于贯彻〈中共中央宣传部等十一个部委关于综合治理出生性别比升高问题的意见〉的通知》；2004年初出台了《关于进一步加强党政领导人口与计划生育工作责任落实“一票否决”制度的若干规定》；2006年发出了《广西壮族自治区人民政府办公厅转发自治区人口计生委等部门关于开展“关爱女孩行动”综合治理出生人口性别比偏高问题的意见的通知》。治理出生性别比失调的政策法规体系逐渐形成。第二，广泛宣传，综合治理。广西各地以各种传播媒介为载体，以“关爱女孩行动”为契机，开展形式多样、内容丰富的宣教活动。如2003年，广西梧州市、柳州市、贵港市印发“关爱女孩”、禁止非医学需要鉴定胎儿性别和选择性终止妊娠系列宣传资料38.5万、60多万和28万多份，钦北区发放资料9.6万份，出动宣传车2000多台次①。通过宣传，“男女平等”、“生男生女一样好”以及相关法律法规逐渐进入人们的生活，对人们的生育观念产生了较大影响。第三，建立利益导向机制。为转变工作方式，提高

① 《广西壮族自治区综合治理出生性别比升高问题工作会议发言材料》，2004.6.22。

群众参与的自觉性和积极性，广西各地建立了一系列利益导向机制。如玉林市实行对农村独生子女户、二女户家庭免费参加农村新型合作医疗，分别提高住院报销比例的20%、30%；实行中考加分制度，独生子女加10分、二女户加7分；给予独生子女户每年每人保健费120元。利益导向机制的建立，在一定程度解除了人们的“后顾之忧”，取得了较好的社会效应。第四，进行专项治理。各级政府通过组织协调，建立组织联合执法队伍，进行齐抓共管，定期对个人诊所、医疗卫生机构、药品生产销售企业进行检查整顿，严惩非法胎鉴及人流、非法出售终止妊娠药物、溺弃女婴等行为。如2004年上半年，防城港市计生和卫生部门联合开展了对B超仪和对孕情跟踪管理的专项治理活动，查处溺弃女婴18人，擅自终止妊娠9人，产后隐瞒生育12人。玉林市发生“3.17”贩卖女童案后，迅速组织专案组全力侦破，并在一审判决中，52名主犯中6人被判死刑，5人被判无期徒刑，17人被判10年以上有期徒刑。有力地打击了“两非”和弃婴贩婴的违法犯罪行为。第五，开展区域协作。为防治毗邻地区尤其是省际交界地在管理上的漏洞，2005年，在广西贺州召开的、由广西贺州、湖南永州、广东清远、肇庆市4个市参与的湘桂粤边界地区域协作会议，达成了联合宣传、人口流动管理、打击跨境“两非”、互通信息、定期磋商五项协议；富川、江华、江永三县进行县际协作，制定了《区域协作综合治理出生性别比偏高问题协议书》。通过在宣传教育、流动人口管理、“两非”管理、孕情跟踪服务、信息沟通等方面协作联手，共同治理，弥补了出生性别比治理工作的难点和漏洞。

(2) 治理效果及存在问题

通过治理，广西出生性别比失调问题得到了明显改善。出生性别比由“五普”的125降至2005年1%人口抽样调查时的119.8。在孩次上，2001—2006年，一孩性别比都回到正常值，有效控制了一孩的人工干预，二孩及多孩性别比都比“五普”有明显降低。2006年上半年，计生数据显示，广西14个市除柳州上升为114外，出生性别比都较“五普”有明显降低，其中桂林市、北海市、来宾市、贺州市、梧州市、钦州市、贵港市、玉林市8个地市都降到113以下。

但是，尽管广西出生性别比总体上有明显降低，但仍处于顽固偏高状态，而且下降趋势并不稳定；一孩性别比虽归于正常，但是二孩、多孩仍高度失调，个别年份还有所增长（2005年的二孩）；此外，个别市还呈不降反升趋势，如柳州市由“五普”时的105.2上升至1%抽样调查时的119.50；同时，贵港市也从135.82上升到141.63。在治理工作上，也存在诸多亟待改进的问题：在治理法规上，个别地区未形成适应地情的地方性法规，有令不行、有禁不止还一定程度上存在；同时，由于普法工作滞后，群众法制观念淡薄，还存在为他人隐瞒包庇现象；此外，处罚方式还以经济处罚为主，法制威力面临挑战。在综合治理上，组织协调工作困难较大，齐抓共管成本高，综合执法存在部门配合不力、分工不明、责任不清、多头管理等弊端。在宣传上，没形成长效机制，“突击式”宣传难以适应从根本上改变群众生育观念，治标又治本的最终目标。在利益导向上，奖励扶助力度有待加强，利益导向对群众吸引力不够大。在基层建设上，基层组织建设落后，难以适应孕情跟踪、优质服务、宣传教育、奖励扶助等综合治理工作需要。

2. 进一步治理的对策分析

（1）提高认识，长远规划

出生性别比由失调到正常，再到无须政策干预的自然平衡是一个长期的过程，决定了治理工作是一项紧迫而又长期的任务，因此，必须进行长远规划。在工作部署上，既要求各种工作全面开展，又要在不同治理阶段有所侧重。首先，治理工作初期，出生性别比的失调态势要求治理应尽早、尽快、尽力，而且应依靠强制性行政组织和法律法规保障，在专项治理上“动真格”、“持大棒”；其次，在取得阶段性成果后，应及时调整工作方式，变“堵”为“疏”，变“惩”为“奖”，通过综合治理巩固成果，推动出生性别比继续下降，最终实现平衡；最后，从导致失调的综合机制上看，必须从根本上改变人们的生育观念，改变女性生存状态和社会地位，建立完善的社会保障机制。

（2）把握形势，重点治理

通常，政策干预初期，出生性别比一般下降较为明显，但是，工作进入特定阶段时，出生性别比很难继续下降，呈相持和波动特征，出生性别比失调体现出“刚性”特征。这种“刚性”表现为某些固定环节问题没有得到解决，对出生性别比仍持续产生作用的结果。通过对广西出生性别比失调现状的分析，很明显，广西进入了这一相持阶段。这意味着广西的出生性别比失调治理工作进入了攻坚阶段。因此，寻找使得出生性别比居高不下的顽固因子，适时调整并启动新一轮的治理方案尤为重要。就广西而言，空间上的交界地区，流动人口，分孩次的二孩和多孩，分政策内外生育的计划外出生，分地域和民族的出生性别比顽固偏高的个别地区或个别民族，应当在这些环节上制定专项措施，进行重点治理。

（3）加强法制工作

在立法上，应当健全相关治理法规，在宏观政策上既要保持与中央一致，又要充分利用自治区的立法资源，制定出适合本区区情的地方性法规体系。在具体工作实施上，应当依法管理，建立健全孕情监测、报告和随访制度，B超、药品管理制度，经常性宣传教育制度，区域合作制度，举报奖励制度，责任追究和“一票否决”制度等。在执法上，应当合理掌握执法尺度，既要有力打击，又要达到广泛教育的目的；同时，执法队伍也要建立自身法制约束，坚决打击徇私舞弊、贪污腐化、知法犯法等行为。在普法工作上，应当利用有效的宣传载体，定期播报或刊载，采用散发宣传单（册）、张贴标语、画册等工具，组织专门普法宣传活动、知识竞赛、民间文艺等，使各种法律制度深入人心，提高全民法制意识。

（4）加快发展，创造良好的物质环境

出生性别比失调有深刻的间接根源，问题的根本治理有赖于经济的发展。经济的发展可以在以下几方面对出生性别比失调发挥缓解作用：首先，发展经济，有利于建立和完善社会保障体系，逐渐解除人们的养老“后顾之忧”，淡化家庭对男性的依赖；其次，加快发展，促进产业结构升级，直接减少出生性别比较高的农村农业人口比重，有利于总出生性别比的下降；再次，加快发展，促进城市化发展步伐，意味着人们生活方式和生育观念的重构，有利于摆脱农村宗族制度和“重男轻女”观念的影响；最后，加快发展，有助于提高政府奖励扶助和解决女孩入学就业的养老能力，消除女孩“成长风险”，使父母在生育决策上放弃“男性偏好”。

（5）建设新型生育文化

“男性偏好”是导致出生性别比失调的根本决定因素，因此，采取文化建设战略，利用“文化力”是根治出生性别比失调问题的途径之一。新型生育文化建设是人们生育思想的深层革命，主要体现在人们生育观念的变革上，用科学、文明、进步的婚育观念代替封建、落后的生育观念。应当改变过去宣传教育上的“短期行为”，建立长效宣传机制。应加强全面开展“关爱女孩行动”工作，将活动范围由试点向全区迅速铺开，消除性别歧视、维护女童合法权益，使之成为新形势下文化建设的重要载体。在对待传统文化上，应当持“一分为二”的态度，应当在辩证分析各民族文化的基础上，批判继承其中的合理成分，发挥其积极作用，弘扬传统文化中先进、文明的生育观念，倡导招赘婚等婚嫁模式。

（杨军昌　彭德乔）

二、广西出生人口性别比实证调查分析①

出生婴儿性别比偏高是一个全国性的问题。广西自 20 世纪 80 年代以来，出生婴儿性别比一直呈偏高的状况，且至今仍无明显下降趋势，原因复杂、多样。进入 21 世纪，广西的出生婴儿性别比还高不高？高到什么程度？是偶尔高，还是一直高？什么原因？等等。为弄清这些问题，在以往的调研基础上，2005 年四五月份自治区人口计生委又组织了出生性别比的专项调研，调研情况报告如下。

---

① 参见金小桃主编：《实践与思考——人口计生系统优秀论文与调研报告（2006年）》，北京，中国人口出版社，2006。

（一）概况

1. 资料来源

（1）普查资料：为对照指标，主要使用“五普”资料。

（2）计生年报表：为对照数据，主要使用2001—2005年计生报表数据。

（3）专题调查：主要调查2001年以来，被抽中县的县乡两级医疗卫生单位住院总分娩数及分孩次性别情况、引产手术婴儿性别情况、政策外出生性别情况、预防接种卡介苗中孩子性别情况以及民政部门福利院收养孩子性别情况。

2. 调查表的净化与调查方法

（1）本次调研涉及12个市的宾阳、鹿寨、水富、岑溪、上思、浦北、兴业、武宣、兴宾、平果、都安、江州等12个县的县医院、妇保院、中医院、福利院及这些县的每县2个共24个乡卫生院、计生站。共有356张调查表进入汇总，汇总全部的住院分娩人数为11.19万人，引产0.77万人，政策外出生0.6万人，预防接种7.3万人，收养800人，由于剔除其中年份缺少性别或孩（胎）次的不合格数据为0.3万（主要是引产记录，性别不详比例太大），实际汇总的是18万左右出生数。

（2）本调研为回顾性质，为避免统计上的干扰，调研时，以来自产房的住院分娩为主，捕捉婴儿出生的时刻的自然性别和医院引产手术、婴儿出生后接种卡介苗、福利院收养等原始临床登记、病例和花名册，可信度（对数据可信程度的评价）为95%。我们认为调查数据是比较真实的出生婴儿性别比。

（3）从调查点和数据数量来看，每市1个县2个乡，对市、县无代表，但对全区有很好的代表性。

（4）调查表设本页小计，全部资料采用手工和计算机汇总分析。

（二）结果

1. 住院分娩婴儿性别比

2001—2005年3月住院分娩记录汇总显示，出生婴儿性别比平均值为120.79，其中第一孩为110.04，基本正常；二孩、多孩远远高出正常水平，各年份稍有起伏，但无明显下降趋势。

2. 引产胎儿性别比

与住院分娩婴儿性别比相反，住院引产胎儿绝大多数性别记录不详或胎次不详，能进入汇总的引产胎儿性别比2001—2005年平均值为72.18，其中一胎最高也只有78.65，二胎最低为65.97，多胎为76.44，均明显低于正常值，更低于出生性别比，表明引下的多为女胎。

3. 政策外出生婴儿性别比

根据广西生育政策，二孩间隔不够，农村第一孩为男孩再生二孩及个别特殊情况下未经批准的生育为政策外出生。本调研显示政策外出生婴儿性别比也偏高，5年均高达141.15。

4. 预防接种卡介苗孩子出生性别比

预告接种卡介苗情况系从被调查的乡卫生院防疫部门了解得到，接种卡介苗的孩子中5年平均性别比为122.86，除2005年（量少）外，2001—2004年出生的孩子接种卡介苗的性别比平均在118以上。

5. 收养孩子性别比

本调研从县民政部门福利院了解到收养2001—2005年出生的孩子中，由于数量少，每年不便计算性别比，但可从中发现，收养的孩子中男性为110人，而女性则为698人，女孩明显比男孩多。

6. 计划生育年报表出生婴儿性别比

为比较对照本次调研的出生婴儿性别比，这里直接使用人口计生部门2001—2004年被调查县的指令性年报表的相关数据，各年报表出生性别比同样偏高，4年平均为116.36，二孩、多孩高达152。

7. 几个不同渠道反映的出生婴儿性别比比较

以上7个不同部门、不同渠道的数据表明，进入21世纪，广西的出生婴儿性别比仍然偏高。其中住院分娩相对真实，除2003年外，均在120以上。

（三）结论

1. 广西“五普”时的出生婴儿性别比为125.6，本次调研数据比较权威，表明了继“五普”以来，出生性别比仍居高不下，基本上在120左右徘徊。综合治理出生性别比尚未见成效且难度较大。

2. 住院分娩、政策外出生、计生年报三个渠道数据一致显示，一孩出生的性别比基本正常，二孩和多孩的性别比大大高出正常范围。全区出生婴儿性别比偏高主要是二孩和多孩性别比偏高所造成。

3. 各渠道收集来的数据表现虽基本一致，但如果计生报表所反映出的出生性别比已令人关注的话，专项调查的情况则更令人担忧，其中如计划外出生性别比4年平均竟高达141以上，极可能与瞒漏报中存在严重的性别选择有关，生女不报。

4. 各年度出生婴儿性别比有时异常偏低，但高低呈波动型，未看出升降趋势。

5. 引产的胎儿性别比异常偏低，调查数据来源相对真实，这恰恰应对了出生性别比的偏高，与非医学需要鉴别胎儿性别和选择胎儿性别终止妊娠有关。

6. 收养孩子的性别比极低，即收养100个女婴中，只收养15个男婴，反映遗弃女婴问题严重。

（四）建议

1. 普遍开展“关爱女孩行动”，在全社会营造男女平等氛围

树立新的生育文化，形成科学、文明、进步的婚育观念。以“婚育新风进万家”活动为依托，宣传、倡导男女平等，生男生女都一样，女儿也是传后的新型生育文化，加快扭转引掉女胎、遗弃女婴和出生性别比偏高的现状。同时建立利益导向机制，标本兼治，使女孩家庭经济上得到实惠，政治上感到光荣，争取“十一五”期末全区出生性别比趋于正常。

2. 建立并落实好孕情跟踪制度，从源头上防范性别选择

通过规范生育秩序，计卫联手，提高孕情监测质量，加强孕情根据服务，防止私自流引产；规范责任人和接生员访视孕妇制度，建立孕情消失个案剖析制度，提高基层管理与服务水平；提高住院分娩率。

通过综合部门专项治理，坚决打击非法胎儿性别鉴定；依法管理B超市场，以宣传引路，举报有奖，整治市场，违者严打，从源头上杜绝性别选择。

3. 跨区协作，从手段上消除胎儿性别鉴定和非法流引产

针对省际间地区出生性别比高问题，在广西、广东、云南、贵州、海南省和各市间建立综合治理出生性别比协作区。在打击非法鉴定胎儿性别、选择性终止妊娠、遗弃藏匿女婴，加强婚姻登记和收养管理、信息反馈等方面加强协作。

4. 党委、政府重视，部门协作，明确责任

要打好出生性别比偏高的综合治理攻坚战，各级党委、政府必须采取重大措施，领导力量要加大投入，政策需要倾斜，奖惩诚信兑现，难点全力突破。同时由政府牵头，要加大对国家三部委（2008）8号令的宣传力度，按照中共中央宣传部等11个部委《关于综合治理出生性别比升高问题的意见》的要求，宣传、计生、卫生、公安、妇联、药监、法院、民政等部门要加强协作，明确责任，形成有效的综合治理。

（林霁峰）

三、广西农村历史文化和传统习俗对出生性别比的影响分析①

笔者从广西统计局获悉，广西近日完成的人口变动情况抽样调查结果显示，广西人口性别比失衡导致男性失婚现象日益明显，15岁以上未婚男女性别比达到100∶148，而30岁以上未婚人口中，男性占同龄人口的比例达到6.24%，女性仅为1.27%。广西110个县（区）中，出生人口性别比超过120的有60个、超过130的有27个、超过140的有7个。我们在广西合浦县调查发现，该县山口镇出生人口性别比竟然高达170。第五次广西人口普查表明，出生婴儿性别比为125.57，排在全国第六位。

据悉，广西的出生性别比从1982年开始偏高，长达20余年的出生性别比失衡而导致的“婚姻挤压”在近年凸显，其中乡村男性失婚的情况比城镇更为突出。从广西人口年龄性别比看，在今后一

① 见《经济与社会发展》2008年（2）。

段时期内，男女性别失衡的矛盾将继续存在。根据第五次人口普查资料分析，目前广西0～9岁组人群成年后，每5个成年男性中，因性别比例失衡，将有1人无法组成婚姻家庭。这就意味着广西20年后将有20%的男青年因为没有找到合适的女青年结婚而无法过上正常的婚姻家庭生活。我们必须承认，这将是一个严重的社会问题。

（一）

从20世纪80年代起，中国进入了一个社会经济迅猛发展的时期，发展不平衡是这一时期的显著特点。地区间的发展不平衡，经济改革与社会改革的不同步，这些都是造成经济相对落后、社会保障不健全、重男轻女意识浓厚的广大中西部农村地区出生性别比异常高的根本原因。

有数据显示，性别比升高是从计划生育政策实施之后显现出来的。然而，计划生育是否必然导致性别失衡，人口数量减少是否必然导致男多女少，却没有因果联系。计划生育政策的根本目的只是控制出生人口的数量，限制中国人口总量，并不在于专门限制女性的数量。在发达国家虽然人口出现负增长，但并未出现性别比失调。只有存在明显的性别偏好才会在控制人口过程中凸显这一问题。在实行计划生育之前，一定要男孩的生育意愿在没有受到数量限制的情况下，是可以通过不断生育直到有了男孩，才肯善罢甘休。而在计划生育的情况下，有了两个女孩就不能再生了，出现了有女无男的困境，只有通过女死男活满足生育愿望。

计划生育政策在执行中遇到了“性别偏好”的障碍，我们在这里要追问的是：为什么会产生这一“性别偏好”？据调查，多孩生育92%在农村，而大约70%多孩生育的原因是要男孩。为什么一定要千方百计地要男孩？生育男孩的动机到底是什么？

为什么在其他一些民族就没有那么强烈？笔者在广西三个县调查的结果是：养儿防老和传宗接代占到69%、传宗接代占25%，两项合计占76%；而看作生活乐趣和增加劳动力的只占24%。

1. 养儿防老是生育男孩的最主要动机之一，即将男孩作为老年生活保险的主要投资方式。这自然与农村主要依靠家庭养老而不是社会养老有关，老有所养是一个十分现实的问题，家庭养老恐怕在相当长的时间内依然是农村的主要养老方式。问题是家庭养老是怎样变成了儿子养老而不是子女养老?

无论从血缘、从亲情来看，儿女都是家庭成员，都可以成为照顾老人生活的主体，为什么一定将女儿从家庭中排斥出去，而仅仅选择了儿子呢?这与父权为核心的男婚女嫁的婚姻制度有着必然的联系。在父权制框架内，男性与女性结婚具有完全不同的意义，男性结婚不需要离开生长的家庭、家族和乡村，赡养的是自己的父母，而女性却要来到男方的家庭和居住的村庄，供养的是丈夫的父母。从夫居的制度安排，使得养女不能养老，养儿才能养老。应当看到，女儿抚养父母的权利是被剥夺的，正是女儿从夫居的制度使得女儿不能养老。这对于依靠家庭养老的农村地区来说，就不仅仅是重男轻女的观念问题，也不是农民素质问题，而成为实实在在的现实生活问题。

在我们走访的汉族农村中，你会切切实实感受到这一点。那里的女孩似乎天经地义就得从夫居，没有儿子老年父母就是没有人管。当女儿养老的问题不能解决，只有依靠儿子养老的时候，你说生男生女都一样，即使把这种标语贴满了村寨，农民也会感觉不一。现实是女孩就得嫁出去，就不能养老，怎么能跟男孩一样呢?所以问题在于如何使男孩女孩都能养老，才能解决农村50%以上的“男孩偏好”。在西藏和其他个别的少数民族地区也是家庭养老，性别比失衡却没有出现。在那里，无论有多少孩子，都是将长子或长女留下养老，其他孩子长大离家生活。所以，要解决儿女都能养老的问题，只有改变强制性的从夫居现象，使男女都有自由选择婚姻居住地的权利。

2. 传宗接代是“男孩偏好”的另一个主要动机。在中国，百家姓的每一家似乎都把传宗接代视为义不容辞的重大责任，因此，有的西方学者认为，传宗接代是中国人唯一的宗教信仰。在华夏民族的心目中，绝户是最大的不幸，绝户不仅指的是没有后代，还特指没有儿子。对于中国汉族的家庭来说，女儿是不能传宗接代的，只有男孩才拥有这一特权。

汉族农村地区的高出生率和多胎生育与以父系社会为特征的儒家文化“多子多福”、“男尊女卑”、男性“传宗接代”的“性别偏好”是分不开的。在农业文明中，男性劳动力在农业生产中发挥着主导作用，男性的这种经济地位在宗族社会中有了社会制度上的保证，中国儒家的家族文化就是以父系路线而展开的。在家庭里，这就使得父系制度基础上的男性单性继嗣成为可能，这主要体现在男性姓氏和财产的继承、随夫居的家庭模式和偏重父系的亲属体系。从汉族的姓氏谱系来看，都是随父姓，甚至女性出嫁以后要随夫姓；在财产继承上，是男性单系继承，女性被排除在外；结婚后要随夫居，女儿出嫁则成为夫家的人，“嫁出去的女儿泼出去的水”，没有男孩，女孩再多，也是“孤老”；从亲属体系讲，父系亲属则是“近亲”，母系亲属则是“远亲”。因此，生儿子传宗接代和家族的人丁兴旺便是他们生育的终极目标。

近年来，汉族一些地区又流行修祠堂、立牌坊、建庙宇、续宗谱活动，封建的宗族势力又有所抬头，致使农民头脑中固有的封建宗族观念得到了强化。一些没有生男孩的农妇会受到婆婆、妯娌及邻居的欺辱和嘲笑，这些社区和家庭带给她们的心理压力迫使她们不惜一切代价，大有不生男孩绝不罢休之势。

（二）

传统的“重男轻女”思想并未随着社会经济的发展而轻易消失，它仍然占据着相当大的市场。分析性别比失调的原因会发现，在许多人的头脑中，还顽固地存在着所谓“不孝有三，无后为大”之类的陈腐观念，都希望多生儿子传宗接代。这不仅表现在农村，也反映在一些中小城市里。受此思想的影响，女孩在家庭中地位偏低，许多父母消极对待女儿的教育、医疗问题；在农村，出嫁妇女、离婚妇女及其子女的户口、责任田、口粮田及土地补偿费，都得不到公正的对待。另外，妇女在婚后居住地选择、家庭财产继承权等问题上也往往得不到平等对待。这一系列问题，反映了我们在思想解放的道路上，还有很长的路要走。

在当今社会对女性的歧视和不平等规定还有很多，女性的社会地位仍有待提高。如果说传统思想是造成男女性别比失调的深层原因，那么其现实因素则是妇女仍然没有取得与男性平等的权利的直接原因。相对于男子，在经济生活方面，妇女的资源获取机会仍普遍不利、收入水平仍普遍偏低、权益保障仍普遍显弱；在政治生活方面，妇女在国家和社会事务管理中，尤其是在领导权、决策权的参与度、参与层次、参与比例、参与渠道上受制仍较大。而经济、政治生活中的弱势又延伸至妇女在现实的家庭、社会生活中的各个方面。所以，要做到两性的真正平等，还有待社会的更加进步。

男女性别比的失调，更集中暴露出了农村社会保障体系的滞后。性别比失调最严重的还是在农村，一项调查显示，如果让农民自行选择，出生性别比将达到 144。这主要是因为农村的现实情况决定了男性劳动力是家庭的顶梁柱，父母老了主要靠儿子赡养。一些地方虽然为农村独女户或双女户办理了养老保险，但是农民每年的养老金只够买两袋面粉，这种不疼不痒的保险对农民没有真正的吸引力。此外，一些地方的计划生育奖励政策不能兑现，这些严峻现实很容易产生示范效应，让那些本想遵守计生政策的农民打退堂鼓，想尽办法生儿子。

（三）

中国人口出生性别比自 20 世纪 80 年代中期以来的上升，既有着深远的社会历史文化渊源，又有着当前的政治经济背景，是多种因素合力作用的结果，这就给遏制这种社会现象的发生带来非常严重的困难。一般来说，有“三只手”调配着人口再生产的动向：一是政府这只看得见的手。它通过政策的制定和法规的约束，控制着人口的数量和质量（现在看来，只控制了人口数量的增长）。二是市场这只看不见的手。它通过抚养儿童所需资本的大小决定着人口再生产的经济成本；通过儿童所创造的家庭娱乐绩效、社会文化绩效与成本之差的比较利益制约新生儿的数量；通过劳务市场的性别偏好引导着家庭的人口性别供给。三是家庭和家族等社会网络这只半明半暗的手。它以家族主义的文化规范和道德机理，通过日常的祭祀活动和庆典仪式，通过家庭遗产的继承制度和姓氏继嗣制度，安排着家庭人口的性别需求。

在这三只手中，在当前，只有以政府这只看得见的手为主，以国家和社会对人口数量和质量及性别的理性需要为原则，借助于法规强有力地干预家庭的人口再生产，才是当前计生工作唯一正确的路径依赖。检讨过去计划生育政策的执行结果，就会发现，政府这只手以往只注重了对人口数量的控制。虽然数量的减少本身可以通过市场的机理增强人口的质量，但在性别控制方面，却还没有形成一整套切实可行的能够操作的方案。为防止出生性别比上升，笔者以为以下几点是必须尽快尽力而为的。

1. 对出生性别比失调给社会带来的危害，要大力说明和宣传，要教育广大干部和群众正确认识性别比平衡的作用。只有认识到性别偏好是一种错误的非理性的选择，认识到它会给民族和国家造成非常严重的后果，才能在思想上引起重视，在行动上加以抑制和阻止。除了以政府部门的规章制度和国家的法律规范人们的生育行为外，更重要的是，还要以群众喜闻乐见的形式，以电影、电视、广播等媒体宣传倡导正确的生育文化，以利于子孙后代的生活和发展。

2. 在农村大力推行医疗保险和养老保险，削弱“养儿防老”的经济基础。家族主义和单系继嗣，既是中国人延续血脉的一种制度安排，也是传统社会代际继替的一种制度要求。要以新型的家庭模式替换旧有的家庭结构，就得首先动摇支撑其运作的经济基础。以社会性的医疗保险和养老保险分化家庭的功能，分散老年人口对子女养老角色的期待，这可以在很大程度上削减家庭对男婴的需求。农村社会保障制度应当向农村独生子女户和双女户倾斜，在有条件的地方，探索建立农村养老、医疗保险和最低生活保障制度。政府应当加大投入，消除独生子女户和双女户家庭的后顾之忧，逐步形成家庭抚养孩子—孩子回报社会—社会赡养老人的良性循环。对于生女孩的家庭而言，政府要做的是尽力去化解人们的顾虑，出台“鼓励生女”的政策。时下，部分地区的农村有生了女儿奖励的做法，每年奖金600元，甚至更多。为了解决养老问题，政府应该大力提倡养老保险，当然在人们自觉购买的同时，政府也可以考虑拿出部分奖励资金，为生女儿的父母购买养老保险，即使父母年纪大了，也可以有经济上的保障。

3. 移风易俗，限制敬祖文化对男性的过分夸张和宣传。中国传统生育文化具有浓厚的重男轻女、男尊女卑色彩，在计生工作上，人的观念是决定因素。除了科技发展之外，中国还有几千年流传下来的各种生育手段和经验。只要育龄夫妇有生男孩的这种心理需要，他们就总能找到实现它的手段。这可以说是一场与传统落后思想的斗争，仅有法规是远远不够的，重要的还在于人们思想的转变，社会经济的发展和文化的进步。不管是文艺作品还是民间的节日庆典，都应体现男女平等的新风尚。看起来，生了男孩大摆宴席是一种仪式，但这种仪式的一次次重复，一次次在村落和家族内部对男婴价值的强调，却极大地强化了男尊女卑的思想，使妇女因为先天的性别原因而低人一等。现在，有很多农村的初婚妇女，把能不能尽快为夫君生一个儿子当做人生的头等大事。因为生了男孩，就可以光宗耀祖，就可以顺利完成香火交接的任务，就可以受到家庭和亲友的尊重。倘若生了女婴，就会被认为是丧门神，是断子绝孙的“罪人”，她的家庭地位就自然低人一等。而从夫居所形成的土地耕作制度——不是在自己出生的村落拥有一方土地，而是在丈夫家庭承包的责任田里分割出另一份责任田的承包制，则更强化了妇女依靠丈夫以维持生计的那种心理感受。因此，我们的社会尚须大力宣传：男方到女方家落户；自由选择子女的姓氏或实行双姓制度；女儿更多地继承父母的遗产。

4. 制定有利于女性及其家庭优先发展的综合性政策措施。在全社会营造关爱妇女儿童的良好氛围，要利用各种宣传媒体，采取多种多样的形式大力宣传《人口与计划生育法》、《婚姻法》、《妇女权益保障法》、《未成年人保护法》、《母婴保健法》等法律法规，树立男女平等的观念，改变广大群众重男轻女和传宗接代的封建观念。要广泛宣传“关爱女孩行动”，宣传妇女成才的模范人物及各种对女孩及其家庭的优惠政策，形成全社会关注女童、女性的氛围。近年来，女性在入学就业、毕业分配、参政议政等方面，受到很多非正规制度的排挤，这也间接地造成了人们生育过程的“性别偏好”。反之，只有提高妇女的家庭地位和社会地位，激发妇女追求幸福生活和自我解放的良好意愿，才能摆脱多生子女或依靠儿子的思想羁绊，才不会因为要延续丈夫家的香火而一次次流产，更不会把自己只看作生儿育女的机器，这是从根本上解决男女出生性别比失调的办法。

5. 延长青年受教育的年限，分散未来婚姻市场的压力。在我国劳动力供给过剩的前提下，努力培养高素质的劳动人口本身就是党和国家的大政方针所要求的。针对 1985 年之后就趋向于性别比失衡的特点，应适当扩大高等院校的招生规模，分散他们的结婚时间，造成晚婚的社会环境。依照高学历人口中男性压倒多数的现状预计未来，如果在 2010 年之后，各类学校能比现在多容纳 50 万～100 万的男性在读大学生或研究生人口，那就可以极好地分散本年度婚姻市场的竞争压力。

总之，人的生育行为受自身传统文化和习俗的影响很大，不同的群体受不同的生育文化的影响会出现不同的生育行为。因此，要有效地控制人口的出生率，实现经济社会的可持续发展，就要有效地改变人们传统的生育观念。我国计划生育工作已进行 30 余年，而主要采取的是行政手段、经济罚款等强硬措施来降低生育率，为此，我们付出了昂贵的代价，如做计划生育工作的干部与群众之间的关系紧张、出生婴儿性别比偏高、出生人口统计上漏报或瞒报女婴及统计数据失真等等。近年来，我国计划生育工作取得了很大的进展，进入了低生育率时期，但这并不意味着我们的生育观念已经改变，许多人的生育观念中仍存在着多胎生育的愿望和对男孩的性别偏好。这意味着生育率反弹的可能性仍然存在，出生性别比失衡的问题还将会突出。要稳定我国现在的低生育水平，改变目前出生性别比失衡的状况，除了行政、经济的手段之外，还要促进人们生育观念的改变，实现人们生育观从早生、多生、生男向少生、优生、无性别偏好的观念转变。只有这样，才能更好地改变人们的生育行为，才能达到治本的目的。

（陈秋萍　曲思敏）

四、贵州出生人口性别比失调的现状、成因和对策思考①

出生人口性别比问题是人口安全的一个重要指标，关系到人口可持续发展的战略问题，也关系到构建和谐社会、建设社会主义新农村和全面建设小康社会的重大问题。进入 21 世纪以来，贵州出生人口性别比问题越来越引起各方广泛关注，笔者对此进行简要分析。

（一）基本状况与趋势

出生性别比是指一定区域某一时期（通常为一年）内出生的男婴总数与女婴总数的比值，通常用每百名出生女婴数相对应的出生男婴数表示，出生性别比值域波动在 103～107 之间，超过 107 则为性别比偏高。贵州省人口计生委根据各市、州、地计划生育统计年报汇总数据见表 7-4。

表 7-4　贵州省市州地 2001—2005 年度出生性别比情况表

地区 年份		全省	贵阳	六盘水	遵义	安顺	铜仁	黔西南	毕节	黔东南	黔南
2001 年	平均	110.8	111.7	112.25	110.78	105.75	113.66	110.3	101.58	124.53	114.74
	一孩	94.56	105.13	87.54	99.03	86.37	104.56	95.57	76.16	106.75	103.62
	二孩	138.86	137.29	166	136.24	144.52	121.94	130.39	148.54	149.16	128.48
	多孩	158.99	151.7	182.28	196.14	171.29	150.46	151.29	133.77	258.63	175.66
2002 年	平均	113.68	108.73	117.13	113.6	110.33	117.05	105.34	110.61	127.24	113.97
	一孩	96.66	103.96	89.65	100.23	89.17	105.06	93.89	81.87	108.08	102.85
	二孩	144.78	127.29	181.19	141	153.81	129.55	120.66	171.58	155.99	129.02
	多孩	164.5	138.79	216.61	207.5	175	154.5	117.56	146.62	215.09	201.04

① 《人口、社会、法制》（2006 年卷），北京，中国民主法制出版社，2007。

续表

地区 年份		全省	贵阳	六盘水	遵义	安顺	铜仁	黔西南	毕节	黔东南	黔南
2003 年	平均	113.5	111.59	122.55	115.5	108.92	118.46	107.9	101.62	124.43	116.91
	一孩	97.57	106.16	97.33	103.4	102.5	105.92	93.99	76.96	104.18	101.05
	二孩	140.92	129.48	183.69	136.54	118.36	130.88	129.81	150.37	155.44	144.2
	多孩	175.78	147.04	178.11	194.66	118.36	167.13	116.67	154.72	245.82	233.99
2004 年	平均	114.17	111.22	127.1	120.6	121.16	114.57	106.2	100.31	123.45	113.4
	一孩	98.13	105.2	104.24	104.09	97.77	103.96	91.48	79.57	104.18	101.73
	二孩	1446.26	131.7	192.17	158.45	184.34	129.37	127.05	153.39	152.5	134.73
	多孩	169.08	157.65	236.88	193.6	175	118.29	133.75	155	253.55	221.23
2005 年	平均	114.15	111.03	124.7	122.28	119.17	115.73	107.57	99.73	118.73	114.48
	一孩	97.74	103.65	104.66	104.77	99.9	104.06	87.2	79.93	101.47	102.4
	二孩	149.32	137.96	182.58	164.08	165.33	130.57	135.98	173.43	145.24	136.68
	多孩	206.34	206.93	220	219.58	199.43	172.36	196.29	143.59	268.1	240

数据来源：省人口计生委统计年度报表

1. 统计显示

（1）2000 年“五普”时贵州出生人口性别比 108.87，“十五”期间的 2001—2005 年分别为 110.83、113.68、113.50、114.17 和 114.15。可以看出，贵州出生人口性别比从 2000 年离开正常值域后，呈逐年攀升的态势。

（2）表中显现，无论是贵州全省，还是各市州地的情况，均是孩次越高，出生人口性别比越高，表明生育的孩次越高，生男愿望越强。

2. 贵州省人口计生委协调督查处分别对遵义市余庆县、黔东南州天柱县、黔南州独山县的出生人口性别比调查统计情况如下：

（1）余庆县是全国计生工作的“明星”县，该县以汉族为主，其少数民族仅占总人口的 7.36%。

（2）独山县是全省计划生育依法行政工作走在前列的县，布依、苗、侗、水等少数民族占全县总人口的 74.81%。

（3）天柱县是以苗、侗为主的少数民族占总人口 98.52%的少数民族聚居县，因散居的汉族人口较少，未作统计。该县少数民族出生人口性别比从 2001 年至 2005 年分别是 144.8、138.9、139.3、133.1 和 136.2。

可以看出无论是以汉族为主，少数民族散居的余庆，还是少数民族小聚居大杂居的独山，以及少数民族聚居的天柱县，少数民族出生人口性别比高于汉族，少数民族人口比重越高，性别比越高。黔东南州是贵州省少数民族人口比重最高的地区，少数民族人口占总人口的 80.81%，该州近十年来性别比一直较高，多年持续在 120 以上，其中 2001—2005 年分别是 124.53、127.24、124.43、123.45 和 127.24。此外，如果按现行户籍政策，对出生人口性别比的趋势分析，出生人口性别比的升高趋势中农业人口高于非农业人口，流动人口高于常住人口，农村流出人口中的“超生游击队”都是抱着生男愿望而外出务工的。

表 7-5　余庆县出生人口性别比统计表

项目 年份	汉族	少数民族	平均
2001	111.9	132.1	113.4
2002	112.5	144.9	114.8
2003	107.9	137.6	110.0
2004	103.3	143.4	105.3
2005	106.9	122.6	107.8

资料来源：贵州省人口计生委

表 7-6　独山县出生人口性别比统计表

项目 年份	汉族	少数民族	平均
2001	119.7	136.1	134.3
2002	127.9	126.3	126.6
2003	118.2	124.5	123.8
2004	112.6	123.7	121.4
2005	115.2	120.8	119.3

资料来源：贵州省人口计生委

（二）成因分析

2000年，贵州出生人口性别比开始偏离正常值时，没有引起足够的重视，有的甚至认为是由于漏报或瞒报女婴甚至错报婴儿性别而形成的“假性”偏高，随着时间的推移，认识看法分析研究趋于一致。笔者仅对贵州出生人口性别比失调进行简要分析。

1. 成因

(1) 传统文化的沉淀

贵州山区由于自然条件的限制、居住环境的约束、社会交往的狭小、信息载体的缺乏等，使山区传统文化意识的沉淀更为稳定，受现代文化的冲击小，传统文化的意识强。就生育文化而言，除了几千年传统文化的影响，“不孝有三、无后为大”、“传宗接代”、“多子多福”的传统意识外，还有像“有儿穷不久、无儿富不长”等山区农村自有的生育文化痼疾。山区的自然环境，形成农民的特有居住形式，造成物流、意识的封闭性。在狭小的生存空间，把他们共同的利益、情感和心理紧密联系起来，形成共同的观念意识，相同的心理特征。在生育选择上，“家家都要有男孩”。如果一个家庭没有男孩，在村寨里是难以接受的，也会受到旁人的歧视，在心理上感到巨大压力，这不仅仅是一个传宗接代、养儿防老的意识，更有一种趋同心理，从众意识的群体性心理特征。几千年的传统，男婚女嫁，男孩长大娶媳妇，等于生一个儿赚一个媳；家谱、墓碑和祖先牌位只记男性、不记女性，没有儿子则断了香火；宗教、姓氏观念较浓，少有的上门女婿也易受排挤；等等。这就使得婚育文化中的重男轻女得到延续和强化，造成生育选择上的“生男情结”。

(2) 生产力发展阶段的现实

在贵州山区农村许多地方仍然是自然、半自然的传统农业经济占主导地位。家庭联产承包责任制赋予了农民家庭生产单位的地位，在山区犁土耙田、背煤挑水等手工劳作仍然是农民生产生活的主要方式。自然环境的限制，生产工具的落后，迫使农民不得不投入较多的劳动力。山区农业劳动强度大，男性相比女性劳动力有较强的优势。

山区农户中60%的农户是纯农户，靠种植和养殖业维持生活，对土地的依附性强。由于人口膨胀，承包地里生产的粮食不能自给。为了生存，出现毁林烧灌开荒，扩大土地、扩种粮食，由于特殊地貌和土壤流失严重，出现所谓“人跟进—林灌退—石头出”的石漠化现象。

山区农业劳动的强度大，日常生活中的用煤、用水以及婚丧嫁娶的活动中都需要强劳动力，男性劳动力在生产、生活中的优势得到体现。在生育选择上就出现“生男偏好”。

（3）社会保障的缺失

“三十年前靠父养子，三十年后靠子养父”，这是贵州山区传统的养老形式。贵州农村95%以上的都是家庭养老。家庭养老又有三种形式：合居——在儿子家中几代人合居赡养，（敬老院也是一种合居形式，但在贵州省农村凤毛麟角）。山区中信奉“皇帝爱长子，百姓爱幺儿”，有两个儿子以上的，大多在小儿子家中合居；轮居——在子女（基本上是儿子）家中轮流居住赡养；独居——由子女（大多是儿子）提供一定的生活来源，单独居住。在三种形式中，随着计划生育工作的开展，家庭中儿子数量的减少，独居的越来越多，轮居的越来越少。由于历史形成的传统，山区妇女是“嫁出去的姑娘泼出去的水”，纯女户中，女儿嫁出后养老无靠；传统习惯女儿只有作为儿媳赡养公婆的义务，而没有赡养爹娘的义务。就不远嫁他乡，农村传统的合居在女儿家的也极少。目前，贵州省实施的农村独生子女户“两女”绝育户养老金制度，惠泽的人群仅占农村人口1%左右，农村养老、失业、就医等社会保障缺失，同时由于多年来农业收益的下降，作为物质条件养老的承包地养老功能弱化等，给山区农村带来一个现实的问题，有儿子就有养老依靠，儿子多被赡养的机会条件多，这就造成生育选择上的“生男追求”。

（4）性别歧视的集中反映

“男女平等”也是我国的一项基本国策，国家制定了《妇女权益保障法》并分阶段制定了《中国妇女发展纲要》等。新中国成立后，特别是改革开放以来，妇女的政治经济和社会地位明显提高。但必须清醒地看到，在社会现实中真正意义上的男女平等仍未实现，这是出生人口性别比问题的深层次原因。从政治地位看，国际议员联盟网站报道，我国人大代表中的女性比例在该联盟中的排名，从1994年第12位，下降到48位。全国人大代表中女性都在20%左右徘徊，中共党员中的女性比例一直低于20%。妇女干部、妇女领导干部、妇女中的高中级知识分子比例一直较低，妇女参与政治决策和民主管理受到明显局限。从经济地位看，各行业妇女平均工资低于男性，是不争的事实，妇女在择业、就业、再就业上也受到歧视。前年新闻报道湖南在录聘工作中要求妇女双乳对称才算合格的情况就是性别歧视的极端表现。从社会生活看，2000年起开始实行的村民委员会直接选举中，据统计，女性占村委委员的比例在15%左右，这是农村“重男轻女”观念的显现，家庭经济地位、家庭暴力的产生等女性都是弱势一方。前年新闻报道云南出现把女性人体摆设大餐的报道，更是性别歧视的告白。从理论研究看：在性别比失调问题上，大量的关注以男性未来婚配为难点而忽视了以关注女性为中心的重点，因为性别比失调受到伤害的关键在女性，身心受到催残的是女性。前不久《南方周末》一则《乡村女教师周末卖身供弟上学》讲述一位23岁的女教师徐萍为供三个弟弟上学，“周一至周五当教师是天使，周六周日做妓女是魔鬼”的“催人泪下”的报道，引来舆论讨论，引起社会的关注。这是重男轻女的极端表现。

（5）生育政策的“暗示”

贵州长期以来的地方生育政策规定，农村汉族家庭第一孩是女孩的，可以安排生育第二孩。这个“安排”就是因一孩是女孩，再给一次机会，泄露了女孩价值低于男孩的“天机”。这个政策规定的愿望是好的，是从山区农户的客观实际出发的，但随着时间的推移，农民懂得了这个“意思”，就是给你生男的机会。生育政策上给农户生育选择上造成了“生男暗示”。

2. 形成

“生男情结”、“生男偏好”、“生男追求”、“生男荣耀”是长期存在的，为何在有“生男暗示”多年后才出现性别比失调问题呢？直接原因是科技手段的运用。随着B超和羊水检测技术的迅速发展，形成了遍布城乡的各类医疗网点，使胎儿性别鉴定的准确性可靠性极大提高，同时人工终止妊娠技术的支持，加上检测费用不高。这种经济性、可靠性、方便性使出生性别选择成为了可能。间接原因是生育选择空间被压缩，“十五”期间计划生育工作力度加大，符合政策生育率大幅度提高，政策外生育空间被大大压缩，使一些依靠多子女来生男的选择，压缩到一、二孩生育选男。

不难看出，出生人口性别比失调乡村高于城镇，少数民族高于汉族，孩次越高性别比越高的原因是，农村的生产生活养老所决定的，贵州省少数民族由于历史的原因，生产生活环境更为恶劣，显然在性别选择上更为强烈，孩次越高选择的空间越小，选择性别的追求越强烈。

3. 危害

近几年性别比失调带来的危害引起了国内外的广泛关注，而专家学者的研究分析，多站在以男性为中心的角度去分析男性婚姻，单身男性的养老，形成“千万光棍”等，把治理性别比失调的目的归于解决未来男性婚配，往往忽视了弱势一方女性的平等权利，这也是一种性别歧视的潜意识的客观反映。

（1）危害妇女身心健康，影响构建和谐社会

社会和谐的基础是人口安全和人口和谐，人口和谐的基本内容之一就是结构平衡，性别结构平衡是其重要的基础。出生人口性别比失调是人为的因素造成的，多由产前选择性人工流产和少数的溺杀女婴而形成的，实质是对妇女的歧视，是对女婴的暴力行为。无疑会对妇女身心健康和生殖健康产生负面影响。

出生人口性别比长期失调，必然导致区域内总人口的性别结构失调，劳动年龄人口中男性劳动力天然的优势挤压妇女在获取资源、就业、从业及收入的平等机会。由此带来妇女在国家和社会事务管理中的参与度，参与层次，参与比重，参与渠道受到限制。经济、政治生活的弱势必然延伸到家庭、村居、社区生活的方方面面。显然影响社会和谐的构建。

（2）冲击家庭婚姻，影响社会安定

从个体看，在社会重男轻女意识下，影响到女性身心健康成长，由于性别比失调，一些女性特别是在贫困家庭的女性易成为婚姻卖买中的“商品”；男性在婚配年龄会出现困难，特别是边远贫困地区的男性婚姻会“边缘化”。从家庭看，由于婚配年龄性别失调，会造成婚龄错位，婚姻婚配失当，离婚、残损家庭增多，男性单亲家庭增多。从社会看，拐卖妇女，买卖婚姻，婚外情行为，性犯罪等大量增加，还会带来包括目前尚难预测的若干社会问题，势必影响社会的安定。

（三）对策思考

党和政府高度重视出生人口性别比失调问题，2004 年 3 月中央人口资源环境工作座谈会明确把“高度重视出生人口性别比升高问题”作为应当集中精力抓好的三件大事之一。贵州省委、省政府也十分重视贵州省出生人口性别比升高问题，对专项治理工作进行了安排部署，贵州省政府出台了专门的地方性规章，在人口计生委专门设立了协调督查处强化治理工作的协调督查落实。

出生人口性别比失调是多因素综合作用的结果，更具有长期累积性和滞后性的综合效应，治理性别比失调需要智慧，更需要耐心，不可能一蹴而就。

1. 消除性别歧视，提高妇女地位

（1）加强男女平等基本国策的宣传教育和贯彻落实，逐步提高妇女在政治、经济、社会乃至社区、家庭中的地位，制定落实促进妇女教育、就业、失业、工资、劳动保护、社会保障的具体保护政策，重视和保护妇女的合法权益。

（2）在人大代表，政协委员，中共党员、各级各类领导班子成员中增加妇女的比例，提高妇女参政决策、民主管理的地位。

（3）正面宣传报道男女平等，性别比平衡并不会自然而然的带来社会性别平等，要通过和风细雨的宣传教育，营造良好的舆论环境，减少和逐渐杜绝新闻、文艺作品、生活娱乐中对女性带侮辱性、歧视性的报道和描写。

2. 建设新农村，改善山区生产生活环境

（1）改善生产环境，降低劳动强度，减少对男性劳动力的过分依赖。

（2）改善生活环境，提高女性家庭地位。

（3）改善文化环境，建立现代生育文化。

3. 拓宽奖抚制度，建立健全农村社会保障体系

（1）探索创新农村“部分”两字取消后的计划生育家庭奖扶制度，建立长效机制。

（2）在“奖”字上多做文章，在“扶”字上拓宽渠道，在“救”字上雪中送炭，完善农村计生家庭的奖励、养老和救助有效机制。

4. 完善实施法律法规政策，坚决依法严惩“两非”

（1）我国修改并实施的《宪法》第33条规定“国家尊重和保护人权”，这为我们治理出生人口性别比失调提供了根本的法律保障。从国际看，1995年第四次世界妇女大会通过的《行动纲领》，1994年国际人口与发展大会的《行动纲领》都把产前性别选择和溺杀女婴列为对妇女的歧视和对妇女的暴力行为。韩国在20世纪80年代也出现出生人口性别比急剧攀升，此后韩国国会出台一系列提高女性地位，反对歧视妇女，维护女童权益的法案并加以实施，性别比问题得到较好治理，值得学习借鉴。

（2）清理和废除、修改现存的违背性别平等，歧视妇女的土政策、土规定，建立和完善有利于提高妇女政治、经济、社会地位的政策规章，建立良好的两性和谐发展的利益导向机制。

（3）强化建立完善符合实际的维护妇女人身、教育、就业、劳保、婚姻家庭等权益的法律法规，加大有法可依和执法力度。

（4）依法严惩非医学需要进行胎儿性别鉴定和非医学需要选择性终止妊娠的行为，依法严惩溺杀女婴的情况。

注：数据来源除文中注明的外，其他来自于贵州省第五次人口普查和省人口计生委统计资料。

（廖昌晖）

五、贵州省实施“关爱女孩行动”的调查与分析①

——“关爱女孩行动”调研组

（一）前 言

“关爱女孩行动”是国家人口计生委为把婚育新风进万家活动引向深入而提出的一个重要的专项行动，是在胡锦涛总书记的“人口和计划生育工作，主要任务是稳定低生育水平，提高出生人口素质，同时要努力遏制出生人口性别比升高的势头，……为全面建设小康社会创造良好的人口环境”的重要指示下，国家人口计生委提出的为加强人口发展战略研究，推动人口与计划生育工作的综合协调，拓展工作职能的具体体现。它标志着我国人口与计划生育工作从以控制人口数量为主向既注重人口数量又提高人口素质、改善人口结构的方向转变。其目的在于通过大力传播文明、健康的婚育新风，普及相关的法律法规和科普知识，营造有利于女孩生活的环境，建立有利于为女孩及其家庭提供服务的机制，依法维护她们的合法权益，从而促进新型婚育观念的形成，促进妇女发展和男女平等，促进对人口问题的综合治理。从战略的高度来讲，它体现了“以人为本”的发展观和可持续发展的思想。在全面加快小康社会建设步伐中，这一项工程的实施有着重大而深远的意义。

贵州省从第五次人口普查来看，其出生性别比是全国在110以下的7个省区之一。但是，贵州省的出生性别比近年来快速升高，部分县市也严重失调。同时，由于贵州是一个少数民族人口大省、欠发达地区、生产力尚不发达、社会保障制度很不健全，人民群众的生产生活水平还不高。农村地区，重男轻女的思想观念依然根深蒂固。这给女孩的生存和发展造成了严重的影响，也是造成性别比失调的主要原因之一。因此，贵州省从自身的实际出发，根据国家人口计生委对不是试点省要建立试点县的要求，确立了黔东南的丹寨县和天柱县为试点县，启动贵州省“关爱女孩行动”工程。为此，

① 该调研报告2005年10月通过评审验收。

贵州省人口计生委和贵州大学人口研究中心联合成立了“关爱女孩行动”课题组，于2004年4—10月对试点县“关爱女孩行动”做了前期的初步调查研究。本文就是前期调查的初步成果。

根据贵州实际情况，在本次调查中，我们主要采用文献法、问卷法、访谈法和座谈法等方法。一方面听取了试点县计生局及其相关部门“关爱女孩行动”的总结和汇报，获取了相关的文献资料；另一方面制定了“关爱女孩行动”和“贫困母亲”两份问卷入户调查。第一方面的调查内容包括试点县“关爱女孩行动”的工作情况，具体包括宣传打击B超等人为选择性别的行为，“关爱女孩行动”的利益导向机制，“关爱女孩行动”的经费投入，女孩失学情况及出生性别比等。在问卷中，我们设置了有关出生性别比的相关因素，包括经济、社会、文化和教育等30多个问题，我们希望通过这次调查，能探寻导致人口出生性别比升高的深层次原因和相关因素；同时还设置了“关爱女孩行动”政策预期问题、农村贫困母亲生存状况问题，目的是为贵州省启动“关爱女孩行动”提供理论和实践支持。贵州省计生委宣教处与贵州大学人口研究中心根据丹寨和天柱两试点县的经济社会发展状况，分别在各县按经济状况选择好、中、差3个乡镇的3个行政村作为问卷和访谈调查的重点。通过调查，我们认为，要真正转变群众的生育观念，就必须使群众真正感受到“生男生女一样好”。要解决出生性别比偏高问题，必须从发展经济、脱贫致富抓起，通过建立有利于计划生育、有利于女孩及其家庭的利益导向机制和社会保障制度，帮助有女孩的困难家庭消除后顾之忧，帮助辍学的女孩回到学校，帮助贫困母亲脱贫致富，维护妇女的合法权益，提高妇女的社会经济地位，这是治理出生性别比失调的治本之策，是“关爱女孩行动”的主要目的。

（二）试点县“关爱女孩行动”的工作状况

从我们掌握的资料来看，两个试点县就“关爱女孩行动”已经做了一些实实在在的工作，天柱县早在1996年《中共天柱县委员会文件》（县党发［1996］20号）中就规定：计划生育“三结合”的帮扶对象中就提出二女结扎户是帮扶的重中之重。还规定对二女结扎户实行以下一系列的优惠政策：在省分配给该县的扶贫项目款上，二女结扎户属于优先照顾的对象；对农村二女结扎户购买“双杂”良种可凭证按成本价供应；二女结扎户在申请建房用地时，土地管理部门只收工本费；工商行政管理部门对二女结扎户办理个体工商营业执照时，要优先办理，只收工本费，免收登记费；给农村二女结扎户办理养老保险，每户200～400元，有条件的乡镇还要给二女结扎户的女子办理重大疾病医疗保险，以解决他们后顾之忧；民政部门在发放救济款物时，对二女结扎户发放的数额可高于当地同等条件者20%～30%；教育部门对农村二女结扎户的子女，在义务教育阶段免收杂费，高中、职业高中录取新生，对二女结扎户的女子照顾10分，劳动人事部门在招工、招干、劳务输出时，优先照顾农村二女结扎户，劳务输出办证费减免70%；乡镇人民政府对农村二女结扎户免征教育附加费7年；地税部门免征农村二女结扎户的春节生猪屠宰税7年；交通部门在办理农用机动车辆营业执照时，对农村二女结扎户减免办证费20%；医院对农村二女结扎户就诊要优先，免收挂号费；“希望工程”到户的“1+1”救助资金要优先救助二女结扎户的女子入学；政法部门要对二女结扎户反映的问题和案件及时受理和查处；各乡镇要用征收的计划生育费对二女结扎的子女急诊重病住院给予50～200元的补助。这些具体可操作的优惠政策使女子得到了关爱。2001年全县“三结合”帮扶对象有209户，其中二女结扎户就有184户，占总帮扶对象的91.52%。

根据黔计生通［2003］85号文件精神，丹寨县成立了以分管人口与计生工作的县长为组长的“关爱女孩行动”领导小组，同年9月20日，县计生局、县妇联、团县委等7个部门联合下发了《关于开展“关爱女孩行动”活动的通知》，对全县关爱女孩行动活动作了全面部署。相关部门围绕这一主题开展了一系列工作：团县委2003年通过实施“希望工程”救助女童225名；教育部门为农村二女结扎户减免义务教育期间的杂费，对14周岁以下的独生女户和二女户辍学的女孩，采取“1+1”结对子助学等方式，资助女孩回到学校。全县未入学和辍学女童仅占全县7～15周岁女童总数的1.53%。

2003年全县计生“三结合”资金累计达58.6万元，共对312户独生子女户和251户二女结扎户开展了帮扶工作。为解决农村独生子女户和二女结扎户的养老问题，丹寨县人民政府于2003年10月9日出台了《关于印发丹寨县农村独生子女户和二女结扎户养老保险基金管理和使用实施办法的通知》（丹府发［2003］20号），规定每年按地方财政收入的0.5%提取计划生育养老基金，明确农村“二女结扎户”到60周岁以后，夫妇双方每月从养老基金中领取100元生活费，60岁以前死亡的，获安埋费1500元，60岁以后死亡的，获安埋费2000元，这样从根本上解决了独生子女户和二女结扎户的养老问题。同时采取措施严禁利用超声技术和其他手段进行非医学需要的胎儿性别鉴定；严禁非医学需要的选择性别的人工终止妊娠，并开展了打击溺婴、弃婴等犯罪活动。

据统计，2004年4月，天柱县有贫困母亲1231人，其中已帮扶633人；独生子女办证人数680人，已帮扶544人，投保108户；二女结扎户589户，已帮扶426户，落实养老保险428户。该县计有477名女童失学或辍学，正在采取措施帮助她们重新回到课堂。丹寨县共帮扶贫困母亲2268人，占贫困母亲总数4999人的45.37%；独生子女办证人数369人，有二女结扎户255户，均已全部帮扶和落实了养老保险，全县初中、小学共有辍学女童203人，通过采取措施重新上学101人，占49.75%。

从上可以看出，这两个县在制定、实施了有利于女孩及其家庭的社会经济政策，开展对女孩家庭优先优惠、“三结合”帮扶、“帮助贫困母亲”、“女童零失学”等方面都做了较扎实的工作，并取得了一定成绩。但我们从相关的资料和调查中已知，由于各方面条件，尤其是经济条件的限制，两个县在抑制出生性别比上实际出台的政策和采取的措施力度是不够的；不管是对贫困母亲的帮扶或是对独生子女户、二女结扎户的优惠兑现和养老保险的落实都存在面窄力度小的问题。如天柱县对贫困母亲的帮扶只占贫困母亲的一半；丹寨县通过采取措施使辍学女童重新上学也未过辍学总数的50%。又如独生子女户、二女结扎户优惠政策兑现也只在100元左右，“三结合”

帮扶少则每户近100元，多则很少超过1000元。其他救助也是力度有限。可以说，“关爱女孩行动”在前进的道路上将有许多难关要攻克。

（三）样本农户基本状况

针对贵州省整体出生性别比并不十分严重，但部分县市出生性别比失调较为突出的现状，加上贵州整体经济、社会发展仍较落后，文化教育也欠发达的实际，我们在试点县按经济状况好、中、差各选择3个行政村进行入户调查。为此，我们在丹寨县选择了经济状况较差的雅灰乡送拢村、中等水平的扬武乡排莫村和经济发展较好的龙泉镇卡拉村；在天柱县选择了经济状况较差的坪地镇八界村、中等发展水平的高酿镇三寨村和经济较为发达的蓝田镇蓝田村。2002年，丹寨县农民人均纯收入为1336元、人均占有粮食278公斤；我们所选的三个点（依次为送拢村、排莫村、卡拉村）的人均纯收入和人均占有粮食分别为1149元、258公斤；1397元、291公斤；1687元、367公斤；同年天柱县农民人均纯收入和人均占有粮食分别为1418元、341公斤；三个选点（依次是八界、三寨、蓝田）的人均纯收入和人均占有粮食分别为1261元、305公斤；1510元、348公斤；1748元、406公斤。由此可见，选点达到了我们的要求，能够代表当地经济发展水平的高、中、低三个水平。有关这次调查的样本农户基本状况见表7-7。

表7-7 样本农户基本状况

		合计	丹寨县			天柱县		
			送拢村	排莫村	卡拉村	八界村	三寨村	蓝田村
样本数		691	81	116	94	143	151	106
1. 您的性别	男	433	60	70	48	115	68	72
	女	258	21	46	46	28	83	34
2. 您的民族								
苗族		298	78	116	99	—	1	4
侗族		390	—	—	—	143	147	100

续表

		合计	丹寨县			天柱县		
			送拢村	排莫村	卡拉村	八界村	三寨村	蓝田村
3. 您的身份								
普通农民		659	80	115	85	131	148	101
党员		25	1	1	7	11	2	3
干部		7	—	—	3	1	1	2
4. 您的年龄								
20～29 岁		95	13	7	23	31	19	2
30～39 岁		251	32	45	40	35	54	44
40～49 岁		212	22	57	15	33	45	40
50 岁以上		133	14	11	12	40	35	20
5. 总人口		3165	352	519	398	666	739	491
其中：	男	1647	185	260	218	343	382	259
	女	1518	167	259	180	323	357	232
总人口性别比		108.5	110.8	100.4	121.1	106.2	107.0	111.6
平均户均规模		4.58	4.35	4.47	4.23	4.66	4.89	4.63
6. 人均受教育年限		3.26	1.88	1.49	3.48	3.97	3.34	5.42

资料来源：根据《关爱女孩行动问卷调查表》整理所得

这次问卷调查共发放问卷 800 份，收回有效问卷 691 份。在有效问卷中，男性 433 人，占样本总数的 62.7%，女性 258 人，占 37.3%。从民族成分来看，丹寨县主要为苗族，样本苗族人口 293 人，占样本总数的 42.4%。侗族集中在天柱县，样本侗族人口 390 人，占样本总数的 56.4%；其余民族有彝族、汉族和水族，合计占 1.2%。从身份状况来看，普通农民 659 人，占样本总数的 95.4%，党员 25 人，占 3.6%，干部 7 人，占 1%。从分年龄段来看，20～29 岁 95 人，占样本总数的 13.7%，30～39 岁 251 人，占 36.3%，40～49 岁 212 人，占 30.7%，50 岁以上 133 人，占 19.2%；最大年龄为75岁，最小为21岁，其主要年龄段集中在30～49岁。样本涉及的总人口为3165人，户均人口规模为4.58人，其中男性人口为1647人，占总人口的比重为52%，女性人口为1518人，占48%，总人口性别比为108.5，稍高于正常值范围（103～107）。从分地区看，总人口性别比最高为卡拉村，为121.11，最低为排莫村，为100.4。另外，从受教育状况看，样本农户中，人均受教育年限仅为3.26年，其中，受教育年限最多的是蓝田村，人均受教育年限为5.42年，最低的是排莫村，人均受教育年限只有1.49年。总之，这次调查样本基本情况是：（1）在691份有效问卷中，样本男性比女性多，男性比女性高25.4个百分点；（2）主要为少数民族人口，其中以侗族最多，占56.4%，其次是苗族，占43.1%；（3）从身份看，普通农民最多，占样本总数的95.4%，其次是党员，最后是干部；（4）从年龄状况看，主要集中在30～49岁之间，其比重合计占样本总数的67%；（5）从样本总人口性别比来看，性别比稍偏高，为108.5，但地区差异明显，高低差距20.7。这与所在乡镇若干年度的性别比比较，可以说能基本反映社区的实际。（6）从受教育状况看，人均受教育年限仅有3.26年，整体文化教育水平仍然很低。

表7-9 样本所在乡、镇若干年度性别比

地区 年份	雅灰乡（送拢村）	扬武乡（排莫村）	龙泉乡（卡拉村）	蓝田镇（蓝田村）	高酿镇（三寨村）	坪地镇（八界村）
1999	158.97	131.25	128.16	152.38	148.67	151.67
2000	148.15	129.84	130.6	151.38	156.15	136.36
2001	182.22	135.03	110.84	144.38	165.81	138.78
2002	151.28	128.85	145.2	119.30	136.69	172.86
2003	121.74	132.08	117.23	155.47	107.64	146.5

资料来源：相关乡镇的计生委提供

（四）关于出生性别比问题

“关爱女孩行动”源起于我国性别比的失调。我国20世纪70年代出生性别比完全正常，为106.32。1982年第三次人口普查出生性别比为108.5，1987年1%人口抽样调查为110.9。90年代以后，我国人口出生性别比开始持续攀升，1990年第四次人口普查为114.14，1995年1%抽样调查为115.6，到了2000年第五次人口普查时，已上升至119.92。出生人口性别比的持续升高，已成为众多人口问题中一个危及人口安全、影响经济发展和社会稳定的大问题。出生性别比升高的后果是可以预见的：女婴生存权被侵犯，社会精神文明被损害，法律秩序受到干扰；男性独居增多，其行为责任意识下降；婚姻稳定性减弱，给家庭带来不安宁；非婚性需求增加，对伦理道德造成冲击；人口拐卖市场需求扩大，激发犯罪行为等。这些现象的出现必将影响社会经济健康发展，给全面建设小康社会造成严重干扰。为了进一步贯彻党的十六大精神，认真落实中央8号文件提出的2010年6项奋斗目标，努力遏制出生人口性别比升高的势头，为全面建设小康社会创造良好的人口环境，国家人口计生委从2003年开始启动“关爱女孩行动”试点工作。因此出生性别比是“关爱女孩行动”的最主要的内容，也是各级政府最为关心和最为敏感的问题，同时也是我们这次调查的重点之一。

有关我国出生性别比的研究，始于1982年第三次人口普查数据公布以后，当时中国政府和学者还没有意识到问题的严重性，而西方的一些学者、媒体已经开始对我国性别比偏高问题进行讨论。有的西方学者认为，强制性的计划生育引起溺弃女婴的行为，从而导致出生性别比上升（Aird，1990）。也有学者把溺婴作为3个引起性别比上升的首要变量（Hull，1990）。还有学者根据中国的有关数据证明出生婴儿性别比上升是由于对女胎儿进行选择性人工流产的结果（Coale和Banister，1994）。后来，我国学者也开始对出生性别比进行研究，为了解释导致出生性别比偏高的原因，曾毅等人（1993）的研究结论是，出生漏报的性别差异和怀孕时确认胎儿性别后的选择性人工流产，可以对几乎全部的登记婴儿性别比的偏高部分进行解释，从而排除了溺弃女婴是导致出生性别比偏高的主要因素的可能性；指出女婴漏报占到登记性别比偏高程度的43%～75%。乔晓春（2004）的研究认为，从理想的孩子性别看，城市存在选择女孩现象，而农村存在明显的选择男孩的现象。分析发现，只有女孩的妇女再次怀孕的比例明显高于至少有一个男孩而再次怀孕妇女的比例；同时前者实行人工流产的比例要明显低于后者。以往所生孩子的数量和性别是唯一决定下一个孩子分孩次性别比升高的原因，它与年龄、民族、受教育状况和婚姻状况无关。而马瀛通（2004）的研究则认为，在无人为干扰胎儿性别的条件下，出生性别比不仅始终将保持正常，而且与计划生育、生育政策、男性偏好、传统文化、受教育程度、城乡差异等因素无关。基本上可以认定的是，自1984年起，因出现了不可忽略不计的人为干扰胎儿性别问题，此前的无关因素转而变为所谓的相关因素。在我们看来，基于贵州省经济欠发达、少数民族人口较多的实际，贵州省人口出生性别比升高，应该与经济发展、文化教育、社会状况等有关，也与一孩是女孩而再次怀孕的性别选择和溺弃女婴等因素有关。因此，我们从以下几个方面对贵州省出生性别比及导致性别比升高的因素进行分析。

1. 试点县出生性别比

丹寨和天柱两县，出生性别比近几年升高明显，从1996年以来，丹寨县的出生性别比最低都在120以上，而天柱县最低也在130以上。

表7-9资料表明，全省的出生性别比从1998年开始偏高，并一直上升，至2003年达113.5，可见，这一趋势比全国来得晚（全国在1982年时就已经是108.5），且没有全国严重。整个黔东南州从1996年到2003年，出生性别比就没有低于124，一直高处124～130之间，并一直排在同期全省8个地州市的第一位。而丹寨、天柱两县在出生性别比上比全州更高、更严重。丹寨县在1987年趋于失调，为107.82，到1990年，升至110.22，1993年陡升至149.3，之后年平均也达133.02。

而天柱县性别比的升高也非常突出，1990年就达130.55，之后一直在130～155之间徘徊，居高不下。所以在出生性别比调研中，以这两县为调查对象很具有代表性和典型性。

表 7-9 省州与试点县出生性别比

年份＼地区	贵州	黔东南州	丹寨县	天柱县
1996	105.5	126.1	127.3	148.99
1997	105.2	125.7	134.7	147.87
1998	107.9	126.3	129.4	139.53
1999	107.2	125.4	134.3	136.24
2000	108.9	126.1	128.5	146.65
2001	110.8	124.5	133.8	143.74
2002	113.7	127.2	139.2	138.84
2003	113.5	124.4	122.9	139.34

资料来源：黔东南人口与计划生育委员会规统科

2. 样本农户出生性别比

在样本农户出生性别比中，我们设置了出生孩子总数，第一胎男、女数，第二胎男、女数，第三胎男、女数及第一胎是女孩，其中第二胎男、女数和第三胎男、女数的指标体系，基本情况见表7-10。根据马瀛通（1998）的研究，认为由于出生性别比是一种具有很强生物属性倾向特征的自然化指标，这种生物属性特征的指标相对独立、稳定，少受或者很少受人为之外的其他因素影响，所以具有大数定律的特点。这种“大数定律”要求研究对象的观察单位数应该增加到“足够量”。为此，马瀛通计算了出生性别比103～107各整数值在95％置信度上的相应观察出生样本量与其出生性别比值波动范围。

表 7-10 样本农户出生性别比

指标＼地区	丹寨县			天柱县			合计
	送陇村	排莫村	卡拉村	八界村	蓝田村	三寨村	
孩子总数	149	217	167	186	224	346	1289
总性别比	129.2	133.3	103.7	109.0	113.3	114.9	116.6
第一胎性别比	146.9	163.6	73.6	116.4	133.3	105.6	118.8

续表

地区 指标	丹寨县			天柱县			合计
	送陇村	排莫村	卡拉村	八界村	蓝田村	三寨村	
第一胎男	47	72	39	64	56	76	354
其中第二胎男	9	18	9	—	18	40	94
其中第二胎女	19	42	17	—	31	38	147
性别比	47.4	42.9	52.9	—	58.1	105.3	63.9
其中第三胎男	2	1	6	—	5	7	21
其中第三胎女	4	2	4	—	4	9	23
性别比	50.0	50.0	150.0	—	125.0	77.8	91.3
第一胎女	32	44	53	55	42	72	298
其中第二胎男	22	33	31	—	31	46	163
其中第二胎女	5	5	5	—	21	31	67
性别比	440.0	660.0	620.0	—	147.66	148.4	243.3
其中第三胎男	4	—	—	—	9	16	29
其中第三胎女	—	—	—	—	7	11	18
性别比	—	—	—	—	128.6	145.5	161.1
第二胎男	31	51	40	33	49	86	290
第二胎女	24	47	22	32	52	69	246
性别比	129.2	108.5	181.8	103.1	94.2	124.6	117.9
第三胎男	6	1	6	—	14	23	50
第三胎女	4	2	4	2	11	20	43
性别比	150.0	50.0	150.0	—	127.3	115.0	116.3

资料来源：根据《“关爱女孩行动”问卷调查》整理所得

表7-10和表7-11表明，样本农户出生性别比中，总性别比为116.6，其中第一胎性别比为118.8，根据表7-12所列的1000人出生量在95％置信度波动范围内是完全正常的，第二胎出生性别比为117.9，也是正常的，第三胎出生性别比为116.3，也属正常。因此，

可以说，样本农户中，出生性别比基本上都是正常的，没有出现性别比偏高的趋势。但是，从第一胎是女孩，而其第二胎的出生性别比来看，则不正常了，第一胎是女孩，其第二胎的男女出生性别比为243.3，第三胎的性别比为161.1，第二胎超出在95%置信度波动的正常范围，第三胎已达到了这一区间的最大值；同时，如果第一胎为男孩，则第二胎性别比为63.9，第三胎性别比为91.3，第二胎性别比低于在95%置信度上波动的正常范围。因此，我们可以得出结论：虽然在总出生性别比正常（指在波动范围内）的情况下，在第一胎为男孩时，第二胎性别比严重偏低；第一胎为女孩时，第二胎的性别比严重偏高。证明在出生性别比上，存在较大的人为干扰因素。所以，下面的分析都从偏高、偏低两个方面入手。

表 7-11　出生性别比 103～107 各整数值在 95%置信度上的相应观察出生样本量与其出生性别比值波动范围

检测的出生性别比	所列观察样本出生量(样本出生婴儿数)下检测的出生性别比值波动范围			
	100 人	1000 人	1 万人	10 万人
102	68.6～151.9	90.1～115.5	98.1～106.1	100.7～103.3
103	69.3～153.4	91.0～116.6	99.0～107.1	101.7～104.3
104	70.0～155.0	91.9～117.8	100.0～108.2	102.7～105.3
105	70.7～156.5	92.7～118.9	100.9～109.2	103.7～106.3
106	71.4～158.1	93.6～120.0	101.9～110.2	104.7～107.3
107	72.1～159.7	94.5～121.2	102.9～111.3	105.7～108.3
108	72.8～161.2	95.4～122.3	103.8～112.3	106.7～109.3

资料来源：马瀛通等：《出生性别比新理论与应用》，19 页，北京，首都经济贸易大学出版社，1998。

3. 出生性别比升高及偏低的相关因素

人口出生性别比升高的原因比较复杂，但针对调查区域的实际情况，我们认为，调查区域的出生性别比升高的原因主要有：一是通过胎儿性别鉴定选择流产和溺弃女婴等直接原因；二是经济、文化、社会性别不平等现实和农村社会保障的匮乏等根本原因。

（1）出生性别比升高及偏低的直接原因

20 世纪 80 年代后期，随着 B 超和染色体检测胎儿性别技术的普及，为选择性别引产提供了条件。B 超检查是一项比较简便的技术，收费又不是太高，一般人可以承受得起。部分育龄妇女怀孕后，私下对胎儿进行性别鉴定，如果发现是女胎就引产。另外，在一些农村，还存在历史遗留的溺弃女婴的陋习，一些群众把生育的女孩溺死或扔掉，扔掉的女婴一般难以存活，从而造成新生儿性别比升高。关于 B 超鉴定和溺弃女婴，样本农户的回答见表 7-12。

表 7-12 出生性别比升高的直接原因

地区 / 指标	丹寨县			天柱县			合计
	送陇村	排莫村	卡拉村	八界村	蓝田村	三寨村	
1. 如果您身边一些人想要男孩，他们通常会							
通过 B 超进行性别鉴定，是女胎就引产	32	37	36	73	31	77	286
溺死或扔掉女婴	42	36	13	36	40	38	205
2. 您婚后是否有子女夭折							
有	10	8	1	10	5	11	45
其中是男孩	—	5	—	—	2	—	7
其中是女孩	—	3	1	—	3	—	7
没有	66	98	84	126	101	133	608
3. 如果生育子女未实现家庭日标，您认为有超生、躲生的必要							
有	8	11	13	13	11	14	70
没有	41	68	51	80	55	85	380
无所谓	26	27	30	32	25	34	174
4. 如果您是一女或二女户而又怀孕后，您的想法是							
进行性别鉴定，是男就生，是女则流	16	4	13	4	11	4	52
按政策采取补救措施	24	70	34	93	42	98	361
顺其自然	42	34	30	35	48	37	226

资料来源：根据《关爱女孩行动问卷调查表》整理计算所得

关于出生性别比升高的直接原因，由于是个十分敏感的问题，在设计问卷时，我们作了一些相应变通。我们设置了4个指标：

①*如果您身边一些人想要男孩，他们通常会采取哪些方法？*对于这个问题的回答，有286人（即占样本总量的41.4%）认为会采取B超进行性别鉴定，有205人，即29.7%的人认为会采取溺死或扔掉女婴。当然，在这个问题的回答中，有198人未回答，有8人多选；在未回答和多选中，通过我们入户访谈的情况，仍然是两种情况都较多。因此，在我们看来，对于贵州出生人口性别比的升高，用B超进行性别鉴定和溺死或扔掉女婴确实起了很大的影响。

②*您婚后是否有子女夭折？*对于这个问题的回答，大部分人都没有子女夭折，占样本总数的88%，只有45人回答婚后有子女夭折，夭折个数为51。其中女孩37人，占72.55%。我们在走访过程中，了解了婚后有子女夭折而又未如实填报的实际，显然，样本中统计的男、女夭折的情况并没有很好地说明问题。

③*如果生育子女未实现家庭目标，您认为有超生或躲生的必要吗？*在这个问题中，占样本总量的10.1%的70人认为有超生或躲生的必要；有380人（占55%）认为没有超生或躲生的必要；占样本总量的25%的174人认为无所谓。可见，仍然有一部分人希望生育能实现家庭性别意愿目标。

④*如果您是一女或二女户而又怀孕后，您的想法是：*对于这一问题的回答，有52人（占样本总量的7.5%）想通过性别鉴定，是男就生，是女则流；有361人（占样本总量的52.2%认为按政策采取补救措施；有226人）（占32.7%）认为顺其自然。因此，在我们看来，仍然有一部分一女或二女户，希望通过一些手段能够达到生儿子的目的。

（2）出生性别比升高及偏低的根本原因

（1）出生性别比升高的根本原因

出生人口性别比升高的根本原因，既有经济因素，也有传统生育文化因素，更有社会性别不平等等现实因素。在农村地区，生育男孩是重体力劳动和传统生活方式的需要，落后的生产力使得群众把发家致富的希望寄托在生育男孩上，这是产生男孩偏好的经济基础。在传统生育文化中，养老要依靠儿子、孙子，女儿和孙女都不能养老；男婚女嫁，男孩长大娶媳妇，等于生一个赚一个；家谱和祖先牌位只记男性，不记女性，没有儿子则断了香火；宗族、姓氏观念较浓，上门女婿易受排挤，等等。这使得在传统农业社会中形成重男轻女的生育文化得到延续和强化。同时，在现实社会生活中，人们经常感受到性别不平等的种种现象，不断刺激人们产生“男孩偏好”的情结。

关于出生性别比升高的根本原因，我们根据经济、文化、社会等相关因素，设置了6项指标。见表7-13。

表7-13 出生人口性别比升高的根本原因

指标 \ 地区	合计	丹寨县			天柱县		
		送陇村	排莫村	卡拉村	八界村	蓝田村	三寨村
1. 基本经济状况							
人均收入	831.4	442.01	408.17	1306	1088	906.22	838
人均支出	764.4	424.32	307.81	1053	1125	919.53	757
人均耕地面积	0.51	0.63	0.38	0.54	0.48	0.48	0.55
2. 您认为你们村有多少人有非农收入							
几乎没有（10%）	214	74	83	9	8	15	25
有一部分（30%）	223	6	27	13	103	35	39
有一半（50%）	79	—	7	11	—	24	44
大部分（70%）	117	—	—	57	—	28	32
几乎所有人（90%）	11	—	—	4	—	1	6
3. 您家的主要收入来源是							
农业收入	276	75	36	10	33	42	80
经商收入	121	5	—	80	4	10	22
打工收入	113	21	2	3	29	13	45
旅游收入							
其他	13	4	—	1	1	—	4

续表

地区 指标	合计	丹寨县			天柱县		
		送陇村	排莫村	卡拉村	八界村	蓝田村	三寨村
多选	192		78		76	38	
未填	4	—	—	—	—	—	4
4. 在家庭子女数中，您认为以下哪种形式为好							
一男	55	10	8	2	9	16	10
一女	22	3	2	—	7	3	7
一男一女	542	48	92	88	114	80	120
两男	30	14	10	4	—	2	—
其他	24	9	3	—	5	2	5
5. 您喜欢男孩的主要原因							
男孩能传宗接代	185	50	19	30	27	31	28
男孩能养老	197	30	38	14	43	27	45
男孩能干体力活，一个家庭主要靠男孩支撑	230	44	9	50	43	39	45
6. 您认为女孩是							
女孩是外人，不能传宗接代	183	42	33	33	27	19	29
女孩不能养老	257	41	57	33	44	36	46
女孩最终要嫁人，养也是白养 74	22	3	16	9	14	10	

资料来源：根据《关爱女孩行动问卷调查表》整理计算所得

①基本经济状况。从基本经济状况来看，样本村的整体经济都不高，其中最高人均收入为卡拉村，为 1306 元；最低的是排莫村，人均只有 408.17 元。从整体状况看，样本村人均收入为 831.4 元。从人均支出看，样本总体人均支出为 764.4 元，其中最高人均支出是八界村，为 1125 元，最低的是排莫村，为 307.81 元。再从人均耕地面积来看，样本村人均耕地面积仅 0.53 亩，其中最高也只有 0.63 亩，严重低于国际人均耕地面积警戒线（0.8 亩）。因此，对于

收入主要依靠农业为主的民族农村地区，其经济状况都不是太好，这是产生严重“男性偏好”倾向的重要因由。

②*您认为你们村有多少人有非农收入？*对于这一问题的回答，有 214 人，占样本总量的 31%，认为几乎没有非农收入；有 223 人（占 32.3%）认为只有一部分人有非农收入；有 117 人（占 17%）认为大部分人有非农收入。因此可以认为，样本地区的非农收入范围窄、数量小，这在一定程度上导致了社区经济水平状况的低下。

③*你家的主要收入来源是：*与此相对应的是在主要收入指标中，农业收入高居首位，在 495 份单选问卷中有 276 份（占 55.8%）选择了这一项。而在 192 份多选中，都包含了农业收入这一选项。所以，在经济水平低下、收入以农业收入为主时，男性作为家庭主要劳动力的优势就显示出来了，“男性偏好”也得到了加强。关于经济对出生性别比的影响还可以从总出生性别比与经济的关系看出来。在两组选点中，经济收入越高的，总性别比就越低。

④*在家庭子女数中，您认为以下哪种形式为好？*认为有 1 男 1 女为好的最多，共 542 人，占样本总量的 78.4%；其次为认为 1 男为好，占 8%；再次是认为 2 男为好，占 5%；最少的为 1 女为好，占 3%。可见，在家庭子女数中，仍然存在较大的“男性偏好”情结。

⑤*您喜欢男孩的主要原因。*对这一问题的回答，认为男孩能干体力活，一个家庭主要靠男孩支撑的最多，其次是男孩能养老，再次是男孩能传宗接代，其人数分别为 230 人、197 人和 185 人，所占样本总量的比重分别为 33.3%、28.5%和 26.8%，可见，农村地区主要还是从生存、发展经济考虑生育男孩较多，而传宗接代的观念已有所淡化。

⑥*您认为女孩是：*部分人认为女孩不能养老，占样本总量的 37.2%；有 197 人，占样本总量的 26.5%，认为女孩不能传宗接代。当然，也有 74 人认为女孩是外人，养也是白养。由此，农村社会保障体系的不健全也是出生性别比升高的根本原因之一。

总之，在我们看来，经济、文化、社会等因素，仍然是出生性别比升高的根本原因。

（2）出生性别比偏低的根本原因

现在整个中国社会都处于转型时期，农村社会也不例外，由男性占据绝对主导地位逐渐转向男女平等。虽然这个转变才刚刚开始，还有漫长的路要走，但它毕竟已经崭露头角。除了社会大环境这个因素外，经济因素的影响也十分明显。选点的人均耕地面积较低，最高的也才0.63亩，人地矛盾使得人们不得不开辟其他谋生之路。在收入来源中，选经营收入和打工收入的共234份，占单选的47.3%。在打工、经商中，并不像农业经营那样存在“男性偏好”，甚至女性还具有优势。因此，在有一个男孩满足家庭农业生产的前提下，存在着女孩偏好现象。同时，在调查中关于对男女孩评价的回答上，存在一定比例的未选项：对男孩的评价有80份未选，占样本的11.44%；对女孩的评价有189份未选，占样本的27.0%。究其原因，相当部分认为男女平等，不仅地位平等，而且作用平等，甚至有3位农户在问卷上写上“男女平等”。认为“溺死或扔掉女婴”是残忍的、不人道的行为。因此，第一胎男、第二胎出生性别比偏低的根本原因在于社会转型和经济发展引起农户收入来源、结构的变化，从而弱化了男性偏好，并影响到他们的认识、心理和行动。

关于出生性别比升高或偏低的原因分析还有必要补充下面两个相互联系的方面：性别比变化的民族原因和政策原因。我们调查的丹寨县的三个选点为苗族聚居区，而天柱的三个选点为侗族聚居区。苗族社区的家庭规模、平均孩子数分别为4.36，1.83，侗族社区的家庭规模、平均孩子数分别为4.74，1.89，前者均低于后者，苗族社区的出生性别比为122.1，侗族社区为113.0。侗族生育的孩子数多，性别比较低，而苗族生育的孩子相对较少，而性别比却偏高。据此得出侗族的男孩偏好弱于苗族应该说理由还不充分，但让我们联系到政策因素对出生性别比的影响，近年来民族地区落实计生政策的工作也抓得较紧，农村只能生两个孩子。在决定出生性别比的经济、文化、心理因素还没有改变的情况下，严格控制出生数量，必然导致人为选择出生性别比以达到生育目的。我们可以用1996—

2003年全省8个地州市的出生孩子数和出生性别比从反面来说明这一结论。从1996年到2003年，除1996年外，均为毕节地区出生人数最多，而其出生性别比一直是最低的，分别为89.9、91.2、101.1、95.5、101.9、101.6、110.6、101.6。但我们不能反过来说出生人数越少性别比一定越高。实际上，这是大数规律的作用。所以，宏观政策对出生性别比的影响也是不可忽视的。

（五）关于“女童零失学”问题

为了全面推进我国建设小康社会的目标，实现人口与经济社会资源环境的协调发展，保持可持续发展后劲，必须把坚持科教兴国，造就拔尖创新人才和高素质的劳动者放在现代化建设优先发展的战略地位，真正实现“以人为本”。教育是发展科学技术和培养人才的基础，也是扩大妇女就业、促进妇女发展和参政的基础。计划生育促进了家庭人均收入的提高，为投资儿女教育创造了有利条件。但是，我国地区间发展存在很大差异，在农村和边远地区，仍有学龄儿童由于各种原因未上学或辍学，而其中女孩占大多数。

自《人口与计划生育法》、《贵州省人口与计划生育条例》颁布实施后，贵州全省各地相关部门围绕着各自工作重点和地区实际加强了对女孩入学率、巩固率、保障女孩享受受教育权利的工作。丹寨团县委仅2003年通过实施“希望工程”，救助贫困学生360人，其中女学生225名，占62.5%；同年，该县教育部门为农村“独生子女户”和“二女结扎户”减免了该年义务教育期间的杂费。计生部门为了奠定“关爱女孩行动——女童零失学”工程的良好基础，开展了独生子女户、二女户和计划生育家庭户的调研活动，重点内容之一就是14周岁以下女孩的受教育情况，如有辍学者，则采取了“1+1”、“1+2”结对子助学等方式，资助辍学女孩回到学校，确保其“受教育、学文化、长才干”。通过工作，至2004年5月，在丹寨县已有辍学中小学女孩101人重新上学，占中小学辍学女孩总数的49.75%。

天柱县于2004年3月18日出台了《“关爱女孩行动——女童零失学”活动实施方案（讨论稿）》。在这一方案中规定了活动的指导思想、主要内容、工作步骤及工作要求。2004 年 3 月，通过教育、计生部门调查，天柱县农村 6～15 岁女孩总数共 26803 人，其中独女户 68 人，二女结扎户 589 人，一般户 26146 人。据初步调查了解，有 477 名女孩没有上学或辍学在家，辍学率为 1.87%。县有关部门正在采取积极措施，使辍学女孩尽可能多的重新上学。

由上可知，由于近几年“两基”教育的不断加强，民族地区九年义务教育取得了显著成效。绝大部分女童能进入学校受教育学知识，且具有较好的保障条件。

再从试点县的实际选点看女孩辍学的情况和原因表现，见表 7-14。

表 7-14 女童辍学情况表

指标 \ 地区	合计	丹寨县			天柱县		
		送陇村	排莫村	卡拉村	八界村	蓝田村	三寨村
1. 在您家有孩子辍学吗？							
有	75	13	16	6	13	13	14
其中男孩	13	3	3	2	6	4	5
其中女孩	62	10	13	4	7	9	9
没有	584	65	100	77	123	89	130
2. 您认为女孩辍学的主要原因是：							
家庭贫困	505	65	84	59	111	69	117
女孩学习再好，也没有太多用处	22	13	2	4	1	1	1
女孩是外人，不想在她们身上花太多钱	44	8	2	10	10	3	11
辍学后可以打工或务农	62	5	8	16	9	15	9

资料来源：根据《关爱女孩行动问卷调查表》整理计算所得

表 7-14 资料表明，在试点县丹寨和天柱，绝大多数家庭都没有子女辍学，占样本总量的 84.5%，但仍有 85 个家庭有子女辍学。由于所填问卷未出现一个家庭同时有两个孩子辍学的情况，可以说，辍学家庭占了样本总量的 12.31%。其中女孩辍学有 62 人，男孩辍

学有23人，女孩辍学是男孩的2.7倍。可见，女孩辍学率较男孩辍学率要大得多。在您认为女孩辍学主要原因的回答中，有505人（占样本总量的73%），认为女孩辍学最主要的原因是因为家庭贫困；有62人（占总量的9%）认为女孩辍学后可以打工或务农；有44人（占6.4%）认为女孩辍学是因为女孩是外人，不想在她们身上花太多钱；也有22人认为女孩辍学，是因为女孩学习再好，也没有太多用处。因此，可以认为，家庭贫困和辍学后可以打工或务农是女孩辍学率高的主要原因。这就为相关对策的制定提供了实证基础。

（六）关于“贫困母亲”与“关爱女孩行动”预期

1. 关于“贫困母亲”

贫困母亲指或因家庭劳动力缺乏，或因天灾人祸，或因环境恶劣，或因贫困积淀而后天乏力等因素所造成的尚处于贫困状态、生活低于当地一般水平的已婚且有生育史的妇女。“关爱女孩行动”中的贫困母亲，特指除上述因素外，又积极响应并执行国家计生政策而又处于贫困状态的农村独生子女户、二女结扎户的家庭妇女。救助贫困母亲是“关爱女孩行动”的一项主要内容。对于贫困母亲，我们在样本各村，针对贫困家庭的母亲发放并收回108份问卷。有关贫困母亲的经济、教育、信息、社会地位、健康和其他几个方面状况如下：

有关贫困母亲的基本状况见表7-15。本次调查的贫困母亲样本量总计为108份，是在“关爱女孩行动”样本村的基础上，对贫困母亲的调查。下面从经济、教育、信息、社会地位、健康和其他几个方面来说明贫困母亲的贫困。（1）贫困母亲的经济贫困。从人均收入来看，贫困母亲为427.26元，只相当于国定贫困线（625元）的68.4%。其中，人均收入最高的是天柱县蓝田村，为685.71元，最低是丹寨县卡拉村，仅270元。从人均支出看，样本贫困母亲的平均人均支出为425.72元。收支相等，基本上没有结余。从人均耕地面积看，样本贫困母亲的平均人均耕地面积0.45亩，最高是卡拉村，人均耕地面积为0.7亩，最低的是丹寨县排莫村，人均耕地面积仅为0.39亩，严重低于国际人均耕地面积警戒线。她们家庭的人均收入、人均支出、人均耕地分别相当于“关爱女孩行动”问卷样本农户的51.4%、55.7%、88.2%。由此可见，贫困母亲在经济上是相当贫困的；(2) 贫困母亲的文化贫困。对于贫困母亲来说，文化程度的低下，是其贫困的又一主要原因。在样本中，有62人是文盲，占样本总量的57.4%，有33人有小学文化，占样本总量的30.6%，仅有13人有初中文化，占12%，而有高中文化的则一个人都没有。虽然大部分（87%）对自己的文化程度不满意，但却无可奈何。在文化程度方面与丈夫相比，52.9%（57份）是丈夫高，而自己高的仅为3.7%（4份）。占样本10.2%的贫困母亲认为文化落后是主要致贫原因。可见，贫困母亲的文化程度不管是从相对意义上说还是从绝对意义上看都是极其低下的；(3) 贫困母亲的信息贫困。由于我们调查的社区基本上是少数民族地区，民族地区的贫困母亲很大部分都不能说汉语，影响了她们对外交流。在样本中，有64人只能说本民族语言，占样本总量的59.3%，只有40.7%的人可以说汉语。由于文化因素的影响，绝大部分都难以走出山门；(4) 社会地位方面的贫困。在调查中，79.6%的贫困母亲要做家务活，60.1%的贫困母亲还要做农活，她们虽然承担了相当部分的家务活和农活，却拥有较小的家事决定权，只有38.0%的贫困母亲参与家庭的大事决策。所以，在社会发展权利、社会地位上贫困母亲处于弱势状态；(5) 健康方面的贫困。婚前有病的比例是30.6%，而婚后有病的比例上升到43.0%。对身体满意的仅占10.2%，32.4%的认为自己身体不行。有33.3%认为是自己身体不佳而导致贫困。贫困母亲们的健康问题不容乐观；(6) 其他方面的贫困。在回答您是否有一门或一门以上的技术时，有95人认为自己没有任何技术，占样本总量的88%，只有12人认为自己有一门或一门以上技术。因此，没有任何技术，已经成为贫困母亲贫困的又一主要因素。同时，有28人（26%）认为她们贫困的原因是生存环境不行。她们所指的生存环境是缺乏土地，尤其是在“生不增、死不减”的土地制度下，土地不随人口变化，家庭规模一扩大就易导致人均耕地减少，进而导致贫困。

表 7-15　贫困母亲基本状况

指标＼地区	合计	丹寨县			天柱县		
		送陇村	排莫村	卡拉村	八界村	蓝田村	三寨村
1. 样本量	108	19	39	5	12	21	12
2. 经济状况							
人均收入	427.26	423.5	379.46	270.0	447.92	387.47	685.71
人均支出	425.72	486.8	361.08	60.00	479.16	451.86	492.38
人均耕地面积	0.45	0.52	0.39	0.7	0.41	0.53	0.44
3. 您的文化程度							
不识字	62	15	26	5	3	9	4
小学	33	3	12	—	6	9	3
初中	13	1	1	—	3	3	5
高中	—	—	—	—	—	—	—
4. 您认为造成您家贫困的原因是							
思想落后	10	8	2	—	—	—	—
文化不高	11	2	1	—	3	4	1
身体不行	36	2	14	3	7	9	1
生存环境不好	28	7	—	2	2	8	9
5. 您是否有一门或一门以上的技术							
有	12	1	3	3	1	—	4
没有	95	18	36	2	10	21	8
6. 您在日常生活中使用的语言是							
本民族语言	64	15	32	2	5	7	3
汉语	15	—	—	—	5	10	—
本民族语言和汉语	29	4	7	3	2	4	9
7. 您是否接受过政府以下帮扶（多选）							
致富帮扶	29	6	13	—	3	5	2
健康保障	7	—	1	1	1	3	1
文化培训	15	1	10	—	—	1	3
生活帮扶	46	6	19	4	4	10	3

资料来源：根据《贫困母亲问卷调查表》资料整理计算所得

以上六个方面可以说是贫困母亲家庭贫困的根由。而在政策支持方面，她们得到的支持由多到少依次是生活帮扶（39.7%）、致富帮扶（25%）、未获帮扶（16.4%）、文化培训（12.9%）、健康保障（6%）。因此在对贫困母亲的帮扶中，未获帮扶和只能治标的生活帮扶占了半数。在卡拉村的5位贫困母亲中，有两户是二女户，一户是独子户，她们得到的实际优惠小于书面的。

2. 关爱女孩行动预期

要实现出生性别比平衡，就必须建立一种有利于女孩生活、成长的良好社会环境，需要建立一种长效的利益导向机制，要协调有关部门出台有利于女孩，有利于生育女孩的妇女，有利于女儿户家庭的奖励优惠政策，符合经济欠发达地区实行计划生育家庭需要，也符合政府给予实行计划生育，对生活遇到困难的家庭一定补偿的精神。那么，符合计划生育条件的农民需要哪些方面的激励和补偿呢？对此，理论上的探讨可谓百家齐放、百家争鸣、各有见地、卓识，工作中的实践内容针对性、实效性也大都突出明显。而具体到我们的问卷中，只据情况设计设置了三项指标，相关情形如表7-16所示：

表7-16　关爱女孩行动的预期

指标＼地区	合计	丹寨县			天柱县		
		送陇村	排莫村	卡拉村	八界村	蓝田村	三寨村
1. 您认为如果国家采取关爱女孩行动，在经济上应该							
对独生子女或二女结扎户实行一次性现金支持	219	47	38	20	45	22	47
实施致富工程	364	35	29	64	81	69	86
实施安居工程	75	22	7	8	13	11	14
多选	77	—	42	—	35	—	—
未选	21	3	—	2	6	4	6
2. 您认为对独（双）女户家庭，国家在教育上应该							

续表

指标＼地区	合计	丹寨县			天柱县		
		送陇村	排莫村	卡拉村	八界村	蓝田村	三寨村
减免小学、初中阶段学杂费	373	71	42	73	80	23	84
中考、高考加分	57	21	5	1	3	24	3
考上大学给予奖励	103	31	4	9	22	14	23
免费接受实用技术培训	125	6	1	9	36	35	38
多选	64	—	64	—	—	—	—
未选	23	3	—	2	4	10	4
3. 在实施帮扶方面，国家应该采取							
实施政府帮扶倾斜	394	58	40	67	92	40	97
实施优惠政策倾斜	148	31	20	11	24	37	25
实施健康保障倾斜	71	20	2	11	11	15	12
实施亲情援助倾斜	47	3	4	4	13	9	14
多选	50	—	50	—	—	—	—
未选	21	3	—	1	6	5	6

资料来源：根据《关爱女孩行动问卷调查表》整理计算所得

资料表明：(1) 在经济上。有 364 人认为国家应该对独女或二女户实施致富工程，占样本总量的 52.8%；有 219 人认为应该给独女或二女户家庭给予一次性现金支持，占 31.7%；有 75 人认为应该实施安居工程，占 11%；另外有 77 人多选；有 21 人未回答。(2) 在教育上。有 373 人认为国家应该对独（双）女户家庭，实行减免小学、初中阶段的学杂费，占样本总量的 54%；有 125 人认为应该免费对独（双）女户实施实用技术培训，占 18%；有 103 人认为应给考上大学的独（双）女户子女给予奖励，占 15%；有 57 人认为应该在中考、高考时加分，占 8.3%。(3) 在实施帮扶方面。有 394 人认为政府应该对独（双）女户家庭实施致富帮扶倾斜，占样本总量的 57%，有 148 人认为政府应该实施优惠政策倾斜，占

21.4%；有 71 人认为应该实施健康保障倾斜，有 47 人认为应该实施亲情援助倾斜。总之，在对独（双）女户家庭的优惠政策上，实施致富工程，减免小学、初中阶段学杂费，免费接受实用技术培训，实施优惠政策倾斜等都是深受群众欢迎的。从表中我们还可以看出：每一个选项都有一定比例（分别为 3%、3.3%、3%）的未选样本，未填的原因在于要么是不关心政策，要么认为政策与己无关，极个别认为虽与己有关，但政府难以实施。

从表 7-16 我们可以看出，样本农户对国家实施有利于女孩，有利于生育女孩的妇女，有利于女儿户家庭的奖励优惠政策是欢迎的。同时它也表明“关爱女孩行动”是一项德政工程、民心工程。

（七）结论

通过以上的资料统计分析，我们初步认为：

1. 关于出生性别比问题

（1）在贵州省出生性别比持续、整体偏高的情况下，黔东南州尤为明显，两个试点县出生性别比的高位徘徊、严重失调已是全省之最，该现象及其产生或可能产生的后果已经引起了广泛的关注和思考。已产生的后果有如“光棍汉”在增多、“光棍村”在出现。如丹寨县某村全村 471 人，整体性别比 147。全村年满 22 周岁的未婚“光棍汉”有 56 人，占全村总人数的 11.89%。

（2）从试点县和选点村的出生孩次性别比看，均是一孩正常或轻度偏高，二孩性别比急剧抬升，多孩性别比居高难下。出生性别比偏高存在着较大的人为干扰因素，“男性偏好”情结刚性强烈。

（3）出生人口性别比升高的直接原因是通过 B 超进行性别鉴定和溺弃女婴。但从分析的结果看，通过 B 超进行性别鉴定是女胎则流要大于溺死或弃婴。在我们看来，出生人口性别比升高的根本原因既有经济因素，也有传统生育文化因素，更有社会性别不平等等历史与现实因素。

（4）从八界、三寨两样本村出生性别比趋于正常的情形看，通过宣传和各项工作措施，抑制性别比升高并逐渐走向正常是完全可能的。

（5）治理出生人口性别比是一项大的系统工程。而一些县、市相当部分领导、干部对其严重性、复杂性、艰巨性认识不足，因而在相关的政策制定和措施采取上或力度不够或尚未进行，影响着出生性别比偏高的抑制和治理。

2. 关于“女童零失学”问题

（1）辍学现象随着“双基”的加强而大幅度减少，但在一些地方仍较为严重。辍学学生中仍以女童为主。这除在试点县、样本村的有关数据中得到说明外，其他的材料也说明了这一点。如黎平县水口镇从广东佛山返乡复学的55名少年中就有女童50名，占91%。

（2）女童失、辍学的主要原因在于家庭贫困和辍学后可外出打工挣钱或务农。加强帮扶工作，“救助贫困母亲”，促进地方经济发展，帮助农民增收致富在解决女童失、辍学问题上显得关键而又重要。

（3）性别歧视在现实生活中，尤其在贫困落后的农村中仍顽固存在，这是女孩难以上学和辍学的观念因素，维护妇女儿童合法权益，提高妇女社会、经济、政治等地位，实现男女平等的任务迫切而又艰巨。

（4）行之有效的诸如“希望工程”、“春蕾计划”、结对子“1＋1”或“1＋2”帮扶等活动应大力提倡和开展。政府应将解决农村贫困地区、少数民族地区、残疾人及流动人口中女童的教育问题列入工作的重点之一，使失、辍学女童完成九年义务教育。关爱失、辍学女童，就是关爱祖国未来人才。

3. 关于“贫困母亲”问题

（1）贫困母亲及其家庭贫困的主要原因在于人均耕地少，土地制度刚性强，经济收入低，文化不高，信息闭塞，社会地位低下和健康不佳。而其中社会地位低下、文化程度低是主要原因。

（2）较长时间以来，不论是从政策上还是从实践上看，对农村的养老保险、各种帮扶活动，其对象几乎都是独生子女户和二女结扎户。这是切合中国国情的。但为数不多的，对家庭、对社会具有特殊影响的农村一男一女或二男或多子女且年龄又处中青年，同时还要赡养老人，家庭生产、生活又十分艰辛的寡妇（贫困或困难母亲）未引起政府的重视和关怀，被排斥于各种帮扶和优惠政策之外。在“救助贫困母亲”的活动中应将其纳入对象范围。救助一个贫困母亲，就是救助一个贫困家庭。

（3）对贫困母亲的帮扶多寓于计划生育“三为主”、扶贫开发等活动之中。各地对“救助贫困母亲”这一主题的深刻意义认识普遍不足，因而对贫困母亲的现状特点、致贫原因、脱贫致富途径未有系统而认真的调查、研究。已有的救助多限于生活上的帮扶，脱贫致富帮扶需要加强，文化培训、健康保障等也应予重视。

（4）对“贫困母亲”及“贫困母亲”家庭的救助是“关爱女孩行动”的重要组成部分，是解决出生性别比升高及女童失、辍学问题的基础工作和先决条件之一，体现着经济效益、社会效益的有机统一。

同时，在“关爱女孩行动”总体上，我们还可以看出以下两点：

第一，试点县由于地方财力弱，资金投入困难较大，养老保障的面较窄，帮扶渠道少，卫生医疗设备不足等问题普遍存在。

第二，农民对国家实施有利于女孩，有利于生育女孩的妇女，有利于女儿户家庭，有利于贫困母亲，有利于出生性别协调的奖励优惠政策普遍欢迎。开展“关爱女孩行动”有良好的群众基础。

（八）相关建议

出生性别比失调，既是严峻的人口问题，又是严重的社会问题，处理不好还会酿成重大政治和安全问题，使我们面临比控制人口数量更为困难的局面。这一问题得到了中国政府的高度重视，胡锦涛总书记 2004 年 3 月 10 日《在中央人口资源环境工作座谈会上的讲话》中就曾指出：“人口性别比是有其内在规律的，长期失调将会造成社会问题”，要“力争经过三至五年的努力，使出生性别比升高的势头得到遏制”。国家人口和计划生育委员会提出了要在 2010 年使我国“出生性别比趋于正常，初步形成新的婚育观念和生育文化”的目标。这给“关爱女孩行动”，抑制出生性别比失调治理指明了方向。基于上述结论，我们认为“关爱女孩行动”试点工作及其在全省的普遍开展，需要从如下几个方面努力：

第一，统一思想，进一步提高认识。

试点县各级部门要统一思想，对出生人口性别比的严重性和出生人口性别比偏高后果的严重性要加深认识，对实施“关爱女孩行动”的现实意义和战略意义也要进一步加深认识，从而使“关爱女孩行动”能在一定的高度上开展。要认识到，出生人口性别比失调原因很多，危害性很大，解决出生人口性别比失调问题必须标本兼治。也要认识到必须坚持正确的利益导向机制，营造关爱女孩、关怀女性、男女平等的良好社会氛围，让女性在社会上有地位，在经济上有实惠，在生活上有保障，才是治理人口出生性别比升高的根本措施。同时，也要认识到，关爱女孩、关怀女性是促进贫困地区全面建设小康社会的重要途径。出生性别比失调的问题，本质上是发展不平衡的问题。试点县作为国家重点扶持的贫困县，全面建设小康社会任务重，困难多，压力大，必须抓住开展“关爱女孩行动”试点工作的机遇，加快女孩、贫困母亲及其家庭的全面发展，推动全县走上生产发展、生活富裕，生态良好的文明发展之路。

第二，广泛深入地开展宣传教育工作。

“关爱女孩行动”宣传要先行，广泛深入地开展宣传教育是关爱女孩行动的先行工作和首要任务。为此，在“关爱女孩行动”工作中，要在试点县大张旗鼓地宣传“以人为本，关爱女孩，男女平等，生男生女一样好”等科学、文明、进步的新型生育观念；宣传普及保护妇女儿童权利的法律法规内容；宣传普及妇女保健、青春期保健科学知识；宣传女孩自立、自尊、自强的先进事例和“女子成才”、“巾帼建功”等女性模范人物。同时还要大力宣传各级政府及有关部门的有关奖励、优惠优待计划生育女儿户的法律法规政策条例，引导育龄群众淡化生育男孩偏好，消除性别歧视的生育观念，强化生男生女顺其自然的意识，巩固人口与计划生育成果，维护人口与计划生育的良好形象。当然，在宣传中，要切实注意舆论导向。要认真组织宣传、教育、新闻等部门，充分利用报刊、广播、电视、信息网络等媒体以及各种文娱活动，广泛宣传出生人口性别结构平衡的重要性，倡导尊重妇女、男女平等的社会风尚，维护妇女的合法权益。在宣传上要注意氛围的营建、特色的反映和网络的构建，扩大“关爱女孩行动”的社会影响和知名度。

第三，领导重视，部门配合。

“关爱女孩行动”是一项需要全社会综合治理、齐抓共管的系统工作。应结合县情制定一套科学的、操作性强的行动方案。试点县各级计生委主任“一把手”要亲自抓，负总责；分管领导要具体抓，负实责；各级计生委宣传部门要牵好头。要认识到“关爱女孩行动”不是计划生育部门一家可以完成的，必须在党委、政府的统一领导下，动员协调各相关部门、社会团体、企事业单位、志愿者在内的所有力量，形成全社会都来关爱女孩的舆论环境、政策环境、法制环境和工作氛围。同时，必须认识到，各部门协调配合，实施综合治理是解决出生人口性别比升高，解决女童失、辍学，贫困母亲脱贫发展等问题的关键。各部门要充分认识出生人口性别比升高问题的严重性以及治理的紧迫性，树立强烈的历史责任感和紧迫感，自觉地支持、参与、配合出生人口性别比升高问题的综合治理工作。试点县各部门要在党委、政府的统一领导下，加强协调配合，建立经常性联系制度和信息共享制度，针对导致出生人口性别比升高的主要问题，制定必要的政策、措施。要进一步明确各有关部门的工作职责，齐抓共管，共同做好综合治理出生人口性别比升高问题的各项工作。

第四，建立完善的出生人口性别比管理机制。

贵州省应该根据自身实际，结合贯彻国家的“一法三规”，制定适合贵州实际的相关法律法规，重点是建立防止及严惩非法鉴定胎儿性别、非法选择终止妊娠和非法溺弃女婴等法律法规。在日常管理中，可以借鉴试点省的一些先进管理方式，建立诸如建立和完善孕情报告、B超管理、孕情监测、宣传教育、随访服务、合同管理、“一票否决”等管理制度。可以重点对孕情鉴定关、终止妊娠审批管理关、终止妊娠手术及药品管理关和孕情跟踪管理关进行重点检查。也可以建立像湖北省麻城市探索的“挽留在家、按月随访、重点三查、引产报批、住院分娩、死因核查、责任到人、违规查处”32字管理服务措施，以及像江夏等地将育龄群众分成 12 种人员，实行分类随访，系列化服务等。总之，试点县应该根据自身实际，探索一套行之有效的管理模式，为有效治理出生人口性别比，实施关爱女孩行动，维护妇女合法权益创造良好的外部条件。

第五，加快法制建设，坚持依法治理。

这是治理出生性别比升高问题重要而又有效的手段之一，也是我国目前的必然选择，这里仅结合当前黔东南州作如下建议：一是认真宣传、贯彻执行《中华人民共和国人口与计划生育法》、《妇女权益保护法》、《贵州省人口与计划生育条例》等法律法规和相关政策，切实依法保护妇女权益，提高妇女地位，消除性别歧视，建设有利于女性生存和发展的良好法制环境；二是依法规范行政行为，严格依法行政，严处知法犯法的行政管理人员和技术服务人员；三是切实执行国家、省及州县严禁“两非”的政策法规和文件规定，依法进行“两非”、弃溺婴专项治理，严惩犯罪；四是充分利用民族自治区域的立法资源，制定出该州治理出生性别比失调，打击“两非”的地方性法规，以统一全州治理的政策口径和治理规则，巩固和不断扩大治理效果。

第六，建立保障女孩利益导向的长效机制。

要实现出生人口性别比平衡，根本措施仍在于要建立一个有利于女孩生活的良好环境的利益导向机制。要制定有利于有女孩的困难家庭发展经济、解决养老方面存在的实际困难。帮助辍学的女孩回到学校，救助贫困母亲，消除社会性别歧视和不平等现象，维护妇女合法权益，提高她们的社会经济地位。为此，试点县应该结合实际，积极建立和完善利益导向机制，在实践中实施四个“倾斜”，即在帮助独生子女户、二女结扎户及其他贫困母亲家庭解决温饱、发展经济的进程中，帮助制订计划，明确帮扶单位及责任人，落实帮扶政策，提供实用技术培训。实施“幸福工程”、“优惠政策倾斜”，即在相关政策的制定和执行中，在培训、生产、教育、建房、就业等方面予以优惠和照顾。健康保障倾斜，主要包括建立有利于计划生育的社会救助体系和社会保障制度；开展社会公德和家庭美德教育，倡导尊敬老人、赡养老人的良好社会风尚，充分发挥家庭养老在现阶段养老保障体系中的重要作用；各医疗保健机构要最大限度地提供优质的服务和相关费用减免，等等。亲情援助倾斜，即深入持久开展与独生子女户、二女户等的结对子帮扶活动，帮助解决生产、生活上的困难问题，送感情、送温暖，给予他们物质和精神的双重支持。

第七，发掘和宏扬民族文化中的科学的、合理的成分，并使之在“关爱女孩行动”，抑制出生性别比失调中发挥积极作用。

黔东南苗、侗、水、瑶等族传统文化中，有不少优秀的内容值得重视和光大。如侗寨朴素的人均意识、适度人口和男女平等观念、男女均有继承权的财产继承惯例和朴素的社会保障制度等所蕴涵的文化特质；民间妇女组织“观音会”、“宁劳”的建立、活动所表现出的妇女奉献社会、服务乡里、追求解放和进取的风貌；三门塘“妇女井”（清末该地 18、16 位妇女分别集体捐资并组织修建了两口水井并刻姓名于“修井路碑”上）体现的妇女勇于冲破封建藩篱，争取男女在家庭和社会事务中的地位平等、团结友爱、造福乡民的精神风尚；等等。这些都是进行男女平等教育的生动教材，有助于人们生育观念的改变和出生性别比失调的治理。

结束语

国家人口计生委 2003 年启动的“关爱女孩行动”及其试点，是一项旨在贯彻国家计划生育和男女平等基本国策，消除性别歧视，维护女童合法权益，解决产生性别比偏高的重要活动和工作目标。贵州省人口与计生委根据贵州省情实际选择性别比持续、重度偏高的黔东南州丹寨、天柱作为“关爱女孩行动”工作的试点县，体现着国家“关爱女孩行动”的精神，具有典型的代表性和实践意义。作为尚处贫困状态的民族地区的性别比偏高，女童失、辍学，贫困母亲的贫困等现象必然有其自身的根由和特殊性，而对这些问题的解决就必须在调查研究、工作试点的基础上制定科学的、切实可行而又行之有效的行动方案并予以落实、执行。可以说，贵州“关爱女孩行动”试点工作的开展，是贵州人口与计划生育工作从控制人口数量为主向既注重人口数量又注重提高人口素质、改善人口结构的方向转变的标志，是巩固贵州人口与计生工作跨越式成果的重大举措，是“三个代表”重要思想在人口与计生工作上的生动实践。不可否认，由于经济、社会、环境、文化等各方面因素的制约，贵州的“关爱女孩行动”将不可避免地面临诸多的问题和困难，将遇到诸多的挑战和影响。但我们相信，在贵州省委、省政府的领导下，在全社会的关心、支持下，通过计生系统及相关部门干部职工和广大人民群众的共同努力，“关爱女孩行动”定会取得突出的成效，实现预期的目标。

（杨军昌、周成洲、龙沛和、申茂平、张笑秋、杨玉水、黄成华、李梦蓉）

六、云南少数民族地区出生性别比失调状况

云南省位于我国西南部，面积占全国的4.1%，共辖15个地州市（昆明市、曲靖市、玉溪市、保山市、昭通市、丽江市、思茅市、楚雄州、红河州、文山州、西双版纳州、大理州、德宏州、怒江州、迪庆州），其中民族自治州8个。“五普”时，少数民族人口为1415.88万人，占总人口的33.43%，数量位居全国第二。民族种类达52个，5000人以上的世居民族有彝、白、哈尼、傣等25个，呈大杂居、小聚居分布。云南地处云贵高原，地势西北高、东南低，呈阶梯状逐级下降，气候类型复杂，“一山分四季，十里不同俗”，民族文化丰富多样。地形以山地高原为主，山地面积84%以上，且石灰岩层广泛分布，以致农耕地面积小、土地质量差。属西部欠发达地区。“四普”以来，云南省出生性别比开始偏高并持续上升，目前，已成为该省一个显在的人口问题。尽管失调时间较全国晚10年，但其失调现状也不容乐观。

（一）云南省出生性别比失调情况总概

“三普”时，云南省出生性别比为106.17，其下辖的8个自治州出

生性别比都处于正常值。“四普”时，全省出生性别比为107.74，民族州已有红河、文山两州出生性别比轻度偏高，分别为109.14，108.07。“五普”时，云南省出生性别比为110.57，比“四普”增长2.83，偏离正常值约为3.57。在地区分布上，云南出生性别比失调主要集中在该省各市和少数民族自治州。在5个市中，除昆明市为105.97，其余的曲靖市、玉溪市、昭通市、保山市分别为119.64，111，109.33，112.85，不同程度失调。在8个民族自治州，楚雄州、红河州、文山州、西双版纳州出生性别比分别为108.93，116.07，117.40，112.79，民族自治州出生性别比的失调成为全省出生性别比失调的重要组成部分。在思茅、丽江、临沧3个地区，出生性别比基本正常，临沧地区略高于107，处于轻度徘徊状态，见表7-18。

表7-18　云南省各地州市出生性别比

地区	性别比	地区	性别比
昆明市	105.97	西双版纳州	112.79
曲靖市	119.64	大理州	101.97
玉溪市	111	保山市	112.85
昭通市	109.33	德宏州	102.77
楚雄州	108.93	丽江地区	99.65
红河州	116.07	怒江州	102.27
文山州	117.4	迪庆州	104.29
思茅地区	104.35	临沧地区	107.56

资料来源：云南省人口普查办公室编：《云南省2000年人口普查资料长表汇总分册（下）》，2019页，云南科技出版社，2002.6.

在分城乡、孩次上，全省出生性别比主要是二孩以上出生性别比偏高所致。根据表7-19，云南省不管是总体上，还是分市镇村的出生性别比都为正常值，出生性别比呈随孩次上升而升高之势；另外，在市镇村之间，农村的出生性别比最高，市镇的出生性别比基本上为正常值，镇略高于正常值，但是市镇的二孩及多孩都大幅偏高，市的四孩性别比高达175。

表 7-19 云南省分城乡、孩次性别比

	市	镇	村	
	110.57	104.77	107.53	111.58
一孩	102.94	100.4	105.79	102.8
二孩	117.62	117.22	108.2	118.57
三孩	128.93	139.62	136.04	128.16
四孩	133.7	175	138.89	132.89
≥五孩	131.47	150	100	132.92

资料来源：云南省人口普查办公室编：《云南省 2000 年人口普查资料长表汇总分册（下）》，云南科技出版社，2002。

（二）云南民族地区出生性别比失调状况与特点

云南共设有楚雄、红河、文山、西双版纳、大理、德宏、怒江、迪庆 8 个民族自治州，29 个民族自治县。“三普”时，云南省出生性别比为 106.17，其下辖的 8 个自治州出生性别比都处于正常值。“四普”时，全省出生性别比为 107.74，民族州已有红河、文山 2 个州出生性别比轻度偏高，分别为 109.14、108.07（见表 7-20）；据 1990 年计生年报数据，红河、文山、楚雄 3 个州偏高，分别为 119.07、111.88、107.71，尽管两种统计口径有一定差距，但两者都表明局部民族地区出生性别比出现偏高势头。计生年报数据显示，1996 年，德宏州达到 112.55，红河州升至 124.21，文山州升至 120.29。

表 7-20 云南省民族自治州四次人口普查出生性别比状况

年度 州别	1982“三普”	1990“四普”	2000“五普”	2005“1%抽样”
楚雄	105.42	104.86	108.93	108.31
红河	106.53	109.14	116.07	119.05
文山	104.47	108.07	117.40	126.56
西双版纳	102.04	104.15	112.79	84.4
大理	104.49	102.89	101.97	98.44
德宏	104.07	102.84	102.77	122.82
怒江	105.94	105.00	102.27	111.10
迪庆	104.25	103.17	104.29	95.30

资料来源：云南省历次人口普查资料

“五普”时，云南省出生性别比达到110.57，8个自治州的总出生性别比达到108.33，民族地区出生性别比整体轻度偏离正常值。从失调民族州来看，红河州为116.07，文山州为117.40，西双版纳州112.79，楚雄州为108.93。

2005年“1%抽样”调查时，8个州出生性别比出现“高低对峙、两头失调”的特征：除红河、文山、楚雄继续处于失调状态外，原来失调的西双版纳州下降为84.4（计生年报数为109），德宏州上升至122.82，怒江州上升至111.1，失调数由4个增至5个；而大理、迪庆2个州则分别为98.44，95.3，均低于103。抽样数据显示出州际间出生性别比高低相差42.16。“高低对峙、两头失调”的特征突出。

表7-21　云南省民族自治州若干年度出生性别比计生数据状况

州别＼年度	1990	1996	2000	2005	2006
楚雄	107.71	104.44	105.8	108	107
红河	119.07	124.21	123.7	116	118
文山	111.88	120.29	125.81	119	119
西双版纳	106.45	102.89	109.59	109	105
大理	104.44	103.68	104.31	105	106
德宏	106.41	112.55	113.7	115	113
怒江	105.31	104.03	104.4	111	107
迪庆	104.12	95.41	101.6	107	109

资料来源：云南省人口和计生委提供

根据云南民族地区出生性别比失调状况资料分析，不难发现其表现出如下特点：

一是协调与失调并存，且两者相差较大。以人口普查数据为例，“四普”时，全省8个州中，只有红河、文山两州失调；到“五普”时，增加了楚雄、西双版纳两州。到2005年“1%抽样”调查时，又增德宏、怒江两州，如以103～107的正常值划分，5个州在其上，3个州在其下，全部处于失调状态。虽然如此，却并未出现如广西、贵州民族自治州全面偏高失调的状况，失、协调并存的状态继续对峙。“五普”时，出生性别比最高的州为文山州，达117.40，最低者大理州为101.97，两者相差15.43。2005年1%抽样时，这种差距进一步扩大，最高文山（126.56）与最低西双版纳（84.4）相差42.16。计生数据与普查数据有一定差距，但同样反映出上述特征。

二是出生性别失调在波动中有上升的趋势。从已有资料看，云南民族地区出生性别比失调的历程并不长（即在1990年前后），比国家失调的时间晚近10年，而且势头较弱（个别州除外）。普查与计生数据都反映一些州的出生性别比呈现上下波动的状况。但从计生数据来看，其上升的态势都已呈现，总体上已从“四普”时的108.33上升了2.17；如从州的数量来看，已从1990年第3个上升到2006年第4个。而“1%抽样”数据主要呈现出了失调、协调二者间距离的拉大。

三是失调州主要分布在云南南部、西部接边地区。综合普查、计生资料，1996年以来，一直处于失调状态的州主要为南部的红河、文山和西部的德宏州。这三州2005年计生数据分别为116、119、115，而1%抽样数据则相对较高，分别为119.05、126.56、122.82。接边州出生性别失调的区域性特征值得认真分析研究。

（三）云南省关于出生性别比的治理措施与成效

从总体来看，云南省出生性别比失调并不严重，“五普”时为108.71，基本处于正常状态，但之后出生性别比渐次攀升，1%抽样时达112.26，处于失调状态。出生性别比的攀升与失调是云南省继控制人口数量、提高人口质量的又一大人口问题，也是新时期统筹解决人口问题的重要内容。该问题在“五普”后即受到云南省委、省政府的高度重视，表现在以下方面。

在政策法规上。2002年7月25日云南省人大常委会公布施行的《云南省人口与计划生育条例（修订）》第36条规定：“严禁任何机构和个人利用超声技术和其他技术手段进行非医学需要的胎儿性别鉴定；严禁非医学需要的选择性别的人工终止妊娠。”2005年7月27日，云南省正式出台了《云南省出生性别比升高问题综合治理规定》，该规定共计15条，《规定》涉及治理的目标、原则、部门职责、技术规范、处理处罚等内容，为云南治理出生性别比失调的综合性、法规性文件。

手段措施上。为抑制出生性别比失调，云南省采取了以“爱、扶、打、禁”为主要内容的手段措施。“爱”就是关爱女孩。通过婚育新风进万家活动开展和“关爱女孩行动”的实施，提高妇女地位，改善女婴生存环境。“扶”就是扶助母亲，内容包括完善和落实计划生育“奖、优、免、补”政策，推动建立健全农村计划生育养老保险，医疗保险和最低生活保障体系，并向独女户、二女户倾斜，实行“真爱真扶”。“打”是严厉打击溺、弃婴行为。“禁”是严厉禁止非医学需要的胎儿鉴定和性别选择的人工流产，对违规机构和人员坚决实行“一次违规，终身出局”。此外，云南实施的“少生快富”等工程也有助于出生性别比失调的治理。

由于政策、法规的制定、实施和相应工作的开展，云南省出生性别比攀升的势头得到了有效的遏制。从计生数据上看，1990 年出生性别比为 112.16，而在 2000 年以后，始终在 113 左右，如 2005 年为 113。112.26 的 1%抽样数与此极为接近。随着云南省《规定》的全面深入落实和综合治理局面的形成，云南省“2010 年出生性别比趋向正常”的目标有望得到实现。

（四）结论与讨论

根据上述分析，我们可以得出如下结论：

一是云南民族地区出生性别比总体上处于轻度失调状态；二是不平衡性突出；10 余年来较为稳定地维持着失调与协调对等州数的格局；三是失调的地域性特征明显，即失调的州主要集中在南部和西部，且较为固定并较有历史；四是由于治理措施的开展，出生性别比处于徘徊波动状态。

关于云南省民族地区出生性别比失调问题，我们认为有如下几个问题值得讨论：一是出生性别比失调与跨国婚姻问题。出生性别比失调的直接后果就是“婚姻挤压”。云南民族地区也是我国西南接边地区，“婚姻挤压”一方面来源于本身的出生性别比失调，另一方面则来自我国出生性别比失调大环境而带来的婚姻市场的“劫贫济富”，而尚处贫困状态的“推力”和东中部物质文明的“拉力”无疑使民族地区的部分适婚女性离开故土，而填补之的跨国婚姻必更加严重。由于国籍、婚姻登记、子女教养、生产生活问题以及其中的可能的骗婚、色情、间谍等现象，都会危及民族地区的社会稳定和边疆安全。应未雨绸缪，防患于未然。

二是综合治理出生性别比失调的机制创新问题。良好的工作机制是出生人口性别比得以有效治理的基础，也是实现治理预期目标的必要条件和前提。不可否认，云南省出生性别比治理存在着工作机制上的问题。这些问题有如省内治理“一盘棋”的局面尚未完全形成；部门联动、综合治理措施未完全到位；管理、考评、监督制度还不完善等等。新的阶段，应在国家有关精神指导下，积极创新有利于综合治理出生性别比失调的工作机制。这个工作新机制的总原则应是党政负责、部门联动、群众参与、标本兼治。具体包括组织决策、依法管理、宣传教育、利益导向、群众自治、优质服务、队伍建设、保障监督等等。这些机制的创新应切合时代与地情特点，应赋有统筹解决人口问题的精神。

三是突出人性化服务并倡导“男到女家”的问题。人口与计生、卫生等部门在继续坚持避孕节育、生殖保健优质服务中，加强以人为本的人性化服务，尊重人权、尊重妇女、尊重知情选择权、尊重隐私权。“男到女家”不仅是婚嫁模式上的一种男女平等，而且可提高女儿的养老价值，所生子女姓氏随母或自由选择使女儿具有与儿子一样的传宗接代功能，可在经济和文化上削弱男孩的相对优势效用，这在云南为一些地方和民族所接受。但要对多数地方男娶女嫁习俗加以变革并非易事，可以动员干部、党员带头男到女家，以身示范。甚至可以考虑类似计划生育“三结合”的办法，为入赘户提供优惠政策和经济扶持，从事实上消除性别歧视。

四是统计数据的矛盾与真实性问题。在上述分析中，我们明显感觉统计、计生关于出生人口性别比的差距较大，让人难以判断何者代表真实的失调状况，这不利于工作的开展和决策。在此我们强调要加强人口统计特别是出生性别比的统计工作，以提高出生性别比数据的真实性，客观反映出生性别比的变动状况。只有数据符合实际，才能对事件的发展态势进行准确判断，进而制定出有效的相关对策；失真的数据不仅难以反映事实本身，而且还可能作出错误的决策，进而忽视事实本身的严重性，酿成历史性失误。在此，我们认为，统计、计生对上述现象应加以分析研究，找出原因，寻找对策，共同做好出生性别比等方面的人口统计工作，为和谐社会所需的人口安全环境创建作出积极的贡献。

（杨军昌　李永贤）

第八章 西南民族地区地、州、市出生人口性别比失调专题研究

一、桂北地区农村出生人口性别比调查报告①

近年来，出生人口性别比偏高已成为全国性的问题，引起了全社会的广泛关注。桂林市作为广西乃至全国人口与计划生育较先进的地区，出生人口性别比状况如何呢？为了搞清楚这个问题，我们课题组于2004年8月进行了一次专题调查研究，采取问卷、座谈会、个别访谈等方式对出生人口性别比偏高的原因进行了研究，获得了一些有价值的成果。

（一）调查的方法与基本情况

桂林市共辖12个县5个城区，现有人口4970025人，其中市区人口762950人。课题组选择了阳朔县、临桂县、龙胜县、全州县、灌阳县、平乐县、恭城县、象山区共八个县（区）作为调查区域，包括了平原县、山区县和城区，有经济发展水平和计划生育工作处于先进、中间和相对落后三个层次，在每个县又分别按照经济发展水平和计划生育工作先进、中间、落后三种类型各选一个乡和一个村，共发放问卷1025份，回收1025份，回收率100%。问卷分有生育意愿、生育动机、子女文化教育和养老保障四个部分。此外，召开各种类型座谈会24次，还找了大量的不同类型的群众进行访谈。

问卷被调查者中，男性298人，占29.07%；女性727人，占71.93%；平均年龄37.6岁。他们的文化程度为：文盲172人，占16.7%；初中512人，占49.95%；高中253人，占24.68%；大中专85人，占8.3%；大学3人，占0.3%。他们的婚姻状况为：未婚未育者170人，已生育一个男孩的193人，生育一个女孩的170

① 见《南京人口管理干部学院学报》，2006（2）。

人，生育两个男孩的166人，生育两个女孩的149人，生育一男一女的175人，生育多孩的2人。

（二）调查结果与分析

1. 1999—2004年出生人口性别比情况

（1）总体持续偏高，个别地区有差异

桂林市出生人口性别比自1985年以来开始上升，近几年持续偏高不降。1999年为118，2000年为115，2001年为115，2002年为117，2003年为115，2004年为114。被调查的8个县（区）也基本呈持续偏高态势，见表8-1。2004年虽有回落，但仍大大超出正常值。在总体偏高的情况下，个别县个别年份也有处在正常范围的，如龙胜县除2002年偏高外，其余几年都正常。显现出差异性。

表8-1　被调查县区1999—2001年出生人口性别比一览表

地区	1999年			2000年			2001年		
	总出生性别比	其中		总出生性别比	其中		总出生性别比	其中	
		一孩	二孩		一孩	二孩		一孩	二孩
象山区	111	107	177	113	111	148	110	108	138
临桂县	133	115	226	121	100	201	126	107	188
阳朔县	112	106	133	107	105	112	113	110	120
全州县	128	102	247	127	107	217	128	102	217
灌阳县	140	105	274	133	112	207	127	101	231
龙胜县	103	103	102	95	85	122	96	100	88
平乐县	118	108	179	114	103	174	114	104	157
恭城县	115	109	128	102	101	105	108	105	117
桂林市	118	106	171	115	105	158	115	105	154

地区	2002年			2003年			2004年		
	总出生性别比	其中		总出生性别比	其中		总出生性别比	其中	
		一孩	二孩		一孩	二孩		一孩	二孩
象山区	109	108	128	111	108	132	110	107	128
临桂县	130	113	172	126	105	184	123	103	173
阳朔县	106	102	115	105	105	107	111	114	124
全州县	131	111	202	128	105	205	139	112	214

续表

地区	2002年			2003年			2004年		
	总出生性别比	其中		总出生性别比	其中		总出生性别比	其中	
		一孩	二孩		一孩	二孩		一孩	二孩
灌阳县	124	96	223	126	98	212	117	102	150
龙胜县	110	109	113	107	101	120	98	100	96
平乐县	118	110	152	113	101	151	113	105	131
恭城县	107	105	112	111	111	112	109	105	115
桂林市	117	107	152	115	104	148	114	104	139

资料来源：8县区年终报表

（2）出生性别比随总和生育率的下降而逐年升高

全市自严格实行计划生育本文发表于《南京人口管理干部学院学报》2006年第2期。政策以来，妇女总和生育率和自然增长率逐年下降，目前妇女总和生育率为1.63，自然增长率仅为3.2‰，已进入低生育水平，但在计划生育获得巨大成就、人口增长速度得到有效控制的同时，出生人口性别比却持续偏高。

（3）性别比随孩次逐渐升高

由于广西农村的生育政策是允许第一孩为女孩的，可以再生第二孩，因此，桂林市绝大多数县（区）第一孩的出生性别比是正常的，但第二孩出生性别比持续升高，灌阳、全州两县二孩性别比均在200以上，最高达274。这说明在二孩生育中，选择性生育问题非常突出。

2. 生育意愿与性别比

对孩子数量及性别的偏好程度是课题组调查的重点之一。在问卷调查中，对生孩子的数量，有19.4%的人觉得一个孩子最好，73.4%的人认为生两个孩子最好，只有8.9%的人希望生三个孩子。这说明群众对生孩子的数量要求已经发生了根本变化，不再把多生孩子当做生育的目标。在855名已有一个孩子的妇女问卷中，对“如果政策允许的话，是否还愿生孩子”的问题，有70%以上回答愿意再生1个孩子，23.86%的妇女不愿再生孩子。由此可以看出，群众已不想多生孩子，对子女数量的要求已经和生育政策基本一致。

但在人们对子女数量要求减少的同时，对子女质量的关注多了，回答“在经济比较困难的条件下，你是否愿意送女孩上学”时，18.65%的人回答“可读完初中”，22.9%的人回答“读完高中”，58.44%的人回答“愿意送孩子读完大学”。在采访中，多数群众希望自己的子女能够多读书，对男孩女孩都有同样的期望。认为不管困难与否，无论是男孩女孩，只要读得进，想办法也要送孩子读书。且对孩子的期望值很高。有的农村父母还把孩子送到县城、市区读书。绝大多数人认为，生得多不如教育培养得好，宁愿要一个上大学有出息的儿子，也不愿要两个在身边没出息的儿子；宁愿要一个能上大学的女儿，也不愿要一个在身边劳动的儿子。

在对孩子性别的要求上，依然表现出强烈的“男性偏好”。问卷调查显示，有8.78%的人认为可以没有男孩，24.2%的人认为可以没有女孩，70%以上的人认为至少想要一个男孩。这说明，群众在计划生育政策条件下，对孩子数量比较淡化，一般要1～2个孩子就可以了，但对孩子的质量要求和“男性偏好”比较强烈。

3. 子女经济价值判断对性别比的影响

大多数观点认为，农村家庭都希望有个男孩，理由是农村生产力水平低，体力劳动强度大，社会保障不健全，男孩可以增加劳动力，增加家庭经济收入和养老。这似乎符合农村实际情况。但究竟农村没有男孩行不行？男孩女孩在养老、增加劳动力和经济收入方面的价值有无差别，差别多大？这是我们调查的内容之一。

我们在问卷中设计了5个问题（多选题）：为什么要男孩；男孩与女孩在养老保障方面哪个较优；在增加经济收入方面哪个较优；老人有病时，儿女谁出钱治疗。在回答“为什么要男孩”时，45%的人回答“养儿防老”，19.9%的人回答“为了增加劳动力”，18.83%的人回答“为了增加经济收入”，20.2%的人回答“为了传宗接代”，3.9%的人回答“为不受人欺负”，1.07%的人回答“为了享受天伦之乐”。可以看出，大多数人生男孩子是为了养老。但换一种问法，“男孩和女孩在养老方面到底有无差别”，20.78%的人回答

“男孩比女孩好”，9.76%的人回答“女孩比男孩好”，69.5%的人认为“男孩与女孩一样好”。在增加劳动力方面，32.88%的人认为“男孩优于女孩”，7%的人认为“女孩优于男孩”，60.1%的人认为“男孩女孩一样好”。在增加收入方面，29.07%的人认为“男孩优于女孩”，9.95%的人认为“女孩优于男孩”，60.98%的人认为“男孩女孩一样”。在老人有病时儿女谁出钱治疗方面，回答“由儿子出钱治疗”的占26.1%，5.2%的人“由女儿治疗”，68.78%是“儿女共同出钱治疗”。从以上几个问题的回答可以看出，只有少数人认为男孩与女孩在养老和增加经济收入方面有差别，大多数人认为男孩女孩差别不大，说明育龄群众对子女的价值判断有了很大改变。

在走访和座谈调查中，我们也得到基本相同的结论：在增加劳动力方面，虽然桂北农村生产力还相对落后，但随着农村经济和科技的发展，体力劳动较20世纪七八十年代大大减轻了，更多的是靠科技致富，如种水果、养殖，不再是单靠体力。农村孩子一般在十五六岁才干一些简单农活。在这之前，男孩女孩都上学，之后，即使一些没能升高中的小孩，因人均耕地少，农活不多，有的学技术，有的外出打工，很少在家劳动。孩子结婚后，更是大部分和父母分开过。在增加经济收入方面。随着改革开放和各项经济政策改革，桂林农村青年90%外出打工，打工收入成为家庭收入的重要来源，而外出打工的收入不完全是男孩高于女孩，如在龙胜、阳朔两县，由于该两县旅游事业发展快，女孩比男孩有优势，容易找到工作。男孩女孩虽然都在外打工，但实际上女孩给家里的钱还多些，因为男孩没女孩省钱，有的抽烟喝酒，上网吧，打工的钱所剩无几，有的甚至还要家里给路费。有的家长还谈到，养一个男孩结婚费用较大，一般要1万～2万元，如果要建房子花费就更大。而女孩结婚，父母也就是送一点陪嫁。所以，男孩女孩在增加家庭经济收入上差别不大。

在养老方面，多数人都想生男孩养老，认为儿子养老是天经地义的，有个儿子就有了养老保障，总感到有个男孩在身边放心些，即使儿子不在身边也有靠山。而女儿嫁出去，是别人家的，养老靠不住，即使有困难，也不会向女儿求助，但现实情况并非如此。阳朔县渔村有一个老人，62岁，生有一男三女，生活自理，儿子很少给钱赡养老人，用钱主要靠三个女儿。在阳朔大竹山村，有一对老人，生有二子三女，因儿子不给生活费，一气之下老人喝农药死了，生前实际上是三个女儿在赡养老人。不少老年人还反映，老人有病，不能自理，总是女儿照顾老人得多。在养老方面，无论在物质上和精神上，男孩女孩的价值相差不大。由此可见，靠儿子养老只是观念上的问题，其现实意义已相当薄弱。

事实上，我国经济发达的沿海地区性别比偏高，而西部的一些省区，虽然相对贫穷，但性别比平衡。桂林市龙胜是贫困少数民族山区县，近几年性别比正常，原因之一是龙胜县计划生育管理好，但最关键的是该县少数民族有招婿上门的婚俗习惯，不重男轻女，甚至不少农民喜欢生女孩。再看出生婴儿性别比偏高的韩国和我国台湾省，发达的经济和完善的养老保障体系，仍不能消除人们对男孩的偏好。我们在调查中问到，如果“允许生两个孩子，或解决了养老问题，会不会有男性偏好”。大多数人回答，“还是想生个男孩”。这说明在目前我国的经济情况下，劳动力问题和养老保障体系不健全，只是导致出生婴儿性别比偏高的间接原因，并非主要和直接原因。

4. 传统生育观对性别比偏高的影响

新中国成立后，提倡男女平等，并将其写入了《宪法》，但“重男轻女”、“男强女弱”这一积淀了几千年的封建思想并未随之消失，在部分人的头脑中，“不孝有三，无后为大”的观念依然存在，希望生儿子传宗接代，壮大家族势力，没有儿子总感到愧对家族，被别人歧视，甚至受人欺负。如前文提到的，有的人承认男孩女孩在养老、增加劳动力、经济收入上差别不大，但心里就是想要个男孩。

大部分人仍然保持对传统婚姻习俗的认可，认为男娶女嫁，女到男家落户，是正常的。而招婿上门，男到女家落户是断了祖宗。我们在调查中问到“假如你有一个男孩，同意他今后招婿上门吗?”明确回答“同意”的占13.65%，坚决“不同意”的占到20.21%，有66.15%的人认为由孩子自己选择，但回答中透露出无奈的神情。我们在个别访谈和座谈中也感到人们对男到女家落户的观念还没有树立起来，一些座谈群众说“吃不了五斗糠，做不了上门郎”，意思是上门郎要吃得苦，受得气。我们还了解到，临桂县中庸乡下半山村，还规定不让女的招郎。问及原因，群众说，村上本来就田少，招进一个，全村都得分责任田。“男性偏好”的传统观念不仅表现在农村，也反映在城区，我们在城区对一些个体户、私人企业主进行调查访谈，他们认为儿子可以来继承家产，有了儿子再辛苦也心甘情愿，工作起来有劲头，没有儿子挣的钱就变成人家的了。可见人们头脑中的封建传统观念之根深蒂固。

遗憾的是，我国一些现行政策的导向也存在男女有别的事实，如劳动力市场上许多部门或工种拒绝录用女性，农村出嫁女、离婚妇女的户口、责任田土地补偿费等得不到公正对待等，这些都更加使人们感到生男比生女好，使得“男性偏好”的生育观念被强化。

5. B超和人流技术的非法使用是造成性别比偏高的直接原因

“男性偏好”的生育观念与B超技术的结合，必然会产生出生人口性别比失调的恶果。随着科学技术的发展和普及，B超和人流技术为生育性别选择提供了极其方便的条件。座谈中，一些基层计生干部反映，在农村地区，为了满足“生男偏好”，人们往往采用托关系、走后门、贿赂等手段用B超技术进行胎儿性别鉴定。虽然国家已明令禁止非法性别鉴定，但由于是暗箱操作，隐蔽性很强，有的利用眼神、手势、暗号等肢体语言，孕妇就能心领神会；有的当面不说，私下里随时随处都可以互通信息，很难发现。有很多医院不需要任何证明就可为孕妇做人流或引产手术。一些孕妇知道怀的是女孩后，就有意透露给计生干部，顺水推舟终止妊娠。如得知怀上男孩，就外出躲生。近年来，B超的滥用和管理不善，是导致出生婴儿性别比偏高的直接原因。

当然，管理上的疏漏也为选择性生育提供了空间。如：孕情掌握不够及时、准确；私人诊所非法引流产；B超和流产药物管理机制不健全等。但这些方面的情况不是我们本次调查的主要内容。

（三）结论

上述调查研究表明：

人们对生育孩子的数量要求已大大降低，多生孩子已不再是大多数人生育的目标，转而对孩子的质量和“男性偏好”要求提高。

出生人口性别比偏高，主要表现在二孩性别比偏高。原因是多方面的：生产方式落后及养老保障体系不健全不是出生人口性别比偏高的主要原因，传统观念以及一些政策法规上的“重男轻女”是出生婴儿性别比偏高的根本原因，利用B超等技术进行作选择性生育是性别比偏高的直接原因。因此，调整生育政策和解决养老保障问题，都不能从根本上解决出生人口性别比偏高问题。

为此，要强化科学进步的生育观的宣传教育，破除“传宗接代”、“只有儿子才能继承财产”和“女儿不养老”的陈腐观念，从根本上改变人们的生育观。同时，采取有力措施，严厉打击、查处非法胎儿性别鉴定和选择性流产，重点抓好B超准入和使用管理制度、终止妊娠审查制度和终止妊娠药物管理制度、举报有奖制度等，建立起全方位、立体式的防控机制。同时在各种政策导向上做必要调整，使独（双）女户真正在社会上有地位，经济上有实惠，生活上有保障，从而纠正出生婴儿性别比失调现象，使之回到自然、正常的状态。

（“桂北地区农村出生人口性别比研究”课题组成员为：唐炳贵、韦志光、李希文、李梅秀、蒋鸿、骆家旺、唐维平。执笔人：唐炳贵）

二、河池市出生人口性别比失调问题分析

（一）河池市简介

河池市位于广西西北部，地处云贵高原的东南麓余脉，东邻柳州市的柳城、柳江、融水3个县和来宾市的忻城县，西接百色市的乐业、凌云2个县，南接南宁市的马山县和百色市的田东、田阳、平果、右江4个县，北交贵州省的丛江、罗甸、平圹、独山、荔波5个县。全市面积33508平方公里，占全区陆地面积的14.1%，在全

区各市中排在第二位。境内地形多样，结构复杂，山岭绵亘，岩溶广布，属举世闻名的中国南喀斯特地区之一。境内所属石山总面积占全市总面积的59%。在全市总面积中，海拔500米以上的山地占87.16%，海拔500米以下的丘陵占6.11%，台地占1.79%，平原、河流水库占4.93%，耕地占6.69%，人均耕地0.78亩。市政府所在地河池市金城江区，距离自治区首府南宁市约250公里。

辖金城江区、罗城、环江、南丹、天峨、东兰、巴马、凤山、都安、大化等区县，代管宜州市。2005年末全市总人口382.78万人，其中城镇人口107.75万人，占总人口的25.15%；乡村人口275.03万人，占总人口的71.85%。河池是典型的少数民族地区，境内有壮、汉、瑶、仫佬、毛南、苗、侗、水8个民族，少数民族人口占全市总人口的83.99%。罗城、环江、巴马、都安、大化5个县为少数民族自治县（除壮族）。

2005年，全市实现国内生产总值207.84亿元。人均国内生产总值5428元。城镇居民人均可支配收入7170元，农民人均纯收入1912元。11个县（市、区）中，金城江区、宜州市属自治区级贫困县（市），其他9个县属国家级贫困县。

（二）河池市出生人口性别比失调的现状、特点

人口性别比是一个极其重要的衡量男女两性人口是否均衡的标志。广西从20世纪80年代开始，出生人口性别比呈上升状态，第三次人口普查显示是110.7，第四次人口普查显示是116.9，第五次人口普查显示是125.6。“十五”期间平均出生性别比是122.7。河池市同全区一样出生人口性别比也呈上升的趋势，同时具有攀升速度快、随孩次升高的特点。

1. 全市出生人口性别比升高速度快

据统计部门数据显示，全市从1997年开始出生人口性别比偏离正常值，为110.99，第四次人口普查资料表明出生人口性别比为108.06，第五次人口普查资料表明出生人口性别比达119.16，10年间升高11.1，平均每年上升1。第四次人口普查资料反映，0岁婴儿的性别比是106.57，到2000年的第五次人口普查资料反映，0岁婴

儿的性别比高达121.35，10年上升了14.78，平均每年上升1.48。升高年份具体数据见表8-2。

表8-2　河池市1997—2005年出生人口性别比情况

年　份	出生人口性别比	年　　份	出生人口性别比
1997	110.99	2002	119.17
1998	113.39	2003	117.80
1999	117.3	2004	116.52
2000	117.37	2005	112.54
2001	119.52	——	——

数据来源：统计部门年报

河池市出生人口性别比升高开始至今不到10年，由最初的110.99上升到2005年的112.54，上升了1.64，期间个别年份接近120。

2. 经济欠发达地区出生人口性别比高

2000年第五次人口普查到2005年统计数据表明，全市经济相对发展较快，群众生活较为富裕的县，出生人口性别比较低，而对于经济发展相对慢，群众生活较贫困的国家级的9个贫困县，近几年出生人口性别比失调较为严重，尤其是东兰县、天峨县、南丹县。具体分布和排名见表8-3。

表8-3　河池市各县（市、区）“五普”与2005年计生年度出生人口性别比对比

单位	2000年“五普”出生人口性别比	排名	2000年农民人均纯收入	2005年出生性别比	排名	2005年农民人均纯收入
全市	119.16	——	1386	112.54	——	1912
金城江区	122.22	4	1459	101.5	10	2056
宜州市	115.93	7	2068	112.03	6	2927
罗城县	99.35	11	1240	108.13	9	1438
环江县	103.5	10	1341	109.55	8	1879
南丹县	122.29	3	1699	115.96	5	2227

续表

单位	2000年"五普"出生人口性别比	排名	2000年农民人均纯收入	2005年出生性别比	排名	2005年农民人均纯收入
天峨县	146.15	2	1285	127.58	2	1792
凤山县	115.58	8	1120	128.15	1	1510
东兰县	153.6	1	1128	126.46	3	1584
巴马县	109.76	9	1148	77.93	11	1597
都安县	122.17	5	1168	118.66	4	1673
大化县	116.17	6	1210	110.96	7	1680

资料来源：河池市人口计生局

从表8-3可以看出，"五普"反映的出生人口性别比失调程度比较严重的前6名的县是东兰县、天峨县、南丹县、金城江区、都安县、大化县，其中只有南丹县农民人均纯收入超过全市平均水平，其他县均低于全市平均水平。全市有8个县农民人均纯收入未超出全市平均水平，其中有5个县的出生人口性别比排在前6位。到2005年情况变化更加说明了这一趋势，排在前4名的是凤山县、天峨县、东兰县、都安县，农民人均纯收入高于全市平均水平的南丹、宜州、金城江区的出生人口性别比分列第5、6、10名。

3. 汉、壮族地区较高而其他民族地区较低

按全区计划生育政策规定，壮族和汉族执行的计划生育政策是一致的，即执行的是生一孩政策，对其他的少数民族执行的是生二孩政策（双方均为除壮族以外的少数民族）。全市11个县中有罗城仫佬族、环江毛南族、巴马瑶族、都安瑶族、大化瑶族5个自治县，第五次人口普查资料反映，这5个自治县出生人口性别比相对较低，而其他6个县出生人口性别比失调较为严重。具体见表8-4（下页）。

从表8-4可以看出，民族自治县中有3个出生人口性别比在正常范围内，只有2个县失调，而非民族自治县的6个县中，出生人口性别比失调普遍，而且失调严重，最高的达153.6，高与低相差38.02。

表 8-4 河池各县第五次人口普查民族自治县与非民族自治县出生人口性别比

项　目	单位	出生人口性别比
民族自治县	罗城仫佬族自治县	99.35
	环江毛南族自治县	103.5
	巴马瑶族自治县	109.76
	都安瑶族自治县	122.17
	大化瑶族自治县	116.17
非民族自治县	金城江区	122.22
	宜州市	115.93
	南丹县	122.29
	天峨县	146.15
	东兰县	153.6
	凤山县	115.58

资料来源：河池市统计局

4. 出生人口性别比的失调，随新出生人口数的减少而增加

全市从 1997 年出生性别比失调开始，出生人数由当时的 3.98 万人下降到 2002 年的 3.39 万人，期间出生人口性别比却是直线上扬的，从 2003 年至 2005 年由于受全区第四次生育高峰的影响，人口出生人数增加，出生人口性别比有所下降。具体见表 8-5。

表 8-5 全市出生人数与婴儿性别比

年　份	出生人数（万人）	出生人口性别比
1997	3.98	110.9
1998	3.74	113.39
1999	3.68	117.3
2000	3.99	117.37
2001	3.98	119.52
2002	3.39	119.17
2003	4.3	117.8
2004	4.86	116.52
2005	4.53	112.54

资料来源：河池市人口计生局

1982年第三次人口普查全市人口出生率是31.03‰，1990年第四次普查全市人口出生率是17.9‰，2000年第五次人口普查全市人口出生率是11.82‰，全市每年出生人口数逐年下降，新出生人口中男性比女性多出生的人数，却在逐年增加。第五次人口普查资料显示，全市在0岁人口中，男性比女性多出3941人，1岁人口中，多出4203人。如果将15岁以下多出的男性人数加总，则可看出，男性比女性人数多4.9万人，今后将给这部分人进入婚龄年龄的婚姻问题造成很大的压力。

5. 出生人口性别比随出生孩次上升

据第五次人口普查资料反映，全市出生性别比中，其中一孩出生性别比为99.84，二孩出生性别比为185.42，三孩出生性别比为204.55，四孩出生性别比为237.5，第五孩及以上为137.5。明显随着孩次增加出生性别比直线上升。全市11个县（市、区）中，情形较为严重的3个县二孩出生人口性别比达到200以上，这些县是：天峨县440、凤山县263.64、东兰县323.81。另有2个县的二孩出生人口性别比接近于200，它们是南丹县196.97、大化县192.31。以上县中尤其严重的是东兰县，第一孩的出生人口性别比就高达111.34。据计划生育统计报表反映，到2005年，全市一孩出生人口性别比是100.77，二孩出生人口性别比是130.56，多孩出生人口性别比是188.79。

（三）出生人口性别比失调的原因分析

全市出生人口性别比失调的原因比较复杂，主要有以下几个方面：

1. 现行生育政策与群众传统生育观念的矛盾导致群众选择性别生育，是造成婴儿性别比失调的主观因素。全市现行的生育政策为一孩政策，有条件能生育二孩占极少数，全市政策总和生育率为1.45。受传统的生育观念影响，群众重男轻女、男尊女卑、养儿防老、传宗接代等传统观念普遍存在，这种文化理念较深地影响人们的生育行为。这种旧的生育观念，在全市来说，壮汉族地区比其他少数民族（以下称少数民族）地区严重，因为在壮族地区旧的族规中规定，家庭土地房产，只有嫡亲男子可继承，即父亡子继，世代承袭。女子毫无财产继承权。当地汉族传统，家产全部由男子继承，女孩无权享受。而在少数民族地区，妇女是家庭的主要劳动力，而且在少数民族地区中，历来就有男到女家落户的传统习俗，因而，在一些少数民族地区“重男轻女”的思想相对比较淡。但就全市来说，旧的生育观念在一些地方还是根深蒂固的，据2005年底广西“十一五”人口和计划生育工作基线大调研反映，全市有76.82%的人希望生两个孩子；在选择生育一孩性别上有84.09%的人希望生男孩；在选择生育两个孩子性别上有88.09%的人希望一男一女。

2007年5月全市对500名育龄人群生育意愿调查反映，在只能生育一个孩子的情况下，有90.61%的人选择生育男孩；在如果只能生育两个子女的情况，有93.47%的人选择生育一男一女。在一些地方有女无儿户的社会地位相对较低，特别是农村宗族观念对人们的生育观念的影响远比文化因素更为直接和更为深刻。

生育男孩是现实生活中防老的需要。在农村一是生产发展水平相对落后，传统的耕作方式还没有大的改善，家庭必须靠生育男孩来承担繁重的体力劳动。二是社会保障机制不健全，农村群众的养老、疾病问题没有保障。三是当今农村老人的养老是以家庭为主，尤其是靠儿养老为主，致使农民生育男孩的愿望十分强烈。据广西“十一五”人口和计划生育工作基线大调研反映，全市在生育男孩目的上是为了养儿防老的人占40.91%。2007年5月全市对500名育龄人群生育意愿调查反映，有71.02%的人生育男孩是为了传宗接代。在“如果意识到生育男孩或生育女孩的愿望可能达不到时”，有33.47%的人选择计划外再生。据2007年3月全区政策外生育专项调查反映，全市属二女户超生多孩的占多孩出生的70%左右。因此，这是造成二孩、多孩性别比居高不下，出生人口性别比攀高的直接原因。一面是千方百计生男孩，另一方面为了要男孩而溺弃女婴。从民政部门获悉，1997—2005年全市社会福利院收养婴儿性别比是12.26，89.08%的收养婴儿为女婴。2007年5月全市对500名育龄人群生育意愿调查反映，在对因想生男孩而遗弃、溺死女婴的态度上虽然有大多数的人反对，但仍然有8.57%的人认为可以理解。其实，最根本的的原因是农村的社会保障机制没有真正建立起来，传统的以家庭养老的方式没有彻底改变，所以，根深蒂固的“养儿防老”的传统生育观念不可能在短期内得到根本转变。

一方面是政策的严格控制，一方面是自身生活的需要，现实中只能通过有选择的生育才能实现个人和家庭的生育愿望，即家庭生育的有计划性与国家生育控制的有计划性之间的矛盾，这是出生人口性别比失调的最主要原因。

2. B超鉴别胎儿性别是造成事实上的出生人口性别失调的最直接、最主要的因素。B超作为一种新的医疗设备在当今社会被广泛应用，在给人们带来福音的同时，它的某种特殊功能在现实生活中也逐步产生了变化，成了人为选男弃女的机器。现在一些人发展到用羊水检测胎儿性别。私人诊所B超机的使用和某些公立医院医护人员对B超机的滥用，都使流产中的女婴数量多于男婴。从卫生部门获悉，在引产的胎儿中，有60%的是女的。2007年5月全市对500名育龄人群生育意愿调查反映，在“如果意识到生育男孩或生育女孩的愿望可能达不到时”，有14.69%的人选择B超或药物生育男孩或女孩。尽管政府多次明令禁止B超用于非医学需要鉴定胎儿性别，但在某些经济利益驱动下，有些医疗部门和医务人员仍然违反规定，私自进行胎儿性别鉴定或将应当保密的医疗检测结果告知当事人。由于非法鉴定胎儿性别和终止妊娠具有很强的隐蔽性，很难发现，一旦发现调查取证难，一是过程隐蔽，二是当事人不承认，无法定案。处罚力度轻，只是没收一些器械、药品等无法从根本上治理。

3. 思想认识与机制的不健全，使控制出生人口性别比工作出现空隙。一是思想认识不到位。过去由于人口增长的压力，全市主要把精力放在控制人口过快增长上，对一些管理工作无法顾及，近几年各级领导和部门虽然对治理出生人口性别比失调问题有了新的认识，也不断加大工作力度，但没有真正认清出生人口性别比失调对未来社会带来的严重性，思想中仍存有种种误区。本应由卫生部门主抓的B超治理工作落不到实处，每年开展的打击“两非”专项活动是雷声大雨点小，效果不明显。二是孕情跟踪管理工作不到位。

基层每季度开展一次的“三查”（查环、查孕、查病）工作由于经费困难或群众不配合致使孕情情况难以掌握。在壮族、仫佬族地区还有不少的地方至今保存着“走媳”或“走婚”的婚姻习俗，就是结婚后女方不落夫家，日常在夫家和娘家屡次往返，直至身上带孕，才安住夫家，结束“走媳”阶段。这一习俗，给孕情跟踪管理和服务带来困难，难以掌握。特别是对中晚孕对象管理存在漏洞，给选择性别引产带来方便。从各县市计划生育统计数据表明，1997—2005 年全市引产胎儿性别比是 85.95，女胎数大大超过男胎数。三是社会综合治理出生人口性别比格局未形成。四是责任追究制度不落实。

4. 0 岁女婴的高死亡率是导致出生人口性别比失调的又一因素。正常情况下，由于男婴及男性青少年的死亡率高于女婴的死亡率，因此出生人口性别比一般都在 102～107 之间，到婚龄阶段，男女两性的性别结构就基本处于均衡状态。但是，第五次人口普查资料反映，全市 0 岁男婴的死亡率是 36.85‰，0 岁女婴的死亡率是 44.25‰，完全违背了常规，这不能不排除人为因素，即存在溺死女婴的犯罪行为。

（四）出生人口性别比失调的影响

1. 遗弃女婴现象时有发生

弃婴问题是当前计划生育工作中遇到的一个较为棘手的问题，特别是在没有福利院的情况下更棘手。据 2005 年全市 5 年社会福利院接收的弃婴中，女婴占 91％。对农村群众拣养的弃婴，多数为女婴，并且一些人不愿办收养手续又不接受计划生育的处罚，对计划生育政策和收养政策是一个不小的冲击。如果不能很好地解决违法收养弃婴这个问题，必将使这一问题越来越严重。

2. 人口出生性别比失常，必然导致男女两性数量对比失调

第五次普查资料反映，全市 15 岁以下男性比女性人数多 4.9 万人，今后将给这部分人进入婚龄年龄的婚姻问题造成很大的压力。“五普”同时反映，到 2000 年全市未婚人群中性别比是 175.56，男性比女性人数多约 2 万人，其中城镇未婚人群的性别比是 150.17，乡村未婚人群的性别比是 183.72，在农村男性比女性数量多的问题

尤为突出。在未婚人群中，年龄在20～34岁人群的性别比是265.9，说明在婚龄年龄阶段的男性未婚人数远远多于女性未婚人数。这给未来的社会发展带来潜在的威胁和巨大的风险。它不仅将会在未来形成婚姻市场的严重挤压，直接影响婚姻家庭关系的稳定，引发地下色情业蔓延等社会问题，而且阻滞妇女地位的提高并影响男女平等的实现，同时还可能波及人口的就业、养老等其他社会问题加剧。

3. 增加女童生存和发展环境的不利因素

在实行计划生育政策的今天，对家庭生育孩子数量限制的时候，人们往往通过多生来达到生育男孩的目的。因此与男童相比，女童会更多地出现在多子女的大家庭中。而家庭教育资源稀缺的大家庭，女童在生活照顾、接受教育、医疗保健等各个方面，都将处于不利的地位。她们更有可能过早成为家庭的辅助劳动力，更有可能成为失学、辍学的“牺牲品”。

2007年5月全市对500名育龄人群生育意愿调查反映，在“当经济能力只能供给一个子女上学”时，有22.86%的人选择让儿子上学。

4. 孤寡老年女性将会减少，居家养老需求增加

从我国人口老龄化特点和社会经济发展相对滞后“时间差”实际出发，只能走社会养老、家庭养老和老年劳动者自我养老“三养”相结合的路子。面对目前出生人口性别比偏高的实际，几十年以后过低的老年性别比将会升高，孤寡老年女性将会减少，家庭养老在上述“三养”中的地位将得到加强，居家养老方式会有所增加，家庭（儿女）负担将有所增加。

（五）综合治理出生人口性别比升高问题的措施及成效

国家人口计生委已经把治理出生人口性别比升高问题作为当前和今后一个时期人口和计划生育工作的大事之一。近几年河池市针对出生人口性别比逐年上升的形势，采取措施加大对出生人口性别比升高问题进行综合治理，取得了一定的成效。

1. 认识统一，领导重视

为有效遏制河池出生人口性别比逐年增高趋势，市委、市政府在2003年年初召开的全市人口与计划生育工作会议上强调要采取切

实措施，逐步解决出生人口性别比偏高的问题。此后，各县市区和相关部门都把解决出生人口性别比偏高的问题作为今后计划生育工作的重点之一。各县市区党委、政府都成立了综合治理出生人口性别比升高问题工作协调小组，由党委或政府主要领导担任协调小组组长，各有关部门的主要领导担任成员，并设办公室负责具体日常工作。

2. 出台相应文件，明确各部门的职责

河池市委宣传部、人口计生委、教育局、公安局、民政局、劳动和社会保障局、农业局、卫生局、统计局、药品监督管理局、妇女联合会联合下发《关于加强出生人口性别比升高综合治理工作的通知》（河计生委［2004］22号），对综合治理出生人口性别比偏高的问题，各级党委、政府和相关部门要引起高度重视，加强调研，探索对策，协调有关部门密切协作，齐抓共管，标本兼治，努力创造良好的法制环境和社会环境，保护妇女、儿童合法权益。各县市区也制定了具体的措施方案，开展打击非医学需要的胎儿性别鉴定和非法选择性别人工终止妊娠及遗弃、溺死、虐待女婴专项整治活动。在出台的文件中明确规定宣传部门、计划生育部门、教育部门、公安部门、民政部门、劳动和社会保障部门、农业部门、卫生部门、统计部门、药品监督管理部门、妇联等部门在开展综合治理工作中的职责，形成齐抓共管的管理格局。

3. 健全制度

为有效遏制河池出生人口性别比升高势头，优化人口结构，市人口计生领导小组以河人口和计生组发［2005］1号、2号下发了《河池市综合治理出生人口性别比升高问题专项活动实施方案的通知》、《关于印发〈终止妊娠申报审批、B超孕检等有关管理制度〉的通知》，出台了八项制度。如孕情跟踪管理制度、B超管理制度、终止妊娠药物管理制度、严禁非医学需要鉴定胎儿性别和选择性别终止妊娠等制度。各县（市、区）都把专项治理工作纳入计生工作的重要议事日程，成立专项整治领导小组，形成相关部门通力协作的格局。在出生人口性别比较高的凤山、巴马、东兰、大化等县，县政府出台了《关于禁止非医学需要的胎儿性别鉴定和选择的人工终止妊娠的规定》等文件，要求重新审批使用超声诊断技术及中期以上人工终止妊娠手术的机构和人员；加强终止妊娠药品的管理；严格实行孕情监测随访服务制度；实行婴儿出生、死亡报告制度；建立非法选择胎儿性别监督举报制度。对违反者严肃处理，情节严重的要追究法律责任。

4. 制定措施，开展出生人口性别比偏高问题的专项治理工作

近年来，各县（市、区）相继制定了《关于开展综合治理出生人口性别比升高问题的实施方案》。对涉及性别鉴定的医疗器械进行调查登记，整顿不规范医疗个体诊所，重点整顿拥有超声诊断仪、染色体检测和其他医学诊断技术专用设备的单位和个人。严格终止妊娠类药品的营销活动，凡为育龄妇女施行终止妊娠的单位，必须先查验有无计生行政部门开具的证明，同时对拥有B超、能进行终止妊娠的单位和个体诊所进行全面检查。几年来全市共整顿不规范医疗单位38个，取缔无证诊所36家，立案处罚擅自销售终止妊娠药品案件20例，没收终止妊娠药品118件，没收个人非法所得4.5万元，处罚3万元，涉案人员164人。

5. 抓好“关爱女孩行动”工作，为综合治理出生人口性别比升高问题创造良好的社会舆论氛围

为扭转人们陈旧的生育观念，树立“女儿也是传后人”、“生儿生女都一样”的生育新风尚，促进出生性别比正常，河池市计划生育委员会同大化县政府，在该县开展“关爱女孩”行动试点工作。该县结合本县具体实际，大胆探索，扎实开展工作，大力倡导尊重妇女，男女平等，女儿也是传后人等新型生育文化，消除性别歧视，同时制定有利于生育女孩家庭的利益导向机制，如出台了《大化县“关爱女孩行动”、“十大”优惠政策》文件，文件规定优先给中小学特困女生分别减收学杂费10%和5%，独生女和二女户中考高考录取时加照顾分10分，平时免费常规健康检查，独生女发生意外伤亡，其父母不再生育和收养子女的，由政府给予一次性补助5000元等一系列相关的配套政策，落实利益导向机制，从源头抓好试点工作的落实，真心实意地

为女孩和女孩家庭办实事做好事，为女孩的健康成长创造温馨、良好的社会空间。关爱项目启动以来，全县共投入 49 万元资金用于关爱活动，专项投入经费相当于本级年度事业经费的 8%。据统计，2004 年以来，全县共争取救助款 32.6 万元，为 312 名失辍学女童实施求助，使她们重返校园；县农业、畜牧部门免费为农村独女户和纯二女户提供科技种养培训 38 期共 1530 人次，无偿提供正大 618、619 玉米良种 1200 公斤；县内初中升高中招生考试中，共有 816 个农村女生得到加 10 分录取的优惠；县民政局共为农村贫困女儿户和 60 岁以上有女无儿夫妇发放各种物资救济折合人民币 79.92 万元；县劳动人事和社会保障局在招聘企事业单位干部职工时，同等条件下优先录用农村独女户和纯二女户小孩 90 人等。建立健全利益导向使一些计划生育女孩户在社会上有地位，经济上有实惠，生活上有保障，社会反映良好，越来越多的人支持和理解人口计划生育事业。奖罚并举，平抑出生性别比升高问题，加大打击"两非"力度，全县几年来累计立案查处擅自终止妊娠药品案件 10 件，涉及人员 142 人，没收药品折合人民币 13229 元，没收非法使用产床 8 张，对当事人给予罚款 27658 元，发出整改通知书 60 份。全县出生人口性别比由 2002 年最高 128.94，下降到 2005 年的 110.96。

2006 年 4 月市辖宜州市被国家人口计生委确定为"关爱女孩万里行"活动广西站，市委、市政府高度重视和大力支持，成立了活动领导小组及职能工作组，活动期间开展专题文艺演出、科技服务、政策咨询一条街、女童资助等活动，活动开展的有声有色，宣传效果非常好，得到上级领导的充分肯定。市人口计生委和宜州市被国家人口计生委评为全国"关爱女孩行动"万里行宣传活动特殊贡献单位。

综合治理出生人口性别比升高工作是一项系统的社会工程，这项工作必须要综合治理。所谓综合治理，就是综合各方面力量，综合各方面的职能，综合各方面的措施，综合各级领导的能力来治理。只有真正做到这样，综合治理才能有成效。几年来，河池市本着自身职责，采取一切切实有效措施，平抑出生人口性别比升高，从

2002年至2005年全市出生人口性别比由119.17下降到112.54。

（六）河池市综合治理出生人口性别比工作存在的问题

1. 管不好。近些年来，尽管河池市采取了一些措施加大对出生人口性别比升高问题进行综合治理，但是效果并不显著。从当前的情况来看，这些年来出生人口性别比呈急剧上升的趋势，这已经成为河池一个非常突出的社会问题。从2000年的全国第五次人口普查统计数据来看，河池的出生人口性别比是119.16。从全区14个地市来看，河池市的出生人口性别比排在第12位。11个县（市、区）有5个县出生人口性别比在120以上，最高的达到153.6，出生人口性别比处于这样一个水平，说明管理中存在漏洞。也就是有的地方存在弃婴溺婴等现象，根源就在这里。

2. 抓不实。就现在看来，还有少数的党政领导干部以及少数单位、部门对出生人口性别比升高问题的严重性、危害性、紧迫性认识不足、重视不够、措施不力，从而工作比较浮躁、不实。表现在：一是对中央和国家的有关精神理解不到位，浅尝辄止，知其言不知其所以言；二是对有关法律政策规定落实不到位，还是停留在口头上、文件上，没有真正落实到计划生育工作上；三是孕情跟踪管理服务不到位；四是具体工作不到位。形式主义多，编造数字、虚报、漏报的情况时有发生。由于工作不实，造成的后遗症比较大，恶性循环，尽管这只是少数地方、个别地方，但是给计划生育工作的整体形象带来严重的影响。

3. 治不住。尽管现在采取了很多措施，但由于基础工作不扎实，特别是群众旧的婚育观念没有根本转变，计划生育基层基础工作差，所以给综合治理出生人口性别比升高带来很多意想不到的困难。如果说计划生育工作是“天下第一难”，那么综合治理出生人口性别比升高问题是难中之难，难中第一难。从当前的形势看，由于群众生育观的落后，农村计划生育对象通过各种手段、方法、渠道，非生一个男孩不可的思想还是根深蒂固，这就造成综合治理出生人口性别比升高工作的艰巨性。特别是河池农村群众居住相对分散，有的农村交通不便，有些地方的群众在生育小孩后根本无人知道，所以个别地方溺杀婴儿、丢弃婴儿、残害女婴的现象时有发生。由于情况比较复杂，流动人口也比较多，所以给计划生育管理、综合治理出生人口性别比工作带来了很多的困难。

（七）对策及建议

1. 各级党委、政府要高度重视综合治理出生人口性别比升高工作，切实摆上党委、政府的重要议事日程。

(1) 各级党政领导特别是党政“一把手”要亲自抓，负总责。要调整完善领导机构和工作班子，分管领导要亲自抓，层层建立目标管理责任制，要根据目标、任务和要求签订责任状，并进行逐级的考核和“一票否决”。各地方要探索一些新的办法，工作中正确处理好三个关系，即能量、能力、质量的关系。能量就是对拥有的职能、权力，怎么使用，有了能量就有力量，有了力量才能产生质量。

(2) 完善充实相关制度并落实好。综合治理出生人口性别比升高要制定相关制度，必须根据国家总的规定，结合河池情况制定在综合治理中可操作性的相关制度，如孕情档案制度、孕情预报制度、手术服务制度等。加大对制度落实的督察力度。

(3) 形成合力，齐抓共管。各级在建立以党委或政府主要领导挂帅的综合治理出生人口性别比升高问题工作协调小组时除宣传、计生、教育、公安、民政、劳动保障、农业、卫生、统计、药监、妇联作为成员单位之外，增加法院、检察、纪检监察等部门参与，协调关系，协同作战，形成合力。同时，根据河池市的地理位置特点与周边地区建立区域协作，实行内外并举，联防联治，切实有效地进行综合治理。

(4) 严格监管。管理管理，管而有理，管而讲理，管而服理，管而处理。综合治理出生人口性别比升高的问题是一项政治性、政策性、操作性很强的工作，必须要加强管理。一是严守职业道德，不能滥用权力，违法乱纪；二是严格管理，要严格各种规章制度的管理，不能讲人情，不能下不为例，更不能搞纵容包庇；三是建立起有效的预防机制。要严格孕情检查和跟踪管理服务，建立起生育证跟踪管理制度。凡已申领一、二孩生育证的对象，要建档立册，对其生育节育情况进行跟踪管理。

2. 采取有效措施，切实提高妇女地位

实现男女平等是解决性别比失调的根本出路。制定和完善有利于提高妇女地位的政策措施，广泛开展“双学双比”、“巾帼建功”、“巾帼扶贫”活动。同时，大力宣传男到女家落户，做上门女婿光荣等新人新事新典型。积极组织、支持和鼓励农村妇女参与经济和社会发展，加强对农村妇女职业技能培训，不断提高妇女家庭地位和社会地位。逐步改变人们对生育男孩在人们心理和传统观念上的依赖，形成有利于出生人口性别比自然平衡的社会风尚。要在政治、经济、社会等各方面切实保护和保证妇女正当合法的权益，杜绝歧视女性现象发生。

3. 组织开展有针对性的宣传教育活动，营造浓厚的综合治理出生人口性别比升高问题的舆论环境和社会氛围

要以开展“婚育新风进万家”活动为载体，加强“男女平等、生男生女都一样、女儿也是传后人”的宣传教育，使更多的群众切实转变传统的生育观念，在全社会树立科学、文明、进步的婚育观，努力建设社会主义新型生育文化。组织宣传、教育、新闻、文化等部门，充分利用报刊、广播、电视、电影、信息网络等媒体以及各种文娱活动，广泛宣传出生人口性别结构平衡的重要性，倡导尊重妇女、男女平等的社会风尚，维护妇女合法权益。特别是已经开展“关爱女孩行动”的试点县，要加大力度抓实抓好，并总结经验和培养先进典型，为全市进一步开展“关爱女孩行动”活动，促进综合治理出生人口性别比升高问题早日取得成效起示范带头作用。同时，要加强开展对群众遵守法制的宣传教育活动。在广泛宣传保护妇女权益、爱护女孩、女婴等相关法律法规的同时，充分利用一些典型案例，就地就近向广大群众进行宣传教育，营造消除性别歧视的舆论氛围。特别是让群众懂得遗弃、溺死女婴，非法选择胎儿性别和歧视女孩，是一种违法犯罪和不道德的行为，从而增强法制观念和守法意识，提高全体公民遵守法律法规和保护女性、关爱女孩的自觉性。在这方面，充分发挥宣传、公安、检察、法院等部门的行业

优势，在开展综合治理出生人口性别比升高工作中，多作宣传、教育和启发群众的工作，以防止遗弃、溺死女婴，非法选择胎儿性别和歧视女孩等现象的发生。在深入开展人口和计划生育法律法规宣传教育的同时，要把倡导“少生优生”、“男女平等”、“女儿也是传后人”等婚育新风作为宣传教育的重点，大力建设新型婚育文化，让广大群众尽快树立科学、文明、进步的婚育观念。

4. 建立有利于综合治理出生人口性别比升高问题的利益导向机制

首先，要以正在开展的农村部分计划生育家庭奖励扶助制度为契机，积极探索社会主义市场经济条件下的计划生育利益导向和社会保障机制。深入推进农村计划生育“三结合”、扶贫开发与计划生育相结合工作，制定和落实对独生子女户、双女户优先、优惠的政策措施，大力扶持农村实行计划生育的家庭发展经济。其次，民政、计划生育以及其他部门、社会团体要共同配合和支持关心“五保”老人的生活，使更多的育龄群众消除不生男孩会没人养老的后顾之忧。各地要积极地兴办好各类老年福利院、老年护理院、老年公寓等，并给独生子女和双女户老年家庭以优先、优惠的照顾。再次，党委、政府要加强领导，督促相关部门履行职责。相关部门只要职责到位，一个抽象的社会现象，一个抽象的社会问题就变成一个实实在在的具体的、看得见、摸得着的项目。综合治理出生人口性别比升高既然是全社会的现象，就要求全社会各部门都应该尽一份力，就应该在自己政策框架允许范围内制定出一些看得见、摸得着、切实可行的方案。

动员全社会力量，解决老有所养、老有所依的问题，让广大实行计划生育的群众政治上光荣、经济上实惠、生活上保障。

5. 坚持综合治理出生人口性别比升高工作目标责任考核，实行“一票否决”

（1）严格考核制度。层层建立综合治理出生人口性别比升高工作目标管理责任制，纳入人口和计划生育目标考核，实行“一票否决”或进行单项考核和单项否决。各地党委、政府要将出生人口性别比升高工作作为人口和计划生育的重要指标，与下一级党委、政府和本级共同参与综合治理的各个部门签订责任状，并协调组织进行检查、督促、考核、评估、奖惩。各级人口计生部门作为综合治理出生人口性别比升高工作的主要工作部门，要为本级党委、政府加强对落实责任方面的监督检查和提出建议、意见，认真制定相关的检查考核和评估方案。要把综合治理出生人口性别比升高工作的好坏作为开展创建计划生育优质服务先进县的重要内容，并根据各县（市、区）制定的综合治理目标进行跟踪考察、年度考核和达标评估。

（2）加强协调配合，明确部门职责。建立各级各部门综合治理出生人口性别比升高工作责任制。各地各部门严格实行并落实单位领导和干部个人参加综合治理出生人口性别比升高工作责任制。对出生人口性别比严重失调持续高于全自治区平均水平，且在规划期内不能遏制、不达标或工作不力，致使继续升高的县级单位，其党政一把手和分管领导在考核评估的当年一律不能提拔。对连续两年被“一票否决”的党政一把手、分管领导和计生局局长要实行免职、降职处理。纪检、监察、组织、人事、公安、检察、法院、计生、卫生、药监等部门对在综合治理出生人口性别比升高工作中发现的违法案件有案不立、拖延立案或无故不结案的，要追究单位“一把手”和分管领导以及其他相关责任人的责任，并实行“一票否决”。

（3）实事求是，求真务实。坚决从根本上防止措施不力而弄虚作假或采取欺骗手段获取荣誉，保证综合治理工作扎实有效地开展下去。

6. 政府要加大人口和计划生育事业经费投入，实行综合治理专项经费管理制度

计划生育是一项利在当代、功在千秋的社会公益事业。促使出生人口性别平衡，不仅是对眼前妇女儿童合法权益的保护，而且关系到子孙后代家庭婚姻和生活幸福的长远利益。随着形势发展和群众需求的不断提高，人口和计划生育工作的投入也需要不断地增多。特别是综合治理出生人口性别比升高是一项牵涉广泛、情况复杂和参与部门多、任务艰巨甚至十分艰苦的工作。各级政府应从大局出发，克服困难，积极为这项工作提供有力的财政保障。要推进人口和计划生育投入体制改革，确保法律规定的计划生育奖励优惠政策、

免费计划生育技术服务项目以及基层工作人员报酬的落实。各级要从每年的计划生育事业经费预算中增加一笔财政经费作为综合治理出生人口性别比升高的专项经费，以用于专项整治活动中开展计划生育宣传教育，扶助计划生育贫困母亲，关爱女孩和查处案件等必需的经费。要通过多种形式让群众看到综合治理出生人口性别比升高所带来的好处。各级政府和有关部门，要结合实际建立综合治理出生人口性别比升高工作的经费投入机制和制度。参与综合治理的相关部门，在本部门整体工作经费安排上，要为部门在综合治理工作上给予支持，年终对各部门的参与工作情况特别是经费支持方面，作为完成责任的重要内容进行督促检查。

控制出生人口性别比升高，是一项十分复杂的系统工程，必须协调部门力量，齐抓共管，综合治理。为此，要强化计生、卫生、药监等执法部门职责，严格执法。同时，也要强化人事、监察、教育、公安、法院、劳动、社会保障等相关部门职责，积极配合，共同治理性别比失调问题，在落实了各自职责任务的同时，注重解决工作推进中的突出矛盾和问题，积极推动综合治理出生人口性别升高工作健康发展。

（河池市课题调研组：贺刚、马广京等）

三、贵州省黔南州出生人口性别比失调问题研究①

出生性别比是指一定区域某一时期内（通常为1年）出生的男婴总数与女婴总数的比值，通常以一百名出生女婴所对应的男婴数表示，国际公认的正常值为102～107，如特定人口出生性别比持续高于107则视为失调。贵州省“五普”出生性别比为107.03②，比全国平均值低约10，失调程度较全国轻。但这掩盖了贵州省局部地区出生性别比严重失调的事实。黔南苗族布依族自治州（以下简称

---

① 见《西北人口》，2007（2）。

② 贵州省人口普查办公室：《贵州省2000年人口普查资料（上册）》，北京，中国统计出版社，2002。

黔南州）1991年出生人口性别比为106.8，1992年开始驶离正常值达到111.5，2003年增至116.91[①]。近年来，该州出生性别比继续攀升，之前偏高的部分县市继续增长，部分过去出生性别比正常的县市在短短几年迅速进入失调行列。为遏制出生性别比攀升势头，当地政府制定并实施了一系列治理措施，出生性别比攀升势头得到初步遏制，但要使其降至正常值，实现自然平衡，任务还十分艰巨。

（一）出生性别比失调的发展历程、现状及特征

黔南州位于贵州省中南部，辖12个县市，面积2.6万平方公里，总人口356.9万，有布依、苗、水、壮、侗、毛南等36个少数民族，占总人口56.76%，并呈聚居或杂居分布；该州有6个国家级贫困县，2000年贫困发生率达9.69%，高于全国近7个百分点，经济社会发展相对落后。1992年，黔南州出生性别比由上年的106.8上升到111.5，开始出现出生性别比偏高问题。但随后几年缓慢下降，1996年恢复到正常值106.9，1997年后又重新升至111.8，并将失调之势保持至今。2000年以来，出生性别比迎来第二次攀升高峰，2003年达到峰值116.9。当地政府采取系列治理措施后，2004年，出生性别比开始回落到113.4，见图8-1。届时，全州除贵定、独山2个县，其他10个县（市）均已失调；出生性别比处于严重失调状态（113以上）的县市有：都匀（122.5）、福泉（119.7）、罗甸（130.5）、惠水（118.6）、三都（113.4），占失调县市总量的50%。其中，罗甸县从1991年的104.95一路飙升到130.52，攀升速度惊人，整体形势不容乐观，从各县情况看，出生性别比失调呈明显的不平衡性。在经济发展较快、人口数量控制成效显著地区，通常最先出现出生性别比偏高问题。例如州政府所在地都匀市早在“三普”时出生性别比就达到108.9，比全州失调时间早近10年。部分地区是“五普”后短短几年才出现出生性别比偏高，如惠水2001年首次达到109.36，福泉市2002年首次达到111.76，龙里县2003年首次达到108.17，这

---

① 贵州省人口普查办公室：《黔南州2000年人口普查资料汇编》，北京，中国统计出版社，2002。

反映了本世纪全州出生性别比失调整体加剧的事实。此外，只有贵定县至今未出现出生性别比偏高，独山县由 148.61（1992）不断降至正常值 104.97（2004）。如下是黔南州出生性别比失调的几点特征：

图 8-1　黔南州出生性别比城乡比较

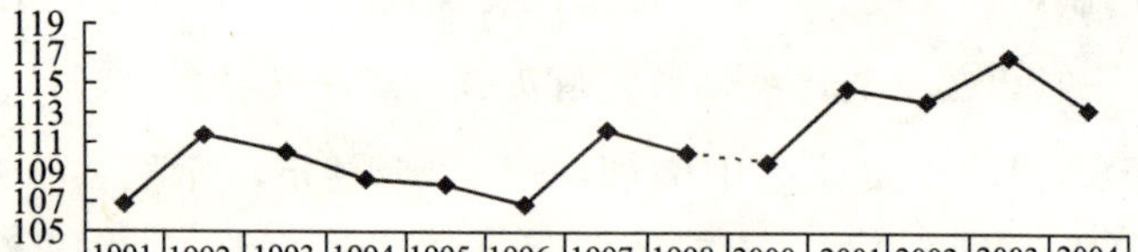

	1991	1992	1993	1994	1995	1996	1997	1998	2000	2001	2002	2003	2004
性别比	106.8	111.5	110.4	108.5	108.1	106.9	111.8	110.3	109.7	114.7	113.9	116.9	113.4

资料来源：黔南州计生局

1. 城市出生性别比高于农村

两次普查黔南州城市出生性别比都明显高于农村，与全国特征正好相反，见表 8-6。通常，在落后的农业发展水平及社会保障条件下，劳动力和家庭养老使农村具有更强的男性需求。乍看该特征非常矛盾。但结合黔南州实际，本文认为城乡都有强烈的“男性偏好”、城市选择胎儿性别工具的容易、农村更广阔的生育空间等三大因素促成了上述特征。可见，造成出生性别比失调的决定因素是生育观念，而不是决定城乡差别的经济因素。“四普”至“五普”黔南州农村出生性别比增长约 13，城市增长不到 1，农村攀升远快于城市。从低生育政策对出生性别比的负相关作用这一层面而言，当城市生育率稳定在低生育水平时，农村还有广阔的减缩空间，意味着农村出生性别比还有更高的增长潜力。可以预见，农村出生性别比将在不久超过城市。此外，黔南州是一个农村人口占绝对多数的民族自治地方，农村的出生性别比状况对全州出生性别比起决定性影响，故出生性别比失调的防治应以农村为重点。

2. 出生性别比随孩次增加而上升

在孩次上，黔南州一孩性别比低于 102，这是由于一胎性别不受干预，以及男婴死亡率高于女婴两个原因形成的。但是，二孩及多胎性别比都远高于正常值，体现随孩次升高而升高的特征，反映了

表 8-6 黔南州出生性别比城乡比较

	1990 年		2000 年	
	城市	农村	城市	农村
全国	108.9	111.7	114.15	121.67
黔南州	120.85	103.43	121.74	116.50

资料来源：全国“四普”“五普”资料及黔南计生年报

二胎及多胎性别越来越受人为干预。与全国比较，黔南州孩次间性别比增长的幅度更大，见表 8-7，以致 5 孩性别比仍高于 4 孩约 48，不同于全国五孩性别比有所下降的趋势。可见黔南州实施人工干预的程度更严重，人们具有更刚性的求子欲望。所以，治理工作的重点在于对二胎及多胎人工干预行为的严格控制。

表 8-7 黔南州“五普”分孩次性别比

	一孩	二孩	三孩	四孩	≥五孩
黔南州	97.32	135.8	161.34	160.38	208.7
全国	105.65	152.14	158.2	157.65	146.98

资料来源：第五次人口普查资料

3. 计划外出生性别比高于计划内

黔南州各年计划内出生性别比略高于正常值，但相对较低、较稳定；计划外出生性别比则严重失调，并且随时间的增长而急剧攀升。2004 年是全州出生性别比经治理后略有降低的年份，而计划外出生性别比保持不降反升的势头，见图 8-2。这说明出生性别比失调的刚性是由计划外不断升高的出生性别比带来的。黔南现行计生变通规定中，农村少数民族有二胎甚至三胎生育权，故多胎生育与计划外生育有本质不同。过去，计划外生育通常指超生或不到间隔期生育，而如今逐渐演变为旨在生男的躲生、抢生，其中伴随着疯狂的胎鉴、人流、溺婴、弃婴等选择性别的非法行为，这给人口计生工作带来了新的挑战。务必认清计划外生育与出生性别比偏高的关系，强力控制计划外生育。

图 8-2　黔南州各年计划内计划外出生性别比

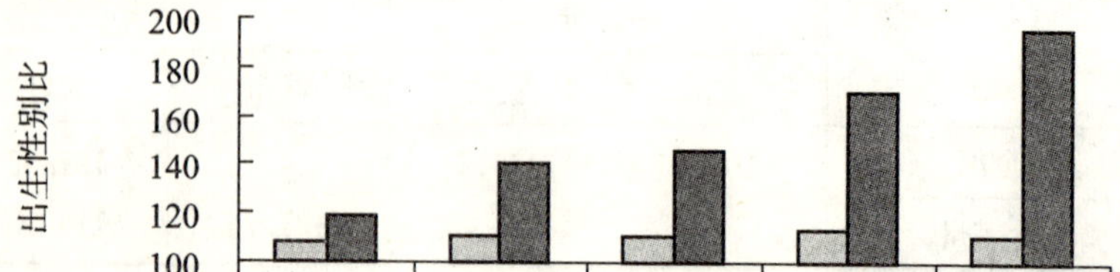

	2000	2001	2002	2003	2004
■计划内	108.42	111.37	111.47	113.65	111.36
□计划外	118.7	140.19	145.62	170.88	196.6

资料来源同图 1

（二）原因分析

出生性别比失调是多层次、多种因素共同作用的结果，本文将这些因素分为表层、中层和深层三个层次。表层因素指能耳闻目见的各种干预行为，是出生性别比失调的直接原因；中层因素是影响生育行为的各种制度、习惯或各种不成文规定，对人的生育观念和行为起间接影响；深层因素是人们的思想意识、价值观念，是出生性别比升高的决定性因素。

1. 表层原因——旨在生男的各种手段

出生性别比的偏离正常值是人为干预的必然结果。首先，非法胎儿性别鉴定及非法人工终止妊娠（简称“两非”）是人们最常用的方式。过去，B 超性别鉴定设施在城镇比较易得，花费不多就可进行。近年来，政府对非法胎鉴行为进行专项治理后，部分人便到异地进行胎鉴。根据胎鉴结果，是女孩的通常要实施人工流产。人流相对于胎鉴更加容易，在部分卫生医疗机构，个人不需出具医学证明或身份证就能进行人流手术，用以终止妊娠的药物在个体诊所也能轻易买到。在农村，人们为了生男也进行胎鉴和人流，有的打着外出务工人员的幌子在异地进行。在缺乏这些资源时，人们更多采取溺婴弃婴的方式。这可从黔南州农村 0 岁死亡人口性别比城乡比较得到验证（“五普”农村为 75.90，市镇为 81.48 和 94.44）。正常情况下，男婴死亡率应高于女婴，但是其相反特征反映了农村女婴非正常死亡现象较普遍，溺婴弃婴现象较严重。瞒报漏报也是影响出生性别比失调的原因之一，但相关研究证明其影响是有限的，出生性别比更多是一种真性失调，不是统计失误“假象”。

2. 中层原因——人口政策和现实规定的间接作用

人口低生育率政策与出生性别比偏高有负相关关系：1992—2004 年，黔南州人口自然增长率由 10.3‰降至 4.8‰，而其出生性别比则呈攀升之势；此外，总和生育率越低的地区（如都匀市）出生性别比偏高出现越早、失调越严重。在根深蒂固的“重男轻女”观念下，当人口控制政策不断缩小生育空间时，便使恒在的“男性偏好”进一步强化，纷纷作出了“弃女保男”的选择。此外，相关政策规定也对出生性别比有重要影响。黔南相关计生条款规定“农村夫妇第一胎是女孩的可申请生育第二胎”，这首先人为提高了男孩的出生机率，同时产生“生男为止”的政策误导。

我国政府历来倡导“男女平等”，并出台相关法律保护女性权益，如《母婴保健法》。但是，各种社会性别不平等规定却现实地发挥作用，强化人们的“男性偏好”。在子女教育投资上，迫于养老的需要，有限的家庭资源主要投向儿子，以取得预期收益的最大化。这反映在儿童入学率的性别差异上，黔南州“三普”、“四普”时女孩入学率分别为 70.49%和 83.7%，比男孩低 14.3 和 7.3 个百分点。这造成了“五普”吋的大量女性文盲人口，其文盲率为 27.71%，比男性高 20.13 个百分点，在高等学历人口中，女性仅占 16%[①]。受教育程度低使女性在就业竞争中处于弱势地位，全州“五普”失业人口中女性占 56%。在职业分工上，女性职业层次低于男性，主要从事服务业等辅助性职业，国家机关、企事业单位负责人等重要职业中女性仅占 15.8%[②]。在家庭中，作为妻子，女性对财产、子女前途等重大家庭事务无决定权，农村妇女“嫌男”也是

① 黔南 50 年编撰委员会：《黔南 50 年》，贵阳，贵州人民出版社，1998。

② 爱必达罗绕典：《黔南识略·黔南职方纪略》，贵阳，贵州人民出版社，北京，当代中国出版社，1992。

“一辈子”，没有真正的婚姻自由；作为女儿，女性没有田土，不继承财产，“女婿入赘”的习俗也因备受歧视而逐渐消失。有鉴于此，父母更愿选择男孩，以避免其成长历程遭遇这些“风险”。

3. 深层原因——“男性偏好”的文化根源

黔南的民族文化具有明显的“重男”特征，强调“传宗接代”“养老送终”；无子被视为“绝户”、“断根”，通常备受人歧视。苗族葬俗就规定无子者不当人埋，只能当做牛马埋，不砌石头，也不垒坟。

任何文化的形成都有其产生的必然性和一定的历史作用。黔南根深蒂固的男性偏好不是对萝卜青菜的那种偏爱，而是根源于严酷的生存环境和特殊民族遭遇下的客观认识。《黔南识略》记载“（黔南）其山川幽秀而郁塞，霿露霖潦以为常”、“山林之路不得方轨，沟渠之流不能容船”①。客观生存环境使人们群聚而居，共御猛兽，依靠狩猎、采集及刀耕火种的原始农业繁衍生息。恶劣的生存环境和落后的农业生产水平下，男性具有绝对的生存优势，“多男子”成为族群生存发展的需要，也是族群实力的象征。此外，旷日持久的兵燹匪患造成的男性锐减是男性偏好产生的历史原因。史料记载，仅1854—1855年间，黔南境内就爆发了独山杨元保起义（1854年），罗光明等起义（1855年），瓮安“黄号起义”等多起农民战争，黔南一度成为统治阶级“剥床切肤”的“心腹之患”，纷纷“用兵剿抚”。统治者的血腥镇压使得男性锐减，“苗疆人口十存二三”②。亡族灭种的危难使得多生育和多生男成为族群生存使命。新中国的成立改变了社会政治环境，改善了当地生存环境，但“男性偏好”却作为一种生育文化得以传承并具有丰富的表现形式。苗族的“跳花”，布依族的“架花桥”，水族的“敬桥”等节日或习俗都体现了人们生生不息的子嗣祈求。

---

① 贵州省人口普查办公室：《黔南州2000年人口普查资料汇编》，北京，中国统计出版社，2002。

② 贵州通史编委会：《贵州通史二三卷·明清代的贵州》，北京，当代中国出版社，2002。

（三）出生性别比失调的社会后果

1. 影响人口结构优化，造成“婚姻挤压”

“四普”时，黔南总人口性别比达到了106.42，“五普”上升到109.94，上升3.52，表明总人口性别结构的不合理状况加深。从婚龄人口看，按照修改前（1999年前），黔南州《婚姻法》变通规定中“少数民族婚龄可比法定婚龄提前两年”的条款，2000年该州18岁前的人口总数为1233133人，其中男性653450人，女性579683人，男性比女性多73767人，平均每个年龄组多4098人。意味着如果不考虑男女婚龄差、人口流动、年龄结构等因素，黔南州每年将出现4098名光棍汉。有专家认为，未来婚龄人口性别比是否正常，主要取决于男女婚龄差及婚龄男女绝对量。过去，婚龄差的存在对婚配人口性别比失调有一定缓解作用，但当人口变动类型逐渐由增长型转为缩减型后，出生人口数量将逐年递减，婚龄差将进一步加重“婚姻市场”的拥挤度。

2. 农村大量光棍人群的出现将产生系列社会问题

出生性别比失调不仅是一个人口问题，更是一个深刻的社会问题。首先，相继出现的光棍人群主要是农村地区的贫困人口，他们在婚配竞争中必然处于弱势地位，这将增加新的社会不公平。此外，找不到婚配对象不仅影响个人的幸福，而且一定数量闲散人群的存在，对农村的社会治安也是一个潜在危害。再次，大龄未婚人群往往缺乏事业心和进取心，对社会主义新农村的建设是一个不利因素。

3. 出生性别比升高的根源是男女地位差异，它最终将危害女性的利益

一方面，女性只能作为相对男性而言的“稀缺商品”，这本身就是最大的不公平。另一方面，女性不会因成为“婚姻市场”的“供不应求者”而身价上涨，女性仍将是性别比失调的最大受害者。目前，各种贩卖妇女、女婴的报道屡见不鲜，这种现象下的两性关系实际上仅仅是原始的“鱼肉”和“刀俎”关系。为达到生男目的，有的家庭强迫妇女多次做流产手术，甚至进入生育高龄期时仍要继续生育，某种层面上说，她们仅仅是生育的工具。此外，男多女少

的状况将使迎娶的成本大大提高，彩礼之风将死灰复燃，造成妇女在家庭中的地位将更加低下，进一步剥夺女性婚姻平等自由的权利。

（四）治理对策思考

黔南州出生性别比持续攀升，尤其是“五普”以来该州出生性别比加速攀升的态势，引起了当地政府的高度重视，采取了一系列治理措施。首先，颁布了系列政策法规。根据相关规定，颁布了黔南州禁止“两非”行为的专项治理措施，开展禁止非医学需要的胎儿性别鉴定和人工终止妊娠，在组织管理、部门权责和奖惩上作了明确规定。为达到标本兼治目的，制定实施了控制出生性别比升高的综合治理方案，各级各部门齐抓共管，形成了宣传教育、行政、利益导向和法律“四位一体”的综合治理体系。其次，进行了广泛的宣传教育活动。根据省2004年《关于全面开展“关爱女孩行动”活动的通知》要求，黔南州利用各种宣传媒介，开展了发放宣传资料、各种文艺汇演、知识竞赛等形式多样的宣教活动，使“男女平等”、“生男生女一样好”等观念开始深入人心。同时，利用利益导向措施，帮助女孩家庭脱贫致富，为“独女户”、“二女户”提供学费减免、高考加分等优惠政策，对放弃二孩合法生育权的提供一次性奖励的利益导向机制，为符合条件老人办理农村养老保险解除“后顾之忧”，产生了较好的社会效应，人们的生育观念有了明显进步。政府干预政策实施以来，出生性别比攀升势头得到了有效遏制，2004年，出生性别比由去年的116.9降至113.40。但是，个别地区还存在重视不够，基层部门政策执行不力、相关治理措施操作性不强等问题；在宣教活动还依靠“突击式”、“一阵风”的方式，没有形成长效机制；利益导向机制也存在覆盖面较小，奖励金额较低，吸引力不强等问题，使得出生性别比失调难以获得显著和稳定改善。

本文认为，进一步抑制黔南州出生性别比失调问题应着重从以下方面入手：

1. 加大宣教力度，建立先进生育文化。生育文化的革新才是出生性别比偏高的治本之策，必须建立长效宣传机制，以农村为重点，进行势大持久的宣教活动，宣扬科学、进步、文明的婚育观念导向。

对民族婚育习俗采取批判继承的态度，废除不合理的婚育习俗，树立婚育新风，正确对待、利用和发掘民族优秀人口文化，对女儿也有继承权、女婿入赘等合理文化加以保护和推广，营造一个利于女孩成长的社会环境。同时，提高公民法制意识，加强普法工作，使人人都能知法用法，为出生性别比治理创造良好法制环境。

2. 建立长远规划，进行目标责任考核。应当充分认识工作的艰巨性和长远性，进行长远规划，明确工作目标；制定实施方案，分阶段解决问题；进行年终考核，明确责任，并将出生性别结构作为“一把手”亲自抓、总负责的重要内容，将治理的情况作为领导干部聘用的重要评价标准。

3. 加强执法力度，打击“两非”行为。治理出生性别比偏高必须依靠法制的有力保障。因此，应建立健全相关法规，尤其加强禁止“两非”专项及综治措施的执行力度，做好部门组织协调工作，齐抓共管，对出生性别比进行综合治理，在B超、孕情监控、引产手术和药具管理等具体环节上严格把关，杜绝“双非”行为。

4. 确实改善女性社会地位，创造女性成长生活的有利环境。首先，提高女孩入学率，对独女户或二女户家庭女孩入学提供照顾，有条件的地区实现学杂费全免，上学期间按月提供生活补助。其次，为女性创造良好的就业环境，设立专门机构，对企事业单位招聘进行就业性别平等监控，受理职业性别不公平待遇事务，实现男女同工同酬，辅之以特定的举报和奖励措施。再次，尊重和保护女性公民选举权，保障各级各类部门重要职位女性占有一定比例席位，调动女性参政议政热情，提高女性政治参与度，保障女性政治权利。

5. 建立利益导向机制，建立社会养老保障制度。进行利益导向是调动人们主动性和积极性，改进工作方式的重要措施。应加大对“独女户”和“二女户”家庭的奖励和扶持力度，帮助贫困女孩家庭早日脱贫致富，扩大计生养老保险利益导向的覆盖面，提高保障水平。另外，积极探索农村社会保障制度，提高老人自养能力，减轻家庭养老负担，解决女孩家庭和无后家庭的“后顾之忧”。

（彭德乔　钟海萁　杜鹃）

第九章　西南民族地区县、市、区出生人口性别比失调专题研究

一、重庆市少数民族县区出生人口性别比失调问题研究及对策

我国最年轻的直辖市——重庆市，总人口 3144.23 万，其中少数民族人口 175 万人，约占总人口的 5.6%。主要分布在重庆市东南部的黔江区、彭水苗族土家族自治县、石柱土家族自治县、秀山土家族苗族自治县和酉阳土家族苗族自治县。共有土家族、苗族、回族、满族、壮族等 49 个少数民族，呈局部聚居或交错杂居分布，有着丰富的民族文化。自 20 世纪 80 年代开始，这 5 个少数民族集中分布的县区先后出现了出生婴儿性别比偏高的现象，并呈逐年升高的趋势。少数民族对重庆市的经济、社会、资源、环境的协调和可持续发展起着举足轻重的作用，因此研究重庆市少数民族地区出生人口性别比失调问题有着重要的现实意义。

（一）出生性别比失调问题的发展现状及特征

1. 出生性别比失调发生时间差异大

虽然五个少数民族聚居地目前出生婴儿性别比失调现象均很严重，但五地失调问题发生的时间有很大差异。其中黔江区、酉阳土家族苗族自治县、彭水苗族土家族自治县自 20 世纪 80 年代初就开始偏高，石柱土家族自治县 80 年代中期开始偏高，而最晚的秀山土家族苗族自治县到 90 年代才开始出现偏高现象。自此可以看出引起五地出生性别比偏高的原因应存在区别。

2. 出生性别比发展趋势有曲折

五个少数民族聚居地并不是自出现出生性别比偏高起就持续升高，而是存在一个反复的过程。以黔江区为例，如表 7-17 所示，自 1981 年性别比开始偏高，1981—1985 年保持在 115 左右；1986—1988 年三

年出现回落，接近正常值；自1989年才开始呈逐年攀升的态势。1998—2000年均超过130。计划生育政策于20世纪80年代初开始实施，而直到1988年该地的出生性别比还可以保持在一个基本正常的水平，这说明计划生育政策的实施不是该地出生性别比偏高的根本原因。

图7-3 黔江出生性别比变动情况

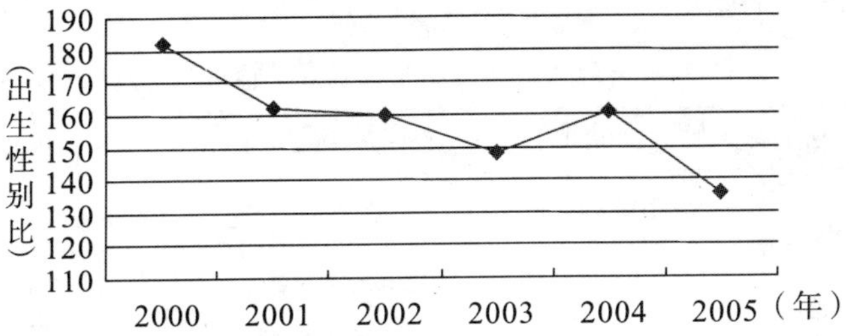

数据来源：黔江区人口计生局提供

3. 出生性别比偏高出现前个别地区存在出生性别比偏低现象

该现象只出现在黔江区。在出生性别比偏高现象出现前，黔江区出生性别比一直存在偏低的现象，20世纪60年代起到70年代末性别比一直处于低于正常值以下的状态，而到了80年代初以后呈现高出正常值的状态。如：1978年为89.75，1979年为88.17，1980年为88.36，而1981年就骤升为117.83（见表7-17）。60年代起到70年代末这段时间的生育现象基本处于无政策干预的自然状态，却出现了较正常值偏低的现象，这说明在自然状态下可以通过多生育来达到男性偏好的习俗，这样对出生性别比不会造成影响。而一旦出现了政策干预，不能通过多生育实现男性追求时，人们就选择了其他的方法达到男性偏好的追求。如溺死女婴，将女婴送人或是选择性人工流产等等。这样出生性别比势必会以不可遏制的速度升高。

4. 出生性别比随孩次增加而上升

“五普”时，重庆市少数民族地区出生性别比孩次分布分别为一孩106左右、二孩140左右、三孩则为300以上。以石柱土家族自治县为例，1997—2005年近10年期间，一孩2005年最低，为102.66，2003年最高，为114，平均为108.02，基本正常。二孩2005年最低，为116.96，1999年最高，为129.54，平均为124.83，高出正常值16点多。三孩及以上1999年最低，为211.11，2004年最高，为386.57，平均为262.96，高出正常值一倍多。由此可以看出，出生性别比无论是最大值、最小值还是平均值，随孩次的升高其偏离正常值的幅度越大。原因之一是作为少数民族集居区，人们有二孩生育权的情况较为普遍，其二是靠政策外生育来获得男孩的现象仍占一定比重。

表7-17　黔江区出生性别变动情况表

年度	1961	1962	1963	1964	1965	1966	1967	1968	1969	1970
性别比	100.49	100.13	103.59	98.07	101.14	98.25	94.94	98.11	100.31	95.86
年度	1971	1972	1973	1974	1975	1976	1977	1978	1979	1980
性别比	95.28	93.04	99.78	93.22	96.13	91.52	96.14	89.75	88.17	88.36
年度	1981	1982	1983	1984	1985	1986	1987	1988	1989	1990
性别比	117.83	117.17	115.72	114.15	114.30	109.35	108.69	109.65	117.04	118.49

数据来源：黔江区人口计生局提供

5. 计划外出生性别比高于计划内出生性别比，且变化幅度大

五地自出现出生性别比偏高现象以来，计划外出生性别比均高于本地的计划内出生性别比。以彭水县为例，1989—2005年的17年间，计划内的出生性别比虽然一直高于正常值，但一直处于比较稳定的状态。计划内出生性别比最高值为2002年的162.95，最低值为2005年的109.91，其他年份基本处在120～140之间。而计划外出生性别比则变化幅度很大，时高时低。最高值为2004年的335.16，最低值为1999年的140.88，最高值高出最低值两倍。中间还有两次较大的起伏：第一次的最低点是1994年的168.34；第二次的最低点是1999年的140.88（见图7-3）。因此，计划外生育是出生性别比偏高的决定性因素，因为计划外生育通常是为了达到生育男孩的目的。当年计划外出生数量的多少与当年出生性别比的高低呈正相关关系。

图 7-3　彭水县政策内、外出生性别比情况

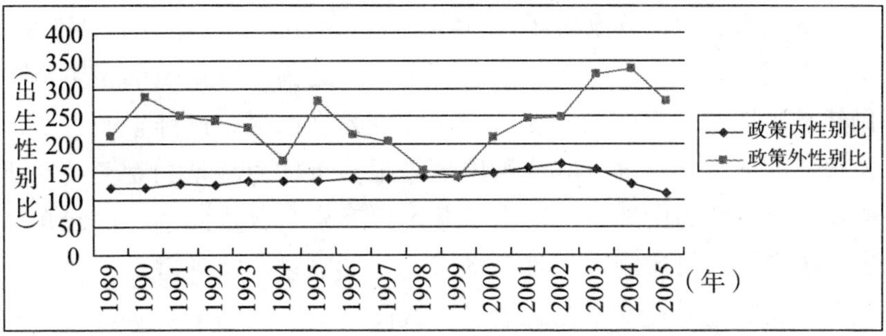

数据来源：彭水自治县计生局提供

（二）重庆市少数民族地区出生人口性别比失调问题原因分析

1. 文化影响是根本原因

重庆市少数民族性别比偏高的原因分析，首先可以从文化因素去分析。重庆市的少数民族以苗族和土家族为主，而这两个民族都有崇尚男孩的生育习俗。苗族人认为，结婚生子是天经地义的事。婚后无子，不仅是家庭的缺失，也是家族的缺失，人生会因此而暗淡，变得毫无意义，甚至死后也没有人献祭。所以，久婚不孕或连续生女而无儿的夫妇，就要想办法去实现人生和家庭的美满。土家人同样把生儿育女当做家庭的第一大事。“不孝有三，无后为大”的汉族生育观念，已深深植根于土家人心中。他们把家庭是否有后即是否有儿子看得很重，认为有子才能万事足。如果有两个孩子但没有儿子，则无子之忧就会成为全家人沉重的精神负担。直到今天，只有儿子才可以传宗接代、继承家业这些传统思想在相当部分的少数民族群众心中根深蒂固。一些地方，邻里之间发生口角，骂没有儿子的人为“断尾巴狗”，就是说他没有后人，这很伤人自尊，而这也就会激起这些人生育儿子的愿望。而这些文化因素的影响很难在短时间内改变和消除，在未来很长一段时间内仍将对当地人们的生育观念产生深远的影响。在重庆少数民族地区进行的群众生育意愿的调查数据就明确地说明了这一点，希望生育一男一女的占 40%左右，还有 1%的人希望生育两个男孩。

2. 落后的生产方式和薄弱的社会保障机制是深层原因

重庆市少数民族聚居区大多位于在经济不发达、生存条件恶劣、生产方式落后的山区。多年来农村中以家庭为生产单位的手工劳作仍然是当地农民生产的主要方式。特别是在山区，这种生产方式需要很强的体力，肩挑背驮或犁田地等很多重体力活是妇女无法完成的，甚至有些高山地方连吃水等基本生存资料都成问题。这就在事实上决定了农村家庭对男性劳动者的强烈需求。这种需求就转化为生育方面的重男轻女。在五地的少数民族聚居地仍主要实行家庭养老方式，特别是在农村，越是落后的地区，保障问题越无法得到解决。基本的医疗保险和养老保险都没有得到很好地落实，并且当地群众信奉“宁跟叫花的儿，不跟做官的女”。在这样的现实情况，生育子女尤其生育男孩成为他们抵御风险和保障老年生活的基本途径。在重庆少数民族地区进行的群众生育意愿的调查数据显示生育男孩的目的，养儿防老的占25%左右，传宗接代的占7%左右，增加劳动力的占6%左右，不受欺负的占2%左右。

3. 妇女地位仍没有明显提高是现实原因

从本质上来说，出生性别比升高是男女不平等的突出表现，是女孩生存权和发展权受到侵害的集中表现。只有从根本上提高妇女的政治、经济和社会地位，实现男女平等，才能消除人们在生育问题上的“男孩偏好”。而少数民族地区妇女的生存环境相对汉族妇女而言更为恶劣。农村妇女在经济生活中处于被动地位。少数民族地区农村妇女由于受经济条件和传统文化的影响，生活空间比较狭窄，思想比较狭隘，结婚生子后把所有的时间和精力倾注在了家庭和子女上，无法从以生育特别是生育男孩为人生任务的狭小天地中解脱出来。她们更多的是依靠赖以生存的自然资源，从事着简单的劳动来满足生活需要。

4. 生育政策起了推动作用

在我国，生育率的下降是由强制性人口政策带来的，而在以上三种原因的作用下，伴随着生育率的下降，随之而来的就是出生性别比的升高。人们在不能通过多生育到达生育男孩的目的时，就只有通过选择性生育来达到生育男孩的目的。生育政策在这一过程中起了推动出生性别比升高的作用。但是不能因为这样就认为废除了现行的生育政策，出生性别比就会恢复正常。根据韩国、新加坡等与我国有着近似生育文化的国家在出生性别比发展的过程来看，随着经济的发展，出生性别比的升高是必然的。因为人们在追求经济利益最大化的同时又要实现生育男孩的愿望，就只有采取选择性生育的手段。这样势必会带来出生性别比的升高。因此，希望通过放宽生育政策达到降低出生性别比是不可行的。但是也不能忽略生育政策的作用。

出生性别比持续偏高，已经干扰了社会的正常发展，如果任其发展下去，尽管失调的后果若干年后才会凸显，但它带来的社会问题却是相当严重。

（三）出生性别比失调的危害

1. 引起一系列的婚姻家庭问题和严重的“婚姻挤压”现象

出生性别比失调，不利于婚姻家庭关系的建立和稳固。除了造成最直接、最明显的婚姻问题外，还将造成离婚率上升，第三者插足现象增加，单亲家庭增加等婚姻家庭问题。最严重的是会引起严重的“婚姻挤压”现象。由于婚姻市场的挤压，会造成婚姻的“劫富济贫”，对相对贫困落后的地区的影响最为严重，会导致贫困地区的“光棍村”越来越多，不利于社会的稳定。家庭是社会的细胞，家庭的稳定是社会稳定的基础，家庭不稳定社会就不可能稳定。单身族的壮大必将会带来性犯罪、拐卖妇女等案件的增加。少数民族曾流行“抢婚”的婚俗，这种通过娶亲过程的艰难显示女方的矜持和珍贵的婚俗在女性结婚人口稀缺的情况下可能变得泛滥，出现妇女（甚至包括已婚妇女或未成年少女）的非自愿结婚。而重庆市的少数民族地区正属于“婚姻挤压”的重灾区。

2. 影响低生育水平的巩固

婚姻市场的不平衡会导致非婚生育、婚外生育和重新组合家庭的超生现象的增加，引起生育的无计划性，进而使来之不易的低生育水平受到威胁。

3. 不利于女孩的健康成长

周围环境重男轻女现象的普遍，会严重影响生活在其中的女孩的成长。失去应有的父爱、母爱和亲情，低人一等的生活阴影会使她们的性格变得内向、孤僻和抑郁。部分偏远的少数民族地区还存在溺婴现象，这严重损害了女孩的生存权。

（四）相关对策建议

1. 加大查处力度，开展治理行动

从根本上解决出生性别比偏高的问题，需要从各方面作出长期的努力，包括发展农村经济，转变生育观念，提高妇女地位，建立利益导向机制和社会保障制度等等，但当务之急是开展以查处非法鉴定胎儿性别、选择性人工终止妊娠和非法销售、使用终止妊娠药品案件为重点的治理行动，并对其中的典型案件公开曝光，真正起到查处一案、教育一片的震慑、警示作用。

在这点上，重庆五地已经出台了一系列相关政策，并作出了一些成绩，但由于“两非”行为具有很强的隐蔽性，要想取得更大的成效，还要采取一些更有效的措施。

2. 加强宣传教育，促进观念转变

治理出生人口性别比从一定意义上说，是一场移风易俗的思想革命，必须坚持宣传教育领先，加大宣传教育的力度。以“婚育新风进万家”活动为载体，积极开展多种多样、内容丰富多彩、群众喜闻乐见的人口文化创建活动、宣传活动，努力建设社会主义新型人口文化，在少数民族群众中间大力提倡科学、文明、进步的婚育新风。

3. 推进“关爱女孩行动”，建立利益导向机制，完善社会保障制度

消除性别歧视，转变生育观念，靠口头号召、行政干预是不够的，必须让处于弱势的女孩和女孩家庭得到实实在在的利益和应有的社会经济地位，切实解除他们的后顾之忧。“关爱女孩行动”就是以此为出发点的行动。在行动中，有关部门应充分发挥职能作用，制定相关的社会经济政策和保障制度。

（杨军昌　罗凌　杜鹃）

二、丹寨县治理出生人口性别比失衡的成效与启示[①]

中国已经成为世界出生人口性别失衡最为严重、持续时间最长的国家。自第三次人口普查时我国出生性别比开始偏高，2005 年达到 118.88，严重偏离 102～107 的正常值。目前，男性比女性多 3700 万，其中 0～15 岁男性比女性多 1800 万[②]。男女性别比长期失衡引发的拐卖妇女、跨境非法婚姻、跨境强行拐卖和强迫卖淫等社会问题凸现。不仅如此，性别比失衡还折射出多重社会问题，危害社会的稳定与和谐。例如：危害女孩的健康成长、婚姻家庭关系的建立和稳固，以及非常不利于低生育水平的巩固。因此，出生性别比治理刻不容缓。

贵州作为西部欠发达少数民族聚居省份，出生性别比失衡出现比全国晚 16 年，但增长迅速，自 1998 年首次出现失衡，达到 107.9 以后，一直呈上升趋势，2005 年达到 114.5。并且，地区间发展不平衡，差异明显。第五次人口普查，最低的毕节地区为 101.9，最高的黔东南苗族侗族自治州为 126.1，相差 24.2，该州某些县少数村级社区多年来高达 500 以上。

2003 年底贵州省人口与计划生育委员会确定黔东南苗族侗族自治州的丹寨县为综合治理出生性别比失衡工作试点县。经过一年多的各方努力，治理工作获得一定成绩和经验。以下就丹寨县综合治理出生性别比失衡的措施、经验和成效作些粗略论述。

（一）丹寨县治理出生性别比失衡的措施

地处贵州省东南部的丹寨县，总人口 15.4 万人，聚居着苗、水、布依等 18 个少数民族。2003 年，全县 GDP 为 29356 万元，人均 GDP 为 1906.23 元，农民人均纯收入 1390 元。[③]

---

① 见《人口·社会·法制研究》(2007 年卷)，北京，中央文献出版社，2008。

② 资料来源：贵州都市报，《我国男女人数相差 3700 万，社会问题凸现》，2007.7.7 A10 版。

③ 资料来源：http：//www.dz.qdn.gov.cn。

1997年出生性别比为134.72，此后一直在130左右徘徊，多数年份高于134，属于高度失衡县份。2003年丹寨县作为治理出生人口性别比失衡工作试点县，县委、县政府紧紧抓住契机，将治理失衡与“关爱女孩行动”相结合，取得初步成效，出生人口性别比已由2002年的126.60下降到2005年的114.24。降低出生人口性别比措施如下：

1. 提高认识，领导重视，积极组织

县、乡成立“综合治理出生人口性别比失衡”工作领导小组。出台了《关于进一步加强综合治理出生人口性别比失衡的实施意见》和《丹寨县综合治理出生人口性别比失衡工作实施方案》，将综合治理出生性别比失衡问题纳入到全县经济、社会发展的总体规划中。相关部门和乡镇党委、政府层层签订责任状，重点监督出生性别比偏高问题，每季度听取相关部门及乡镇汇报治理工作情况。

2. 加强宣传，传播新型生育文化，营建良好氛围

综合治理出生性别比失衡问题要坚持把宣传教育作为首要任务。丹寨县通过三个方面加强宣传：（1）充分利用传播媒体，扩大宣传范围。县电视台开办了“关爱女孩行动”专题，向群众广泛宣传“婚育新风”、“关爱女孩”；（2）充分利用有利时机，开展丰富多样宣传活动。县委、县政府利用“南皋苗年节”、“排调镇锦鸡文化节”、“岔河漂流旅游文化节”、“关爱女孩行动捐赠仪式”、“奖励扶助”、“少生快富”工程首发式等大型活动的契机，大力宣传；（3）充分发动社会力量，扩大参与宣传人群。建立县、乡（镇）、村三级“关爱女孩行动”宣传服务队，让“老党员、老干部、老教师、老专干、老妇联”参与，并依托各级人口学校和计生协会，组合社会各方力量，形成全方位立体宣传服务网络。

3. 政策驱动，给惠于民

政府着力实施“六项工程”，即：成才工程、亲情工程、致富工程、安居工程、保障工程、母婴保健工程。（1）成才工程。使符合条件的农村“两户”① 女孩免费入学、加分录取，并且捐资助学等；

---

① “两户”即独女户、二女绝育户。

(2) 亲情工程。开展“献一份爱心，救助一个贫困女孩”社会募捐筹款达10多万元，民政部门设立了“关爱女孩行动生活保障基金”。县妇联、团县委通过“希望工程”、“春雷计划”等对800名女童进行帮扶，资金达100多万元；积极开展“1+1”“1+2”活动使县直机关180名干部与200户贫困女孩家庭结成帮扶对子；(3) 致富工程。在扶贫项目、农业综合开发、农业产业结构调整、实用技术培训等方面优先向农村“两户”倾斜。据统计，到2006年5月份止共投入帮扶资金150余万元，帮扶“两户”3800户16800人，实用技术培训95期12000人次；(4) 安居工程。对农村“两户”优先安置，共有38户搬迁到集镇移民开发区；(5) 保障工程。一方面使“两户”老有所养，根据《丹寨县农村独生子女户和二女结扎户养老保险基金管理和使用办法》规定，对“两户”年满60周岁后，可以领取50元/人·月，已兑现53人，金额3.2万元；60周岁以前死亡的，发放安葬费1000元/人，60周岁以后的，发放2000元/人，已兑现30人，金额3.8万元。另一方面对农村已执行计划生育政策的家庭落实计划生育家庭奖励扶助政策，已奖励92人；(6) 母婴保健工程。先后投入120余万元资金购置彩色B超、婴儿培养箱等设备，将县计生局、妇幼保健院、乡镇计生站和妇幼保健站整合，由县计生部门统一管理。

4. 部门协作，综合管理。丹寨县着力做好两个方面：一是突出“堵”，在源头上杜绝生育性别选择。首先，建立计生、卫生、药监等部门信息通报制度、B超机使用登记制度等。其次，“B超”关、“追查”关、“跟踪”关及“监测”关；二是突出“治”，加大对“两非”① 打击力度。对全县医药市场进行整治，清理整顿了41家医院、诊所等。采取内部自查、集中拉网排查、及时跟踪检查和有奖举报重查的方法对非法鉴定胎儿性别、非法引产、溺婴弃婴和违法销售终止妊娠类药物等不法行为的监察，设立举报电话，形成高压态势。

① “两非”是非医学需要的胎儿性别鉴定和非法人工终止妊娠的简称。

（二）丹寨县治理出生人口性别比失衡的成效

据资料显示，2002 年后出生人口性别比呈逐年下降趋势，由 2002 年 126.60① 下降到 2005 年 114.24，取得了阶段性成效。下面通过 2002—2005 年计划内、计划外、一孩、二孩和多孩出生人口性别比数据具体分析。

1. 计划内、计划外出生人口性别比总体呈现下降趋势。

从图 9-1 中可看到，2002 年计划内出生人口性别比为 126.60，2005 年下降到 114.24，计划外出生人口性别比也从 2002 年的 250 下降到 2005 年的 149.02，除 2003 年与计划内接近，其他年份较高。计划内、计划外分别下降 9.79、100.98，计划外降幅大于计划内。

图 9-1　丹寨县 2002—2005 年出生人口性别比情况

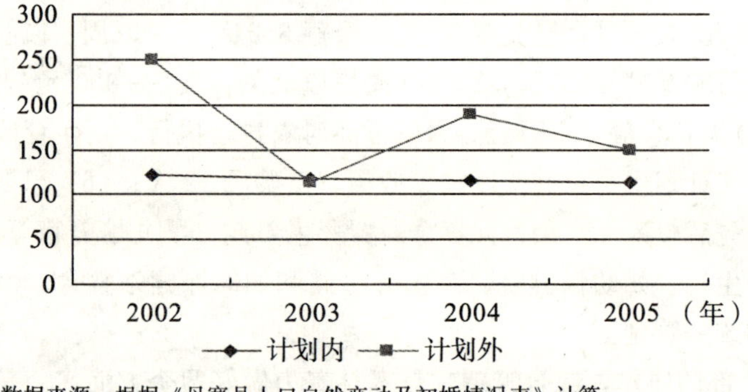

数据来源：根据《丹寨县人口自然变动及初婚情况表》计算

2. 一孩出生人口性别比虽有所起伏，但全部低于正常值。

从表 9-1 中可看到，一孩出生人口性别比最高的年份为 2002 年，当年出生人口性别比为 102.42，在国际公认正常值范围之内。最低的 2004 年仅 88.63，低于国际公认正常值 102 的下限 13.37。可见，在没有人工干预新生婴儿性别的情况下，出生性别比是不失衡的。

① 以下所用数据如未作特别说明均来自《丹寨县人口自然变动及初婚情况表》或根据此表计算得来。

表 9-1 2002—2005 年丹寨县一孩出生人口性别比情况

年 份	一孩出生性别比
2002	102.42
2003	90.60
2004	88.63
2005	92.82

数据来源：根据《丹寨县人口自然变动及初婚情况表》计算

3. 二孩出生人口性别比失衡，下降趋势明显。

从图 9-2 中可看到，二孩出生人口性别比都高于 130，但总体呈现下降趋势。尤其 2002 年丹寨县大力治理出生人口性别比失衡以后，已由 2002 年的 159.66 下降到 2005 年的 135.83，下降了 20.83。

图 9-2 丹寨县 2000—2005 年二孩出生人口性别比情况

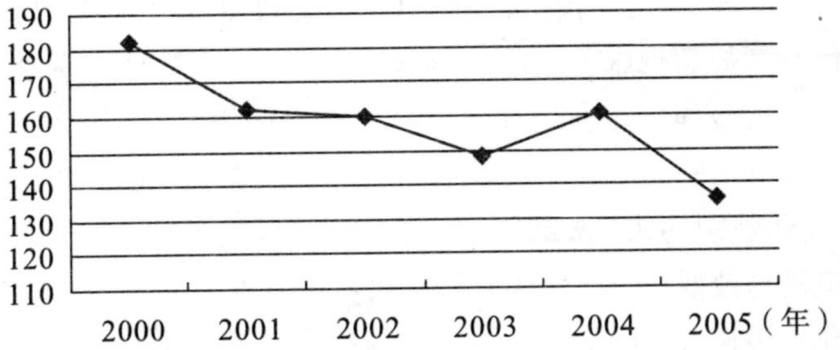

数据来源：根据《丹寨县人口自然变动及初婚情况表》计算

4. 多孩出生人口性别严重失衡，体现治理难度大。多孩通常是指三孩乃至四孩以上，多数是计划外生育，偷生、躲生现象严重。要巩固现有成果，加强对多孩出生性别比治理是关键。

从表 9-2 中看到，多孩出生性别比严重失衡，程度在各年份不规则。2002 年最严重，是国际公认正常值[①]的 7.9 倍；2003 年最低，为 1.15 倍，相差近 7 倍。在大力治理的情况下仍有所上升，可见难度非常大。

① 这里用于计算的国际公认正常值是 107。

表 9-2 丹寨县 2000—2005 年多孩出生性别比情况

年　份	多孩出生性别比
2000	271.43
2001	420.00
2002	850.00
2003	122.73
2004	223.81
2005	310.00

数据来源：根据《丹寨县人口自然变动及初婚情况表》计算

鉴于丹寨县治理失衡成效较显著，2007 年 8 月在当地人口计划生育局配合下，采取随机抽样的方法作了关于治理出生人口性别比失调的相关政策认知情况问卷调查，对象主要选取农村人口。据调查结果显示：(1) 孕情管理：87.4%被调查对象选择必须定时到计生部门进行孕检，70.5%被调查对象选择孕妇能享受到计生和卫生部门免费孕产期保健和产后访视服务。(2) 群众生育意愿转化：①认为在目前生产条件下，男孩和女孩在增加家庭劳动力方面没有差别的占 37.2%，没有明显差别的占 38.3%；②认为男孩和女孩在为家庭经济作贡献方面没有明显差别的占 73.2%，女孩比男孩贡献大一点的占 17.5%。(3) 养老观念改变：52.6%认为男孩和女孩没有差别。(4) 传宗接代观念变化：被调查者中 70.8%认为女孩能像男孩一样传宗接代。

（三）丹寨县治理出生人口性别比的启示

第一，少数民族地区必须治理出生人口性别比失衡。

我国执行了多年的计划生育政策，人们总是希望在 1～2 个孩子内得到男孩，随时间的积累男性人口规模逐年加大，性别比出现失衡。失衡已引发众多社会问题，出生人口性别比失衡将导致问题更加严峻。虽然，少数民族地区计划生育政策比汉族地区宽松，但居住地交通不便，生存环境差，经济基础薄弱，多数较贫困，生产中传统农业占很大比重，对劳动力的需求和年老后的保障加强了少数民族对男性的渴求，致使性别比失衡。在婚姻推拉作用下，大量适婚女性外嫁，出现婚姻的“劫贫济富”，而出生人口性别比失衡将使这一现象更加严重。“婚姻挤压”更会导致大量适婚男性无法成婚，据统计资料，黔东南州 1980—2005 年男性比女性多出生 18 万，其中“应该多出生”[①] 7 万，占 38%，“偏高多出生”[②] 11 万，占 62%。预测数据表明，2020 年，黔东南州进入适婚年龄[③]男性规模远远大于女性，男性为 80 万，女性为 54 万，相差 26 万，届时，因出生性别比失衡引发的“婚姻挤压”将更加厉害。因此，少数民族地区治理出生人口性别比失衡势在必行。

第二，各方共同努力，少数民族地区出生性别比失衡一定能治理好。

治理出生人口性别比失衡是一个全新的课题，完全没有可以承前的经验，治理失衡有相当大难度。丹寨县的成效证明，通过政府高度认识，充分支持，各部门同心协力，制定正确、有效的措施。一方面，加强对孕情的管理，严格执行计划生育政策控制超生、躲生。另一方面，加大对“两非”的打击，规范医疗卫生部门的行为。失衡是可以治理的，并且一定能治理好。

第三，政府部门必须高度重视出生人口性别失衡问题。

出生性别比失衡需要长期治理，政府在其中扮演的角色不容小觑，没有正确、有效地政策指引，治理就无从谈起。丹寨县县委、县政府正是认识到影响和危害，由县委和县政府统一部署、协调安排，县人口计生局牵头，各部门通力配合治理出生人口性别比失衡。为治理失衡，出台了《关于进一步加强综合治理出生人口性别比失衡的实施意见》、《丹寨县综合治理出生人口性别比失衡工作实施方案》及《关于丹寨县“关爱女孩行动”试点工作的实施方案》等一系列文件。将综合治理出生人口性别比失衡问题纳入全县总体规划。数据证明，政府部门的充分认识、高度重视，提供有力政策和法律

---

① 按照出生性别的正常值推算，平均每出生 100 个人中，男性比女性“应该多出生”0.74～1.69 个人。

② 如果出生性别比偏高，超出正常范围（出生性别比＞107）的出生男性人口就是出生性别比“偏高多出生”的人口。

③ 适婚年龄这里指男性 20～40 岁，女性 20～35 岁。

保证，可使出生人口性别比失衡得到有效治理。

第四，治理出生人口性别比失衡要多举措、全方位。

做到标本兼治：（1）不断加强宣传舆论。对传统婚育观念、养老观念的挑战，舆论宣传是必须的；（2）发挥经济的积极作用，充分体现利益优势。对男性崇拜的挑战，改变男性在家庭经济的支配地位，帮扶“二女户”，使女孩成为家庭经济的支柱、老人的赡养者；（3）积极探索，努力创新。对零经验的挑战。丹寨县将人口计生部门与妇幼保健医疗机构整合在一起，实现资源优势互补，在全省乃至全国都是首创，提供了可借鉴的新思路。治理失衡必须多角度、全方位的行动，紧紧围绕“降低出生人口性别比”开展各项工作。

第五，要致力发展经济，在民族地区适时建立相适应的现代养老制度，转变养老观念。

现阶段我国民族问题，主要表现为少数民族和民族地区群众日益增长的物质文化需求和落后的社会生产力之间的矛盾。因此，以经济建设为中心，大力发展生产力，加快少数民族和民族地区的经济发展和社会进步，提高少数民族群众的生活水平，促进各民族的共同繁荣。并在此基础上适时建立现代养老制度，将经济发展的成果给惠于民。丹寨县地理位置相对优越，近年来民族旅游业和民族工艺品制造有所发展，经济有所发展。该县适时对农村“二女户”给予办理养老保险的做法，对降低出生人口性别比给予有益的支持。农村“养儿防老”思想是失衡的原因之一，老年人养老完全依赖成年儿子，认为儿子数量越多，养老越有保障，治理失衡就要转变传统家庭养老方式。诚然，丹寨县为农村“二女户”办理养老保险保障力度不大，范围也有一定局限性，但它在控制该县出生性别比增高中所起到的作用是不应低估的。

第六，提高民族地区妇女地位，弱化父权制家庭。

民族地区经济、文化滞后，男性在家庭中倍受重视。表现为：（1）男性是家庭的主要劳动力，经济来源；（2）男孩通常情况下不会面临失学的危险。这导致女性成为经济和文化的弱势，因此，男性成为绝对的主导，父亲对家庭中的妇女和子女有绝对权威。父权制是导致“男性”崇拜原因之一，不断强化的结果可能加剧性别比失衡。通过对丹寨县调查，发现有妇女在家庭中完全丧失话语权，认为家庭中只有丈夫说话才能算数，自己只是附属。农村妇女地位的提高需要鼓励妇女走出村寨看外面世界，加强对自身认识。在内外因共同作用下，妇女地位才能得到真正提高，实现“男女平等”，弱化父权制家庭。

此外，治理出生人口性别比还需注意以下问题：(1) 对已取得的成效需要不断巩固，夯实现有成果，不能盲目乐观；(2) 对治理过程不能操之过急，应循序渐进，边治理边安抚；(3) 治理中不能单靠某一县或某一省，需要各省、各区域间加强经验交流，通力合作，积极行动；(4) 对当前流动人口不断增多，管理日渐困难的趋势，应加强流出地与流入地之间有效的信息互通，不让流动人口信息缺位或延迟为偷生和躲生创造条件。

（杨旭、杨军昌）

三、榕江县出生人口性别比失调的现状、原因、后果及对策①

出生性别比是指一定区域某一时期内（通常为1年）出生的男婴总数与女婴总数的比值，即一百名出生女婴所对应的男婴数，国际公认的正常值为102～107。出生性别比指标具有大数定律，在特定置信度上，观测样本需要“足够量”。但是，基于如下原因，进行县域出生性别比失调问题研究是必要的。首先，如果某地出生性别比长期、高度偏离正常值，认为其出生性别比失调是没有问题的；其次，从资政和治理的角度出发，也要求以县域为研究单位，才能制定适于本地情况的治理方案；再次，“五普”时，贵州省出生性别比为107.03，是全国失调程度较轻的少数省份，这掩盖了局部地区出生性别比失调的实际。榕江县所属的黔东南州“五普”出生性别比已高达125.23，榕江县已高达126.31，而且近年来，当地政府采

① 见《人口·社会·法制研究》(2006年卷)，北京，中国民主法制出版社，2007。

取的一些治理对策没有有效遏制出生性别比攀升的势头。对该县出生性别比的研究，无疑利于提高认识，引起地方政府的高度重视。

（一）榕江县出生性别比失调的现状及特征

1. 发生早、增长快、失调严重。榕江县出生性别比失调始于上世纪 80 年代，“三普”时，全县出生性别比达到 107.79，比贵州省早近 20 年。随后该县出生性别比持续攀升，“四普”达到 112.74，“五普”增至 126.31。如图 9-3 所示，“五普”前，榕江县出生性别比呈单线直上之势。本世纪头两年，出生性别比保持增长，2002 年达到 130。2003 年后，出生性别比有所回落，2004 年降至 121.88，但 2005 年再次回升，达到 127.65。届时，全县出生性别比高出正常值 20 多，失调形势非常严峻。

图 9-3　榕江县出生性别比发展历程

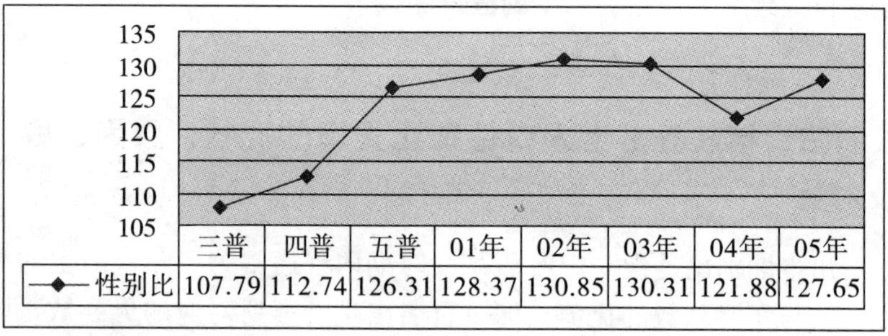

2. 各乡镇整体失调。从各乡镇情况看，“五普”时，有 10 个乡镇，占全县乡镇数整一半者出生性别比在 130 以上，最高的水尾水族乡高达 203.23，高出正常值 96.23。出生性别比在120～129 之间的有 4 个，占全县乡镇总数的 20%。此外，出生性别比在 107～119 间的有 3 个，占全县乡镇总数的 15%。全县只有古州、载麻、计划、塔石 4 个乡镇出生性别比处于正常值。

3. 出生性别比随孩次上升而升高，二孩是导致失调的主体。从 2000—2005 年当地计生年报统计数据看，全县出生性别比都呈随孩次升高而上升的特征。其中，一孩性别比除 2001 年之外，其余年份均为正常，可见一孩性别比基本上是没有人工干预的自然状态。但

表 9-3　榕江县各乡镇“五普”出生性别比

地区	性别比	地区	性别比	地区	性别比
忠诚镇	145.08	水尾水族乡	203.23	崇义乡	111.11
寨蒿镇	142.68	平阳乡	155.38	平江乡	124.73
平永镇	124.06	古州镇	104.1	两汪乡	153.19
三江水族乡	111.82	载麻乡	105.83	兴华水族乡	133.75
仁里水族乡	173.85	计划乡	106.78	车江乡	116.78
八开乡	141.03	塔石瑶族水族乡	105.48	乐里镇	140.72
定威水族乡	131.58	朗洞镇	123.9	平均	126.31

资料来源：榕江县“五普”资料

是，二孩及多孩性别比迅速偏高，严重失调，可见，人们主要在二孩及多孩上实施人为干预。基于下列原因，我们认为二孩是导致总出生性别比失调的罪魁祸首。以 2002 年为例，全县二孩率为 51.01%，一孩率为 47.61%，但其性别比正常。可见，二孩性别比是失调的主体部分，并且二孩各年变动趋势与总出生性别比变动趋势完全吻合。因此，应当建立严格的二孩孕情跟踪服务制度。

图 9-4　榕江县各年分孩次性别比

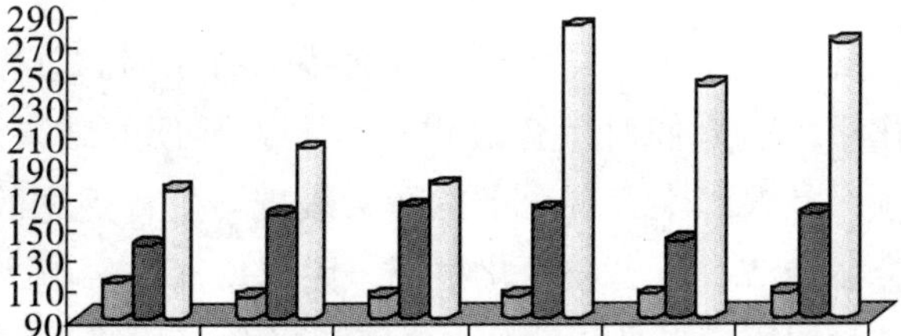

	2000	2001	2002	2003	2004	2005
一孩	112.57	103.92	103.90	103.98	104.69	105.75
二孩	137.07	156.81	162.30	159.95	138.91	156.99
多孩	173.33	200.00	176.00	279.41	240.91	268.75

4. 计划内、计划外出生性别比全面失调。下表显示，榕江县计划内、计划外出生性别比全面失调，计划外出生性别比明显高于计划内。值得关注的是，计划内出生性别比与总出生性别比的差距2000—2005年仅分别为2.15、1.27、2.06、3.73、2.65、2.71，如表9-4所示），虽然计划外出生性别比在150甚至200以上，但计划外生育比重已经很小（如2002年计划生育率为95.99%），计划外高度失调的出生性别比对总出生性别比的贡献率不过2～3。可见，计划内出生性别比的高度失调是导致出生性别比失调的主体部分。相关研究表明，取得一定治理成效的地区，计划内出生性别比一般下降较快，总出生性别比偏高主要由计划外的高度失调带来。由此可见，榕江县的相关治理措施并未根本奏效。

表9-4　榕江县计划内计划外出生性别比

	2000年	2001年	2002年	2003年	2004年	2005年
计划内	122.78	127.1	128.79	126.58	119.23	124.94
计划外	155.28	154.29	194.2	213.33	163.78	183.95
合　计	124.93	128.37	130.85	130.31	121.88	127.65
（合计）—（计划内）	2.15	1.27	2.06	3.73	2.65	2.71

资料来源：榕江县计生年报

（二）榕江县出生性别比失调的原因分析：

榕江县出生性别比失调有复杂而特殊的原因。总体而言，是深层原因作用下，人们对生育过程进行人工干预的结果。我们认为，人工干预只是人们生育观念下的行为表现，生育观念的形成具有深层的社会、经济、历史和文化根源。因此，探究影响人们生育观念和行为的深层因素，是制定治本之策的要求。

1. 非法胎儿性别鉴定和非法人工流产。据了解，20世纪80年代，胎儿性别鉴定技术和仪器便陆续进入县内，90年代已经遍布各私人诊所。人们花费不多就可以进行一次胎儿性别鉴定。根据胎鉴结果，是男孩的就继续妊娠，是女孩的就进行人工流产。近年来，国家颁布禁止非医学需要的胎儿性别鉴定和非法人工终止妊娠（简称“两非”）的规定后，胎鉴和流产转入地下操作。但据了解，在县内私人诊所终止妊娠的各种药物仍旧泛滥，像“米亚司酮片”这类药物随意便可买到。

2. 溺弃女婴。农村地区由于缺乏胎儿性别鉴定和终止妊娠的工具，只能牺牲妇女的健康，将胎儿生下来识别出性别后，是女孩的就采取灌酒、闷捂或遗弃的方式处理掉。孕妇妊娠期间，通常深居简出，外人来访也尽量回避，加上农村主要采取“土法接生”，对溺婴行为“接生婆”也能守口如瓶。这使得溺弃女婴的行为具有很高的隐蔽性。据统计，该州榕江县“五普”农村0岁婴儿死亡性别比为98.4。一般情况下，女婴具有比男婴更强的生命力，但该数据说明了女婴死亡率高于男婴，则表明女婴的非正常死亡较多，这无疑与溺弃女婴有较大关系。

3. 人口流动过程中的选择性生育。榕江县每年都向外地输送大批劳务人员，其中已婚夫妇就占很大比例，而其中不乏已生有一胎的中年夫妇。他们为了生育男孩而跨境躲生，利用大城市便利的性别鉴定技术和易得的流产工具进行选择性生育。而由于缺乏区域计生合作，流动人口向来是全县计生工作的“老大难”，尤其是对流动人口孕产服务和管理。

4. 相关规定的不利导向。榕江县对“二胎生育权”的规定不仅有助于人为提高出生婴儿的男性比例，而且对“生男”心理具有潜在的引导作用。据《榕江县志》计划生育相关变通规定“农村只有一个女孩的”、“两代或两代以上单传的”、“多兄弟只有一个有生育能力的”，都“可以生育第二胎”。这是普遍而强烈的“重男轻女”观念下作出的“人性化”规定，但这一方面使性别选择“合法化”，人为提高了男孩总体的出生概率；另一方面成为一种变相的鼓励。

5. 落后的农业生产状况对男性劳动力的客观需要。榕江县是一个国家重点扶持的贫困县，农业人口占总人口的绝对多数，农业人口生产方式还比较落后，“人拉犁”或“锄头挖田”，甚至“砍山烧田”的“刀耕火种”方式至今仍在边远山区存在。清乾隆年间，政府在榕江全境安屯设堡才开始引入的畜力耕作，至今一直是全县主要的耕作方式。由于多数农田坡度大，耕地多分成零星小块，机耕除在坝区外，在山区根本无法实现。畜力耕作为主的生产方式使得女性难以胜任。在榕江这样一个体力型耕作为主的农业大县，家庭男性劳动力的多寡直接决定了投入产出的比例，决定了家庭的富裕程度。因此，生育男孩成为人们生存发展的客观需求。

6. 家庭养老需求。在特定的经济发展时期，“养儿防老”仍是农村主要的养老方式。通常，儿子长大成亲即另建家庭，父母随小儿居住或几个儿子轮流养老，家庭财产一般等分后由儿子继承，承担养老责任者继承父母那份田，女儿只有陪嫁时的嫁妆（车江三宝一带也有姑娘田、棉花地），不继承家产，不承担养老义务。这种养老方式使得无后或无子老人普遍具有养老的“后顾之忧”。无子或无后者过去有招“上门女婿”的习俗，但因没有法律保障，民族干涉和社会歧视使该风俗越来越少。解放后，农村将孤寡老人纳入“五保户”由集体养老，解决了吃穿住用的问题，但缺乏日常生活照料和亲情关怀。而没有上述保障的老人不仅缺乏必备的物质生活保障，生病不能就诊，无人照料，生活孤寂暗淡，而且没有社会地位，受人歧视。这种状况强化了人们的男性偏好。

7. 民族文化及历史影响。榕江县各民族文化具有的强烈“重男”特征，并通过各种信仰、伦理、禁忌等加以维系。例如，当地民谚有“生女一个空口袋、生男一个重铁锤”之说；侗族二月二“敬桥节”反映了人们以广积“阴德”祈求多子多福的心理；农村“三朝酒”生儿大办、生女简办，体现出明显的性别歧视。此外，特殊的历史遭遇也是形成“重男”倾向的客观原因。据各种史料记载，榕江各民族大都由外地迁徙而来，开辟莽疆的艰辛使他们一开始就建立了壮大族群、多添男丁的倾向。同时，在封建政府的残酷统治下，各民族倍受压迫，频频揭竿而起，规模宏大，旷日持久。长期兵燹匪患造成了男性锐减，据《古州厅志》记载，仅包利、红银起义（1735 年）被焚烧的村寨就达 1224 个，义军死亡人数达 1.76 万，被俘的 2.5 万人中 1.1 万人惨遭杀害，届时全境“苗汉皆毙”、“十室九空”，出现罕见的“人荒”。多生、多男子便成为事关民族存亡之事。新中国的成立，改变了各民族受压迫地位，但男性偏好成为一种文化，持续影响着人们的行为和观念。

（三）出生性别比失调导致的各种社会后果

1. 造成婚龄男女绝对量失调，导致“婚姻挤压”。据统计，“三普”时，全县20年前男女人口分别为63984、60566人，男多于女3418人，平均每个年龄组多171人；“四普”时每个年龄多325人；“五普”为553人。统计显示，“三普”、“四普”总和生育率分别为5.09、2.67，人口变动类型属增长型。出生人口“男多于女”的问题可通过婚龄差（通常为2岁）来缓解。但90年代中期以来该县生育率持续下降，“五普”总和生育率降至2.02，人口变动类型转为缩减型。这意味着2年后出生的女婴将比当年的女婴更少，当年出生的男性与两年后出生的女性数量间的差异比当年出生的男性与女性数量差异更大，婚龄差转为加速“婚姻挤压”的要素。这又意味着“五普”时，适婚年龄结婚的男女差值每年都在553人以上，相当于每年出现一个“光棍村”。加上大量外出务工人员中，女性外嫁数多于男性娶进数，这进一步缩小男性寻配空间。据了解，县境内名副其实的“光棍村”已相继出现，如乐里乡三联村上寨（共528人），2005年大龄未婚男性达49名；寨蒿镇老鸦子寨（人口约300人），2005年大龄未婚男性达到34人。他们多为家庭经济困难、文化素质低下的农村弱势群体。

2. 影响人口结构优化，危及人口安全。人口安全是国家综合国力的重要指标，出生性别比偏高是人口结构上的突出问题，它不仅影响系统内（人口数量、质量、结构等要素）安全，而且对人口与社会、经济、政治和资源环境等系统外安全构成危害。首先，由出生人口男女数量差异导致婚龄性别比差异，进而造成总人口性别比失调，如全县总人口性别比由“四普”的109.39上升到“五普”的112.06；其次，婚姻家庭是人口自身生产的载体，大量适龄未婚人口的存在将对人口生产的可持续性构成威胁；再次，大龄未婚就是没有建立新家庭，这意味着家庭养老功能的不断衰弱，在社会养老保障制度未充分建立起来之前，出生性别比失调将对全县老年人口“老有所养”的问题提出新的挑战。

3. 损害女性权益。出生性别比失调不仅是一个人口问题，更是一个深刻的社会问题。它是人工干预生育过程的结果。“双非”和溺弃女婴是非法剥夺女孩生命权的野蛮行为，是人类生育文明进程的一种倒退。对女婴瞒报将造成大量女孩“黑户”，对女孩入学、就业、婚嫁和集体收益分配构成困难，这又是女性发展权的一种粗暴剥夺。“婚姻市场”永远不遵循一般市场“商品供不应求，物价上涨”的规律，即女性不会因数量的短缺而身价上涨。此外，在男尊女卑的不良风气下，女性婚配人口的短缺还将促使县内“抢婚”和彩礼陋俗再度盛行，不仅增加家庭负担，而且影响女性婚姻平等与自由，降低女性家庭地位，进一步损害女性利益。

4. 危及社会治安，影响新农村建设。近年来，榕江县各类暴力犯罪、性犯罪及拐卖人口等案件呈上升趋势。据《榕江县年鉴》，2000 年县公安部门破获拐卖妇女儿童案件就达 14 起。2001 年 7 月 18 日，古州镇高兴村发生年轻女性被 4 名歹徒抢劫轮奸的恶性案件。城乡地区大批大龄未婚闲置人员的存在，对社会治安将造成不利影响。2001 年被取缔的带有黑社会性质的犯罪组织“安帮”，其 80 多名成员以部分学生和社会无业青年为主。该群体基本特征是文化素质低，家庭困难，属于“婚姻市场”上的弱势群体，缺乏上进心和事业心，难以承担发展经济，建设新农村的重任，还一定程度上成为家庭和社会的负担。同时，婚姻和事业的失利往往容易导致仇富和反社会心理，这种情绪大量积聚，将危及社会的稳定。

（四）榕江县治理出生性别比失调问题的对策建议

对出生性别比失调的治理，黔东南州委、州政府在“关爱女孩行动”试点的基础上，曾先后制定出台《关于加强综合治理遏制出生人口性别比失调的意见》、《关于综合治理出生人口性别比失调的意见》，并从 2004 年起，先后采取了下列措施并取得了积极的治理效果。在此背景下，榕江县采取了相应的治理对策。首先，开展了系列宣传活动，采取发放宣传资料，印刷宣传标语等方式进行宣传教育；其次，进行了一定范围的专项治理活动，组建联合执法队伍对全县各乡镇卫生医疗机构进行了检查；再次，进行利益导向，如2002年已为84户农村独生子女户、双女户办理养老保险，一定程度上缓解了人们的“后顾之忧”，产生了较好的社会效果；再次，建立了孕情跟踪检查制度，加强对农村育龄妇女孕情检查。通过治理，2004年出生性别比由上年的130降至122，攀升的势头得到一定遏制，治理措施客观上取得了一定成效。但是，全县出生性别比继续攀升势头未彻底扭转，高度失调状况未得到根本改善，出生性别比下降的趋势没有得到保持，2005年重新反弹至127。这与出生性别比失调的“刚性”，治理工作面临资金少，基层组织建设滞后，群众法制观念淡薄等实际有关。但无可回避的事实是，问题还未能引起相关部门和社会的足够重视。因此，本文呼吁当地政府引起应有重视，迅速出台治理措施。

1. 提高重视，全面调研并制定治理方案。出生性别比持续失调不仅影响全县人口与经济、社会、资源、环境的协调和可持续发展，而且关系到全面建设小康社会的实现，应当引起地方政府及相关部门的高度重视，将出生性别比的治理工作提到重要议事日程。通过深入调研，了解出生性别比失调的状况，综合分析各种促成原因，确定工作重点。根据调研结论，认真制定切实可行的治理方案，明确遏制出生性别比攀升，实现出生性别比逐渐平衡的工作目标。通过出台相关规定，组织各相关部门各负其责、各司其职、齐抓共管、综合治理；建立目标管理责任制度，采取“一把手”亲自抓、总负责，实行“一票否决”制。

2. 进行专项治理活动，建立二胎孕情跟踪服务制度。对全县B超设备及操作人员严格管理，进行普查登记，实行制度化管理，加强终止妊娠药品管理，禁止药品零售企业销售终止妊娠药品，严惩违规操作和非法销售终止妊娠药物的行为。建立二孩孕情跟踪管理服务制度，建立孕情档案，对领取二胎生育证的家庭进行重点监测，村（居）设专人负责孕情申报，定期上门服务。此外，建立有奖举报制度，设立举报电话，确定和兑现奖励金额，重奖举报者，严惩非法胎鉴及人工终止妊娠、溺弃婴、拐卖妇女儿童等违法行为。加强流动人口计生管理和跟踪服务，积极创建一套有效的外出务工人员计生管理机制，重点检查已婚育龄妇女的孕产信息，加强与流出地人口计生部门的联系与合作，打击跨区域“两非”以及溺婴弃婴等违法犯罪活动。

3. 开展势大持久的宣传教育活动，逐渐改变人们生育观念。推动“关爱女孩行动”、“婚育新风进万家”活动，大力宣传倡导科学、文明、进步的婚育观念，营造有利于女孩生存发展的社会环境，促进妇女发展和男女平等。加强普法工作，进行出生性别比及国家相关法制宣传，依法维护妇女和女孩的合法权益，提高群众法制意识，为出生性别比治理工作创造良好法制环境。对传统民族文化应采取批判继承的态度，废除不合理的婚育习俗，大力倡导和推广民族文化中科学合理的成分，如保护女性“姑娘田”、“棉花地”使用权，倡导招上门女婿风俗，弘扬车江侗族“萨玛（祖母）”文化等。

4. 建立利益导向机制。把治理工作与计划生育和扶贫开发工作结合起来，充分发挥计划生育的示范效应，调动群众积极性，带动群众转变婚育观念。致力于推进计生“三结合”工作，实行计生奖励扶助措施，兑现农村独生子女户、二女户高考加分政策，兑现计划生育一次性奖励，对城镇领取计划生育证退休人员加发5%退休金，免交生殖健康相关费用等。同时，采取女孩户优先优惠政策，引导其脱贫致富，创建“文明幸福家庭”，在就业、劳动报酬、社会福利等优惠政策上向计生户倾斜。探索农村社会养老制度，创办计生“三结合”养老实体、敬老院等，提高计生养老保险的覆盖面和保费金额，进一步解除农村养老的“后顾之忧”。

5. 努力提高女孩家庭的社会地位。提高女孩家庭社会地位应改变其贫困现状，营造有利于女孩及其家庭生活的社会环境。首先，实现在扶贫资源上女孩家庭的优先享用，帮助其早日脱贫致富，提高其经济生活水平，妥善解决其养老“后顾之忧”。其次，应鼓励并创造条件让女孩家庭参与群众事务，在日常生活、集体会议、民族节日等活动上突出其先进地位，增强荣誉感，营造有利于女孩及其家庭生活的社会环境。

参考文献

[1] 榕江县2000—2005年计生年报。

[2] 榕江县年鉴编撰委员会：《榕江县年鉴》（2001—2003年），贵州人民出版社。

[3] 榕江县志编撰委员会：《榕江县志》，贵州人民出版社，1998。

[4] 郭崇义：《曲折与辉煌》，黔东南州计生委，2005。

[6] 贵州省人口普查办公室：《黔东南苗族侗族自治州2000年人口普查资料汇编》，中国统计出版社，2002。

（彭德乔　陆桂林）

参考文献

1. 胡锦涛：《2004年3月12日在中央人口资源环境工作座谈会上的讲话》，新华社北京4月4日电。
2. 《中共中央国务院关于全面加强人口和计划生育工作统筹解决人口问题的决定》，（中发［2006］22号），2006.12.17，新华社北京1月22日电。
3. 国家人口计生委办公厅、卫生部办公厅、国家食品药品监管局办公室：《关于禁止非医学需要的胎儿性别鉴定和选择性别的人工终止妊娠的规定》，2003.11.30。
4. 中共中央宣传部、国家计划生育委员会、教育部、公安部、民政部、劳动和社会保障部、农业部、卫生部、国家统计局、国家药品监督管理局、中华全国妇女联合会：《关于综合治理出生人口性别比升高问题的意见》，2002.12.4。
5. 国家人口和计划生育委员会宣教司：《关爱女孩行动试点工作座谈会资料汇编》2004.3.1。
6. 国务院人口普查办公室、国家统计局人口统计司：《2000年中国人口普查资料》，中国统计出版社，2002。
7. 国家统计局：《2005年1%人口抽样调查资料》，中国统计出版社，2007。
8. 云南省人口普查办公室：《云南省2000年人口普查资料》，云南科技出版社，2002。
9. 云南省人口普查办公室：《2005年云南省1%人口抽样调查资料》，中国统计出版社，2007。
10. 广西壮族自治区人口普查办公室：《广西壮族自治区第五次全国人口普查资料汇编》，中国统计出版社，2002。
11. 广西壮族自治区1%人口抽样调查办、广西壮族自治区统计局：《2005年广西壮族自治区1%人口抽样调查资料》，中国统计出版社，2007。
12. 贵州省第五次人口普查办：《贵州省2000年人口普查资料》，中国统计出版社，2002。
13. 贵州省1%人口抽样调查办：《2005年贵州省1%人口抽样调查资料》，中国统计出版社，2007。

14. 重庆市人口普查办：《重庆市 2000 年人口普查资料》，中国统计出版社，2002。
15. 重庆市 1%人口抽样调查办：《2005 年重庆市 1%人口抽样调查资料》，中国统计出版社，2007。
16. 李竞能：《人口理论新编》，中国人口出版社，2001。
17. 费孝通：《江村经济》，北京大学出版社，1998。
18. 田雪原、王国强：《全面建设小康社会中的人口与发展》，中国人口出版社，2004.19，费孝通：《生育制度》，北京大学出版社，1998。
20. 袁传银：《小农意识与中国现代化》，武汉出版社，2000。
21. 王胜今：《人口社会学》，吉林大学出版社，2004。
22. 佟新：《社会性别研究导论》，北京大学出版社，2005。
23. 史继忠：《西南民族社会形态与经济文化类型》，云南教育出版社，1997。
24. 吕红平、陈胜利：《社会性别与人口发展》，中国人口出版社，2005。
25. 国家人口和计划生育委员会宣教司：《生育文明》，中国人口出版社，2006。
26. 陈长平、席小平、陈胜利：《中国少数民族生育文化》，中国人口出版社，2005。
27. 杨筑慧：《中国西南民族生育文化研究》，中央民族大学出版社，2006。
28. 田雪原：《人口文化通论》，中国人口出版社，2004。
29. 黔东南州地方志编撰委员会：《黔东南州志·地理志》，贵州人民出版社，1990。
30. 贵州省编辑组：《苗族社会历史调查》，贵州人民出版社，1986。
31. 余达忠：《侗族生育文化》，民族出版社，2004。
32. 贵州省人口和计生委：《贵州省“关爱女孩行动”工作资料汇编》，2004。
33. 石开忠：《鉴村侗寨计划生育的社会机制及方法》，华夏文艺出版社，2001。
34. 方铁：《西南通史》，中国古籍出版社，2003。
35. 雷山县志编撰委员会：《雷山县志》，贵州人民出版社，1992。
36. 伍新福：《苗族文化史》，四川人民出版社，2000。
37. 李世宇、杨军昌：《人口·社会·法制研究》(2006 年卷)，中国民主法制出版社，2007。
38. 杨军昌、蓢继志：《人口·社会·法制研究》(2007 年卷)，中央文献出版社，2007。
39. 杨军昌等：《贵州黔东南州出生性别比失调的调查与分析》，《人口社会法制研究》(2005 年卷)，贵州人民出版社，2006。
40. 重庆市政府公众信息网管理中心：《2005 年重庆市人口状况简析》，2006。
41. 乔晓春：《性别偏好、性别选择与出生性别比》，《中国人口科学》，2004 (1)。

42. 马瀛通：《出生性别比失调与从严控制人口中的误导与作用》，《中国人口学》，2005年（2）。
43. 刘爽：《世界各国的人口出生性别比及其启示》，《人口与计划生育》，2006（2）。
44. 卢继宏：《出生性别比偏高的非社会因素探析》，《西北人口》，2004（3）。
45. 谷祖善：《我国出生性别比与海拔相关的四个台阶》，《中国性科学》，2004（4）。
46. 陈友华：《关于出生性别比的几个问题—以广东为例》，《中国人口科学》，2006（1）。
47. 汤兆云：《我国出生性别比的地区差异及政策选择》，《河北大学学报》，2006（2）。
48. 莫小峰、韦震：《略论广西性别比》，《广西社会科学》，2005（7）。
49. 唐炳贵：《桂北地区农村出生人口性别比调查报告》，《南京人口干部学院学报》，2006（4）。
50. 马瀛通：《出生人口性别比失调与从严控制人口中的误导与失误》，《中国人口科学》，2005（2）。
51. 解振明：《引起中国出生性别比升高的三要素》，《人口学与计划生育》，2003（1）。
52. 杨军昌：《黔东南州出生人口性别比状况分析及对策研究》，《人口与计划生育》，2007（2）。
53. 辜胜阻、陈来：《城镇化效应与生育性别偏好》，《中国人口科学》，2005（1）。
54. “中国性别平等与妇女发展指标研究与应用”课题组：《中国性别平等与妇女发展评估报告》（1995—2005），《妇女研究论丛》，2006（2）。
55. 杨军昌：《侗寨占里长期实行计划生育的绩效与启示》，《中国人口科学》，2001（4）。
56. 严梅福、张宗周：《中国古代生育心理思想研究》，《心理科学》，1999（3）。
52. 李冬莉：《儒家文化和性别偏好：一个分析框架》，《妇女研究论丛》，2003（4）。
53. 马瀛通：《重新认识中国出生性别比失调与低生育水平的代价问题》，《中国人口科学》，2004（1）。
54. 齐麟：《对“溺婴”的人口社会学分析》，《西北人口》，2002（2）。
55. 潘金洪：《出生性别比失调对未来男性婚姻挤压的影响》，《人口学刊》，2007（2）。
56. 何海宁：《贵州牌坊村：282条光棍汉的心灵史》《南方周末》，2007.8.16。
57. 穆治锟：《生育责任论——贩婴现象分析》，《广东社会科学》，2004（3）。
58. 刘中一：《大龄未婚男性与农村社会稳定》，《青少年犯罪问题》，2005（9）。

59. 曾礼：《南宁市5岁以下的儿童死亡状况的分析》，《中国社会医学杂志》，2006（3）。

60. 刘爽：《世界各国的人口出生性别比及其启示》，《人口与计划生育》，2006（2）。

61. 张幸福、杨军昌：《出生性别比失调治理相关法律法规问题研究》，《南京人口干部管理学院学报》，2007（3）。

62. 魏津生：《扎实开展“关爱女孩行动”遏制出生人口性别比升高势头》，《人口与计划生育》，2005（5）。

63. 陈胜利、杨子慧、杨敏媛：《婚育新风进万家活动专项资金考评的效果与启示》，《人口与计划生育》，2006（9）。

64. 罗文青：《和平交往：广西边境地区跨国婚姻问题探讨》，《广西师范大学学报》（哲学社会科学版），2006（1）。

65. 陈秋萍、曲思敏：《广西农村历史文化和传统习俗对出生性别比的影响分析》，《经济与社会发展》，2008（2）。

66. 《人口研究》编辑部：《焦点笔谈～中国出生人口性别比：从存疑到求解》，《人口研究》，2006（1）。

67. 《中国党政干部论坛》编辑部：《焦点笔谈—人口性别比严重失衡：当前迫切需要解决的问题》，《中国党政干部论坛》，2007（9）。

68. 《甘肃社会科学》编辑部：《焦点笔谈—社会性别与人口发展》，《甘肃社会科学》，2007（3）。

69. 《甘肃社会科学》编辑部：《焦点笔谈—我国人口领域的三大挑战～出生性别比、老年化和流动人口》，《甘肃社会科学》，2007（6）。

70. 张丽萍：《中国少数民族人口出生性别比问题研究》，《西北人口》，2006（1）。

71. 张仕平、王美蓉：《性别价值观与农村出生婴儿性别比失衡》，《人口学刊》，2006（2）。

72. 穆光宗、余利明、杨越忠：《出生人口性别比问题治理研究》，《中国人口科学》，2007（3）。

73. 朱婷：《性别比失衡对未来农村养老的影响》，《西北人口》，2008（3）。

74. 屈坚定、杜亚平：《性别选择性人工流产对出生性别比影响强度的分析》，《中国人口科学》，2007（2）。

75. 陈卫、吴丽丽：《外来人口对中国城市地区出生性别比的影响》，《人口学刊》，2008（2）。

76. 黔南州计生局：《黔南州开展综合治理人口出生性别比升高的工作情况汇报》，《贵州省综合治理出生性别比失衡工作汇报材料》，2006.4.29。

77. 黔西南州计生局：《规范制度强化管理综合治理出生人口性别比》，《贵州省综合治理出生性别比失衡工作汇报材料》，2006.4.29。
78. 彭水自治县计划生育委员会：《彭水苗族土家族自治县出生人口性别比偏高的成因及治理情况》，2006.8.8。
79. 《广西壮族自治区人口计生委主任赖德荣在全区综合治理出生性别比升高问题工作会议上的讲话》，《全区综合治理出生性别比升高问题工作会议发言材料》，2004.6.22。
80. 玉林市委市政府：《下大决心花大力气切实抓好综合治理出生性别比工作》，《全区综合治理出生性别比升高问题工作会议发言材料》，2004.6.22。
81. 黔东南州计生局：《强化综合治理出生人口性别比推进社会主义和谐社会建设》，《全省综合治理出生人口性别比失衡工作汇报材料》，2006.4.29。
82. 天柱县人民政府：《天柱县综合治理出生性别比失衡试点工作情况汇报》，《全省综合治理出生性别比失衡工作汇报材料》，2006.4.29。
83. 遵义市农村部分计划生育家庭奖励扶助制度试点工作阶段评估小组：《遵义市全国农村部分计划生育家庭奖励扶助制度试点工作阶段性评估报告》，2004.11.16。
84. 人民网：《广西"女婿村"破解养老难》，人民日报，2007.2.26。
85. 中安网：《广西出生人口男女比例失调20年后二成男子成光棍》，2004.12.18。
86. 中安网：《人口性别比失衡，调查显示广西男性失婚现象凸显》，2005.05.24。
87. 《重庆离婚率增长50%家庭暴力婚外恋是主因》www.zjol.com.cn，2006.1.13。
88. 韦福龙、韦姗婷：《浅析上林县近年来离婚案件增多的原因及对策》，《广西县域经济网》，2006.4.10。
89. 黄璐：《中国警方遣返37名被拐越南妇女》《被拐妇女低龄化现象日益严重》，《法制网广西频道》，2005.9.30。
90. 文新宇：《苗族婚姻礼俗及其与婚姻法的冲突——贵州省黔东南州雷山县上朗德村苗族婚姻状况调查》，《中国西部经济法律网》，2004.3.30。
91. 张仁东：《黔南州中级法院公审黑社会性质的犯罪团伙》http：//www.chinacourt.org，2003.3.26。
92. 马权岭、魏宇：《拐骗少女案系列资料》，《新华网》，2003.06.19。
93. 中华网：《光棍太多会导致社会不稳定吗》，http：//view.QQ.com，2004.8.10。
94. 《贵州采取五项措施治理出生人口性别比失衡》，http//：www.gov.cn。
95. 《联合国第四届世界妇女大会行动纲领》，www.westwomen.org，2004.1.12。
96. 《出生人口性别比偏高桂林严格实行分娩实名制》，http//：

www. health. sohu. com. 2007. 2. 26。

97. 荣维毅：《治理出生性别比失调的分析框架和方法》，《中国人口网》，2004. 9. 20。

98. 中国人口网：《韩国治理出生性别比失衡的经验与启示》，2007. 10. 11。

99. 广西、重庆、四川、贵州、云南：《人口与计划生育条例》。

100. 广西、重庆、四川、贵州、云南：《人口计生若干年度年报数据》。

101. Kim，Doo-Sub. *Missing Girls in South Korea*：*Trends*，*Levels and Regional Variations*［J］. *Population*，2004，59（6）：1～13。

102. Kim，Doo-Sub. *Changing Trends and Regional Differentials in Sex Ratio at Birth in Korea*：*Revisited and Revised*，*Gender Discriminations Among Young Children in Asia*［M］. India：French institut of Pondicherry，2005。

103. Teitelbaum M. S. *Factors associated with the sex ratio in human populations*. In Harrison，G，A. amd Boyce，A. J. eds. *The structure of human populations*. London Oxford University Press，1972。

104. Parazzini F，La Vecchia C，and Levi F，and Franceschi S. *Trends in male*：*female ratio among newborn infants in 29 countries from five continents*. *Human Reproduction* 13（5），1998 May。

105. Mizuno R. *The male/female ratio of fetal deaths and births in Japan*. *Lancet*. 2000 Aug，26，356（9231）。

附录1　课题研究相关文章发表名录

序号	成果或论文名称	主要完成者	成果说明	标注状况
1	贵州省黔东南州出生人口性别比失调的调查与分析	杨军昌、申茂平、张笑秋等	《人口社会法制研究》(2005卷)，贵州人民出版社，2006.3	
2	广西出生婴儿性别比调研报告	林霁峰	《实践与思考—人口计生系统优秀论文与调研报告集》(2006)，中国人口出版社，2006.9	
3	桂北地区农村出生人口性别比调查报告	唐炳贵等	《南京人口管理学院学报》2006年第2期	
4	出生性别比失调的法治因素探讨	张幸福 杨军昌	《南京人口管理学院学报》2007年第1期	人大复印资料收录
5	黔东南州出生性别比失调特点与治理	杨军昌	《人口与计划生育》2007年第2期	核心期刊
6	西南民族地区出生性别比失调问题研究若干问题管见	杨军昌	《民族文化复兴与区域历史跨越式发展》，作家出版社，2007.1	
7	贵州出生人口性别比失调的现状、成因和对策思考	廖昌晖	《人口社会法制研究》(2006卷)，中国民主法制出版社，2007.6	
8	综合治理出生性别比失调的法学思考	杨军昌 张幸福	《贵州社会科学》2007年第10期	核心期刊

续表

序号	成果或论文名称	主要完成者	成果说明	标注状况
9	生育文明与出生性别比失衡	彭德乔	《民族文化复兴与区域历史跨越式发展》，作家出版社，2007.1	
10	贵州省黔南州出生性别比失衡问题研究	彭德乔 杜　鹃	《西北人口》2007年第2期	CSSCI 核心期刊
11	榕江县出生性别比失调的现状、原因及对策	彭德乔	《人口社会法制研究》(2006卷)，中国民主法制出版社，2007.6	
12	性别失衡之文化分析	李世宇 吕震乾	《人口社会法制研究》(2006卷)，中国民主法制出版社，2007.6	
13	西南民族地区出生人口性别比失调问题刍论	杨军昌	《西南人口问题实证研究》，四川统计局编，2007.11	
14	广西人口出生性别比失调的原因与治理	杨军昌 王希隆	《中国人口科学》2008年第3期	核心期刊
15	黔东南苗族侗族自治州出生性别比失调问题研究	杨军昌 王希隆	《妇女研究论丛》2008年第4期	核心期刊
16	西南民族地区出生性别比失调依法治理：实践、问题与建议	杨军昌	《贵州民族研究》2008年第5期	核心期刊
17	丹寨县治理出生人口性别比失衡的成效与启示	杨　旭	《人口社会法制研究》(2007卷)，中央文献出版社，2008.9	

续表

序号	成果或论文名称	主要完成者	成果说明	标注状况
18	广西农村历史文化和传统习俗对出生性别比的影响	陈秋萍 曲思敏	《经济与社会发展》2008年第2期	
19	文化·人口文化·西南民族人口文化研究刍论	杨军昌	《西北人口》2008年第6期	CSSCI 核心期刊
20	西南民族地区出生人口性别比失调问题论略	杨军昌	《全国人口发展的理论与实践—纪念改革开放30周年全国学术研讨会论文集》，人大人口与发展研究中心、《人口研究》编辑部编，2008.11	
21	基于人口生态视野的贵州民族地区出生性别比失调问题研究	杨军昌 申　鹏	《人口学刊》2010年第2期	CSSCI 核心期刊

附录 2 调研问卷

◆"关爱女孩行动"调查问卷

村（居）民同志：您好！

首先请原谅打扰您了！

我们是贵州省计生委和贵州大学人口研究中心的导师和研究生，正在着手进行我省"关爱女孩行动"的情况调查研究。"关爱女孩行动"是国家人口计生委为把"婚育新风进万家"活动引向深入而提出的一个专项行动。目的在于制定有利于困难家庭发展经济，解决养老方面存在的实际困难；帮助辍学女孩回到学校，救助贫困母亲；消除社会性别歧视和不平等现象，维护妇女合法权益，提高她们的社会经济地位。从而促进新型婚育观念的形成，促进妇女发展和男女平等，促进人口问题的综合治理。为此，本调查表只需要您按照自己的实际情况填写就行了，关于您填写的情况，我们将严格按照国家统计法的规定进行保密，所有个人资料均以统计方式出现。希望得到您的支持和合作。

再一次谢谢！

一、基本概况

1. 您的性别（　　）。

（1）男　　　　　　（2）女

2. 您的年龄（　　）岁，民族（　　）族。

3. 您及其您爱人受教育年限（　　）年。

4. 您的身份（　　）。

（1）农民　（2）党员　（3）干部　（4）其他

5. 您家的总人口有（　　）人，其中男性（　　）人，女性为（　　）人。

6. 您家共有（　　）个孩子，其中一孩性别为（　　）孩，二孩性别为（　　）孩，三孩性别为（　　）孩。

二、基本经济状况

1. 您家年收入略为（　　）元，年支出为（　　）元。
2. 您家主要收入来自（　　）。
   (1) 农业收入　(2) 经商收入　(3) 打工收入
   (4) 旅游收入　(5) 其他
3. 您家耕地面积有（　　）亩，其中水田（　　）亩，旱地（　　）亩。
4. 您家有没有人搞副业或在外打工（　　）。
   (1) 有　(2) 没有
5. 如果您家有人搞副业或在外打工，是（　　）。
   (1) 农忙时回家帮工　(2) 一直在外打工
6. 您认为您们村有多少人有非农业收入（　　）。
   (1) 几乎没有（10%左右）　(2) 有一部分（30%左右）
   (3) 有一半（50%左右）　(4) 大部分（70%左右）
   (5) 几乎所有人　(90%以上)
7. 您家主要生活支出是（　　）。
   (1) 衣物　(2) 粮食　(3) 肉油盐　(4) 其他
8. 您家主要生产支出是（　　）。
   (1) 化肥农药　(2) 良种　(3) 农具　(4) 其他
9. 您家主要的其他支出是（　　）。
   (1) 文教支出　(2) 送礼支出　(3) 家电支出
   (4) 医疗支出　(5) 其他

三、关爱女孩行动情况

1. 您家有多少个子女（　　）?
   (1) 独子　(2) 独女　(3) 1男1女　(4) 2男
   (5) 2女　(6) 2女1男　(7) 2男1女　(8) 其他
2. 你认为一个家庭有几个子女为好（　　）。
   (1) 1个　(2) 2个　(3) 2个以上
3. 在家庭子女数中，你认为以下那种形式为好？（　　）

(1) 1男　　(2) 1女　　(3) 1男1女

(4) 2男　　(5) 其他

4. 您认为目前社会上男性和女性的地位是怎样的？(　　)

(1) 男性的社会地位高于女性

(2) 女性的社会地位高于男性

(3) 女性的社会地位得到提高，但仍低于男性

(4) 女性的社会地位一直没有得到提高

(5) 不清楚

5. 您如果喜欢男孩，主要原因是(　　)。

(1) 男孩能传宗接代　　(2) 男孩能防老

(3) 男孩能干体力活，一个家庭主要靠男孩支撑

6. 您如果喜欢女孩，主要原因是(　　)。

(1) 女孩和男孩一样，都是自己的儿女

(2) 女孩比男孩更有孝心、更尽孝道

(3) 女孩也能实现父母对其在教育、经济、发展等方面的预期

(4) 其他

7. 如果您身边一些人想要男孩，他们通常会采取(　　)。

(1) 通过B超进行性别鉴定，如果是女胎就引产

(2) 溺死或扔掉女婴

8. 您婚后是否有子女夭折？(　　)

(1) 有（A男孩B女孩另外夭折的年龄为____岁）

(2) 没有

9. 如果生育子女未实现家庭目标，您认为有没有超生、躲生的必要？(　　)

(1) 有　　(2) 没有　　(3) 无所谓

10. 如您是一女或双女户而又怀孕后，您的想法是：

(1) 进行性别鉴定，是男就生，是女则流

(2) 按政策采取补救措施

(3) 顺其自然

11. 在您的家庭中有孩子辍学吗？(　　)。

(1) 有（A男孩B女孩另外，辍学时的年龄为____岁）

(2) 没有

12. 您认为女孩辍学的主要原因是（　　）。

(1) 家庭贫困

(2) 女孩学习再好，也没有太多用处

(3) 女孩是外人，不想在她们身上花太多的金钱

(4) 辍学后可打工或务农

13. 如果您儿女双全，那么用于子女的花费中大部分是用在（　　）。

(1) 儿子　　(2) 女儿　　(3) 儿子、女儿都一样

14. 如果进行胎儿引产，对母亲健康有何影响？（　　）

(1) 没有影响　(2) 有危害　　(3) 不清楚

15. 您认为如果国家采取"关爱女孩行动"，在经济应该（　　）。

(1) 对独生子女或双女结扎户实行一次现金支持

(2) 实施致富工程　　(3) 实施安居工程

16. 您认为对独（双）女户家庭，国家在教育上应该（　　）。

(1) 减免小学、初中阶段学杂费　　(2) 中、高考降分

(3) 考上大学给予奖励　　(4) 免费接受使用技术培训

17. 在实施帮扶方面，国家应该采取（　　）。

(1) 实施帮扶致富倾斜　　(2) 实施优惠政策倾斜

(3) 实施健康保障倾斜　　(4) 实施亲情援助倾斜

◆ 贫困母亲调查问卷

幸福工程——"救助贫困母亲"行动自1995年2月实施以来，与农村扶贫开发紧密结合，与计划生育的"三结合"相结合，与计划生育的"关爱女孩行动"相结合，收到了巨大的经济、社会效益。但是，在经济处于全国较落后位置的贵州，还有相当部分的贫困人口。而在这群贫困人口中。贫困母亲则往往是承受贫困最终的群体。为了具体深入地了解贫困母亲的现状以及服务于计划生育和扶贫开发，特制定本问卷调查表。请各位认真填写，请将适合你的情况填在相应的横线上。

真诚感谢您们的支持!

1. 您的年龄：＿＿＿＿＿岁，民族＿＿＿＿＿；

2. 您结婚时的年龄：＿＿＿＿＿，结婚已有＿＿＿＿＿年；

3. 您共有＿＿＿＿＿个子女，其中第一胎为＿＿＿＿＿孩；

4. 您家共有＿＿＿口人，分成＿＿＿＿＿代；

5. 您家共有＿＿亩土地，年总收入＿＿＿元，人均收入＿＿元，年总支出＿＿元；

6. 在您家的收入来源中，主要来源有＿＿（多选），其中最主要的是＿＿（单选）；

（1）农业收入　（2）副业收入　（3）打工收入　（4）其他收入

7. 在您家的支出中，主要支出有＿＿（多选），其中最主要的是＿＿＿（单选）；

（1）吃穿　（2）住房　（3）医疗　（4）礼尚往来

（5）教育　（6）其他

8. 您家生产的农作物有多少用于交换＿＿＿＿；

（1）没有　（2）极少（10%以上）

（3）30%～50%　（4）50%以上

9. 您认为造成您家庭贫困的原因是＿＿＿＿；

（1）思想落后　（2）文化不高

（3）身体不行　（4）生存环境不行

10. 您对您家经济状况的评价是＿＿＿＿＿；

（1）满意　（2）不满意，但不想改变

（3）不满意，但不能改变　（4）无所谓

11. 您是否有一门或一门以上的技术＿＿＿＿＿；

（1）有　（2）没有　（3）有一点但不熟

12. 您在日常生活中所使用的语言是＿＿＿＿＿；

（1）本民族语言　（2）汉语　（3）本民族语言和汉语

13. 您的文化程度是＿＿＿＿＿；

（1）不识字（文盲半文盲）　（2）小学

（3）初中　（4）高中及以上

14. 您对您的文化程度是否满意__________；

（1）满意　　（2）不满意　　（3）无所谓

15. 在文化程度方面，您和您丈夫谁高__________；

（1）丈夫高　（2）一样　　（3）自己高

16. 您家的家务主要由谁承担__________；

（1）丈夫　　（2）自己　　（3）夫妻共同

17. 您家的农活由谁承担__________；

（1）丈夫　　（2）夫妻一起　（3）自己

18. 您家的大事谁做主__________；

（1）丈夫　　（2）夫妻一起　（3）自己

19. 您认为您的身体现状如何？__________；

（1）健康　　　　　　　　　（2）有病，对劳动影响不大

（3）有病，对劳动影响很大

20. 您婚前有无病史__________婚后有无病史__________。

（1）有　　　（2）没有　　（3）不知道

21. 如果您生病了，首先会做的是__________？

（1）进医院　（2）请巫师　（3）不管它

22. 您是否接受过政府以下的帮扶；__________（多选，没则不填）

（1）致富帮扶（2）健康保障（3）文化培训（4）生活帮扶

23. 您的成年子女每年给您钱吗？__________

（1）给（请具体回答多少：__________元/年）　（2）不给

24. 您的子女给您的钱一样吗？__________

（1）一样多　（2）儿子多些（3）女儿多些

25. 您是希望儿子还是女儿将来养活自己？__________

（1）不希望，还是自己靠自己　　（2）儿子

（3）女儿　　　　　　　　　　　（4）儿子、女儿共同承担

（5）只有一个孩子，指望他（她）来养活

再次感谢您们的支持！

◆ 西南民族地区群众生育意愿调查问卷

问卷编号：____调查地点：____县______乡______居委会（村）____村民组

您好！

为了向相关部门提供生育文明建设参考素材，我们在国家社科课题《西南民族地区出生性别比失调问题研究》实施过程中，制作了西南民族地区群众生育意愿调查问卷表。调查对象为城乡（重点为乡村）15～64 岁人口，您是我们选取的填表对象，请您给予支持。该调查资料只用于研究，不记姓名。为了使我们的调查建议能有效地为决策服务，我们恳请您如实填选问卷。

我们承诺：您个人的信息我们将严格保密，决不会对您和您的家庭带来负面影响。

具体在填选中，多选题最多可以选择三个答案，其他题为单选或填空题，请将答案打“√”在选项处，或写在题后的______上。

调查员________ 调查日期______年______月______日

A. 个人状况

1. 您的性别是： 出生年月： 民族：
2. 您的教育程度是： 1）文盲半文盲 2）小学 3）初中 4）高中或中专 5）大专 6）本科及以上
3. 您的身体状况是：1）健康 2）一般 3）体质较差 4）体质很差
4. 您是否曾经外出打工： 1）是 2）否，如是，你开始打工年龄是____岁。
5. 您的职业是：1）农林牧渔业 2）专业技术人员 3）国家机关 4）党群组织 5）企事业单位负责人 6）办事人员和有关人员 7）商业和服务性工作人员 8）生产工人运输工人和有关人员 9）其他
6. 您的婚姻状况：1）未婚 2）已婚 3）再婚 4）离婚 5）丧偶

B. **家庭人口状况**

1. 您的哥哥和弟弟人数（包括您本人）______人。
2. 您共有兄妹____人。其中：姐姐____人、妹妹____人、哥哥____人、弟弟____人。
3. 您的父母状况：1）父母都健在　2）父亲已离世　3）母亲已离世　4）父母都离世
4. 您的配偶的教育程度：1）文盲半文盲　2）小学　3）初中　4）高中或中专　5）大专　6）本科及以上
5. 您配偶是否曾经外出打工：1）是　2）否　如是，在外打工已有______年。
6. 您配偶的职业是：1）农林牧渔业　2）专业技术人员　3）国家机关　4）党群组织　5）企事业单位负责人　6）办事人员和有关人员　7）商业和服务性工作人员　8）生产工人、运输工人和有关人员　9）其他
7. 您的父代是否单传？　1）是　2）否
8. 您现有的　1）子女数____个　其中：　2）男孩____个　3）女孩____个
9. 家庭重大决策由谁决定？　1）丈夫　2）妻子　3）父母　4）夫妻　5）集体共同

C. **家庭经济状况**

1. 您家的责任耕地有______亩。其中土______亩，田______亩。
2. 离住房最远的田土距离：1）半里地　2）1里地　3）2里地　4）3里地以上
3. 耕地是利用：1）机械　2）牛　3）人力
4. 收割和播种是：1）机械　2）人力　3）机械和人力都有
5. 您的家庭年收入（包括粮食、牲畜、打工、经商、工资、加工运输等）是：1）3000元以下　2）3001～6000元　3）6001～9000元　4）9001～12000元　5）12001元以上
6. 您的家庭收入主要来自于：1）农业收入　2）非农打工收入　3）经营收入　4）其他收入

7. 您的经济状况在本地是：1）非常差　2）较差　3）一般　4）较好　5）很好

D. **生育意愿与社会性别状况**

1. 您认为一生生育几个孩子比较好？　1）不要　2）1个　3）2个　4）3个　5）4个以上
2. 您理想的男孩数？　1）0个　2）1个　3）2个　4）3个以上
3. 您理想的女儿数？　1）0个　2）1个　3）2个　4）3个以上
4. 您认为男孩女孩都一样吗？　1）是　2）否
5. 如果您只能生育一个子女，您是想生育：　1）男孩　2）女孩
6. 如果只能生育两个子女，您的最佳选择是：　1）2个男孩　2）2个女孩　3）1男1女

请说明你选择的原因是：______________________________

7. 如果您意识到生男或生女的愿望可能达不到，您会选择：
   1）利用B超或药物生育男孩或女孩
   2）在计划外再生
   3）就这样算了
8. 您的父母要求您生育至少1个男孩？　1）是　2）否
9. 您的配偶要求您生育至少1个男孩？　1）是　2）否
10. 您认为女儿能养老吗？1）能　2）不能　3）请说明你选择的原因______________________________
11. 您对招女婿上门：　1）赞成　2）不赞成　3）无所谓
12. 当您的经济能力只能供给1个子女上学，您会：
    1）让儿子上学　2）让女儿上学　3）谁成绩好让谁上
13. 生活当中，您在子女吃、穿、看病方面的关心是：1）一样　2）女儿多些　3）儿子多些
14. 您认为很多人想生育一个男孩是为了：
    1）传宗接代　2）防老　3）农业劳动需要　4）避免被邻里欺负　5）其他（请写出具体__________________）
15. 您知道有意堕胎女孩是国家禁止的吗？　1）知道　2）不知道

16. 您对因想生男孩而遗弃、溺死女婴的态度是： 1）可以理解 2）反对 3）不关心

17. 您对国家计划生育政策的了解如何？1）不了解 2）了解一点 3）比较全面

18. 未结婚大龄青年在一个地方多了，您认为是：1）正常 2）对乡风民俗有影响 3）无所谓

E 其他

1. 您居住在： 1）农村 2）镇 3）市

2. 如果您居住在农村，您的住址离最近的镇有多远？1）5 里内 2）5～10 里 3）10 里外

3. 和您长期交往的亲戚有多少？1）3 个以下 2）3～6 个 3）7～10 个 4）10 个以上

4. 和您关系最好的亲戚或朋友是： 1）公务员 2）专业技术人员 3）单位负责人 4）商业服务人员 5）办事及有关人员 6）工人 7）其他

5. 您的亲戚和朋友中，您认为条件最好的那个人是：1）公务员 2）专业技术人员 3）单位负责人 4）商业服务人员 5）办事及有关人员 6）工人 7）其他 8）您认为条件最好的那个人有______个子女。

6. 您是否经常收看电视或收听广播或看报？ 1）是 2）否

区____编号____

◆ 治理出生人口性别比失调相关政策认知度调查问卷

同志：

您好！

我们是贵州大学人口研究中心的调查员，今天来调查了解您对治理出生性别比失调相关法律法规的认识、理解程度，目的是研究公众对相关政策的知晓、认同情况，为政府及有关部门改进工作提供参考。您的参与将对改善女孩生存发展环境、促进男女平等有所帮助。本调查不用填写姓名，所有回答只用于统计分析，您只需要根据自己了解的情况在每个问题所给的几个答案中选择一项合适的答案打勾或者在____中填写。谢谢您的支持和协助！

调查员：______　　　　　　调查时间：2007 年____月____日

一、个人及家庭特征

1. 您的性别：A. 男　　B. 女

2. 您的年龄：____岁

3. 您的文化程度：

A. 小学及以下　B. 初中　　C. 高中及中专　D. 大专以上

4. 您的职业：____

5. 您的婚姻状况：

A. 未婚　　B. 已婚　　C. 丧偶　　D. 离婚　　E. 其他

6.（此题未婚者和无孩子者不填）

请问您有几个孩子：_个，其中_个男孩_个女孩

二、对相关政策的认识、理解情况

7. 你知道什么是"出生性别比"吗？

A. 知道　　B. 不知道

8. 您是否觉得本地出生的男孩多，女孩少？

A. 是的，男孩多　　B. 没有明显差别

9. 如果出生的男孩、女孩数量不平衡，你认为对社会有影响吗？

A. 有　　B. 没有　　C. 不清楚

10. 您居住地的有关部门进行过有关禁止胎儿性别鉴定和选择性别人

工流产方面的宣传吗？

A. 进行过　　B. 没进行过　　C. 不清楚

11. 您居住地有关于禁止胎儿性别鉴定和选择性别人工流产方面的这方面的宣传板报或标语吗？

A. 有　　B. 没有　　C. 没有留意过，不是很清楚

12. 您认为故意流产女婴是个人行为吗？

A. 是　　B. 不是

13. 您认为社会应该干预鉴定胎儿性别和选择性别的人工流产吗？

A. 应该　　B. 不应该

14. 您认为做B超鉴定胎儿性别比以前难了吗？

A. 是的，比以前难　B. 和以前一样　　C. 比以前容易

15. 您认为人们一般去正规医院还是去私人诊所做B超鉴定胎儿性别？

A. 去正规医院　　B. 去私人诊所

16. 您在医院B超室或药店见过有关禁止胎儿性别鉴定和选择性别人工流产的标志吗？

A. 见过　　B. 没见过

17. 您们那里做人工流产要求出示计划生育部门的批准证明吗？

A. 要求出示　　B. 不要求出示

C. 有要求，但没有证明也可以做　　D. 不清楚

18. 您认为相关部门在禁止鉴定胎儿性别和选择性别的人工流产方面存在轻管理、重收费的现象吗？

A. 存在　　B. 不存在

19. 您们这里有医疗机构或医生因为鉴定胎儿性别或为他人进行人工流产而受到处罚的吗？（如果不选A，则直接答第22题）

A. 有　　B. 没有　　C. 不清楚

20. 如果有被处罚的，一般会受到怎样的处罚？

A. 罚款　　B. 行政处分　　C. 罚款并处于行政处分

21. 有被处罚两次或以上的吗？

A. 有　　B. 没有　　C. 不清楚

22. 您们这里有医疗机构或医生因为鉴定胎儿性别或为他人进行人工流产被事后追查责任的吗？

A. 有　　B. 没有　　C. 不清楚

23. 您们这里有持有生育证的孕妇因故意流产女婴受处罚的吗？（如果 17 题不选 A，则直接答第 25 题）

A. 有　　B. 没有　　C. 不清楚

24. 如果有被处罚的，一般会受到怎样的处罚？

A. 暂时不予换证　　B. 罚款　　C. 暂时不予换证并处以罚款

25. 如果严厉处罚胎儿性别鉴定和选择性别人工流产的行为，甚至对情节严重者判刑，你认为这种行为是不是会减少？

A. 会减少　　B. 不会有明显变化

26. 您们这里有基层干部同情想生男孩的群众并替他们隐瞒孕情的现象吗？

A. 有　　B. 没有　　C. 不清楚

27. 您们这里必须定期到计生部门进行孕情检查（简称：孕检）吗？

A. 必须　　B. 不必

28. 您认为这里在孕检过程中存在漏检或替检现象吗？

A. 存在　　B. 不存在

29. 在您们这里孕妇能享受到计生部门免费的孕产期保健和产后访视服务吗？

A. 能　　B. 不能

30. 您知道计划生育奖励扶助的内容是什么吗？

A. 知道　　B. 不知道

31. 您知道计划生育奖励扶助的对象是什么样的家庭吗？

A. 知道　　B. 不知道

32. 您们这里的政府部门为独生子女户和双女户家庭办理计划生育养老补助了吗？

A. 办理了　　B. 没有办理　　C. 不清楚

33. 您们这里在农村新型合作医疗中对独生子女户和双女户家庭有政策上的照顾吗？

A. 有　　B. 没有　　C. 不清楚

34. 您们这里对独生子女户和双女户家庭的女孩在中招与高招升学方面有政策上的照顾吗？

A. 有　　B. 没有　　C. 不清楚

35. 您认为享受计划生育奖励扶助的独女或双女家庭还想生男孩吗？

A. 想　　B. 不想

36. 如果加大奖励扶助的力度，您认为他们还想生男孩吗？

A. 想　　B. 不想

37. 您认为纯女户家庭在生产、生活上和有男孩的家庭相比会遇到更多的困难吗？

A. 会遇到更多的困难　　B. 没有明显的差别

38. 您认为纯女户家庭在生产、生活上能得到政府相关部门的优先照顾吗？

A. 能得到　　B. 不能得到　　C. 不清楚

39. 您们这里有宣传“生男生女一样好、女儿也是传后人，鼓励女孩成材、关爱女孩”等方面的标语吗？

A. 有　　B. 没有　　C. 没有注意过，不是很清楚

40. 您认为男女在求职方面有差别吗？

A. 有　　B. 没有

C. 在行政、事业单位求职有差别，外出打工没差别

41. 您认为男女在职位升迁方面有差别吗？

A. 有差别　　B. 没有差别　　C. 没有明显差别

42. 您认为在私营企业里男女工干同样的工作，能得到同样的报酬吗？

A. 能　　B. 不能　　C. 有的能，有的不能

43. 您认为政府在治理出生性别比方面的立法健全吗？

A. 健全　　B. 不健全

如果不健全，请写出您的建议：

我们的调查结束了，再次向您表示感谢！您对我们的调查有什么建议、意见和要求，欢迎写在下面。

后　记

2005年6月课题立项后，项目组即行开展了课题实施方案论证，并据之相继派出专人到广西、云南协商课题研究协作并达成研究共识。在2005年7月—2007年8月间，课题组多次到贵州黔东南、黔南、黔西南、重庆民族5县、广西河池、都安、南宁、云南文山等地就生育意愿、综合治理、社会保障、奖励扶助等问题进行实证调查，同时就其中的相关理论问题和专题个案进行了思考和研究，撰写了近20份研究报告和论文，并于2007年10月撰成了研究总报告。

但由于课题涉及地域宽，内容复杂，问题敏感，课题组在研究过程中难免遇到一定阻力。为了客观反映出生性别比失调的状况及影响，课题组克服困难，又在2008年进行了资料的补充调查，并再赴云南、广西进行了课题成果的对接与咨询。虽在一定程度上影响了课题的按时上报送审，但课题研究的各项预期计划都得到了较好的执行和完成。在课题研究过程中，课题组共计公开发表相关研究论文、研究报告10余篇，完成课题研究报告约30万字。2009年2月，课题研究成果获国家社科规划办公室组织的结题验收。

该成果是课题全体参与人员共同努力和智慧的结晶，贵州大学林国钧教授、申鹏博士、郑妹霞老师以及人口学硕士生彭德乔、张幸福、杨旭、余显亚、杨应旭、杜鹃、李永贤等，广西壮族自治区人口计生委贺刚处长、陈小兵处长以及河池市人口计生委马广京科长，广西财院陈秋萍、曲思敏，广西桂林市委党校副校长唐炳贵，重庆市人口计生委罗凌、云南省人口计生委易会安、王元新处长等作了大量的课题调查研究和资料整理工作；同时得到了贵州省人口计生委廖昌晖副主任、广西人口计生委副主任林雾峰副主任的支持、帮助和赐稿。贵州学者石开忠、程邦嘉、史昭乐、徐静等对课题研究方法、成果初稿修改等提出了许多宝贵的建议。在此一并致以真诚的谢意！

课题成果在出版之际，虽经过了再次的修改、调整和一定的资料删补，但其中肯定存在着尚待深化和完善的诸多问题，肯请各位专家、学者、读者批评指正、不吝赐教！

杨军昌

2009年6月于贵阳花溪

图书在版编目（CIP）数据

西南民族地区出生人口性别比失调问题研究/杨军昌 等著.
—北京：民族出版社，2010
ISBN 978-7-105-10531-1

Ⅰ.西… Ⅱ.杨… Ⅲ.民族地区—人口性别构成—研究—西南地区 Ⅳ.C924.257

中国版本图书馆CIP数据核字（2010）第009039号

西南民族地区出生人口性别比失调问题研究

出版发行：民族出版社
地　　址：北京市和平里北街14号　邮编：100013
网　　址：http：//www.mzcbs.com
印　　刷：北京佳顺印务有限公司
经　　销：各地新华书店经销
版　　次：2010年5月第1版　2010年5月北京第1次印刷
开　　本：787毫米×1092毫米　1/16
字　　数：291千字
印　　张：21
印　　数：0001～1500册
定　　价：48.00元
ISBN 978-7-105-10531-1/C·319（汉278）

该书如有印装质量问题，请与本社发行部联系退换
（编辑室电话：010-58130917　发行部电话：010-64211734）